PERSPECTIVES

Marie-Rose Myron   Josette Smetana

Adelphi University

HOLT, RINEHART AND WINSTON

New York   San Francisco   Toronto   London

Illustration Credits

Page 10, Hella Korsch; 20, Russell Dian; 31, Walter Clarke, Jr; 35, French Embassy Press and Information Division; 48–49, French Embassy Press and Information Division; 69, Institut Pedagogique National, Pierre Allard; 76, Skip Clark; 80, Mahoney from Monkmeyer; 84, Shelly Katz, Black Star; 88, Foods from France, Inc.; 94–95, Catherine Ursillo; 106, Russell Dian; 109, French Cultural Services; 114, Air France; 149, Air France; 154, French Embassy Press and Information Division; 174, Air France; 202, Russell Dian; 210, Skip Clark; 213, Air France; 223, Bernard Chelet; 232, French Embassy Press and Information Division; 254, Bernard Chelet; 255, Air France; 265, French Cultural Services; 270–271, French Cultural Services

Permission and acknowledgements for the use of copyrighted material appear at the end of the book.

Foreign Language Department
5643 Paradise Drive
Corte Madera, California 94925

Library of Congress Catalog Card Number: 72-90212

ISBN: 0-03-086691-X

4 5 6 7 8 9   090   9 8 7 6 5 4 3 2 1

Table of Contents

DEUXIÈME PARTIE: LA VIE MODERNE

Preface

Perspectives is designed for classroom use as an intermediate reader in literature courses or as a basic text in conservation/composition courses at the advanced high school or college level. Whether the emphasis of a particular class is reading, speaking/listening, writing, or all three, the objectives of this book remain essentially the same: to establish and maintain a high level of student interest, to develop the student's ability to read French with ease and understanding, to develop the student's ability to speak in natural, fluent French.

The book is based on readings which have been carefully chosen to stimulate student interest and to accelerate the language-learning process. They reflect and provide insight into the various personal and social concerns of present-day man; they consist of excerpts from novels and journals, articles (whole or in excerpt) from magazines and newspapers, and two short poems. We have included a poem by Verlaine and three excerpts from Maupassant's and Flaubert's *Journals* in order to illustrate the timelessness of certain of man's concerns and preoccupations. With these few exceptions, all the reading selections are contemporary.

The book contains three major parts: *Mise en train, La Vie moderne,* and *Les Jeunes dans la vie moderne. Mise en train* serves as a warm-up stage. The vocabulary contains basic words and idioms and provides the background for the second and third parts. The ideas are more traditional in vein and approach than are those in the following parts; and because they are of a general yet personal nature, they stimulate student participation in discussion. *La Vie moderne* presents contemporary issues of a wider scope: pollution, women's lib, ecology, and others. Accordingly, the vocabulary in this part is modern and often abstract. *Les Jeunes dans la vie moderne* focuses on the young people of today and their diverse modes of expression. Overemphasized generalizations about youth and the older generation are put in perspective in an attempt to understand the «generation gap.»

Each of the three major parts of the book is divided into six chapters. Each chapter develops around one major theme and contains one or more reading to illustrate this theme. Because of the scope or controversial nature of some themes, certain chapters are divided into sections to present different aspects or viewpoints of the same theme.

An «Interview with François Mauriac» concludes the book. This is an extraordinary document in itself, but even more so because he died shortly after granting it. The presentation of this reading differs from that of others in that no vocabulary list precedes it, and it is followed only by topics for composition or discussion. The interview should stimulate students to ponder and tie together the major themes and concepts of the entire book.

The interview is followed by an appendix, *Pour les jours de pluie*, which includes ideas for class games. This title is indicative of the atmosphere that prevails on certain days when the class lacks enregy, when no one feels like conversing, when, in fact, «rien ne marche.» Quite often there is nothing better than a game to break the tension or boredom and to encourage everyone to participate.

Format for Each Chapter

Vocabulary-building is of vital importance to progress in any language, and our book accomplishes this objective through:

I. *Vocabulaire utile*

This section includes a) words pertaining to the main theme of the section and b) the necessary vocabulary for *exercices d'application, questions, discussions,* and the reading selection. The vocabulary is organized according to idea or issue, and each group of words is headed by a descriptive title. Synonyms and antonyms are provided to clarify the meaning of a word and to enrich the given vocabulary by adding two or three extra possibilities. When the meaning of a word is not obvious, it is usually explained in French or occasionally translated.

II. *Exercices d'application*

This section is designed to enable the student to assimilate the words or phrases presented in *vocabulaire utile.* The exercises are of three types: traditional exercises working with specific vocabulary; exercises to generate conversation or thinking on a basic level using basic vocabulary; short paragraphs, usually in a light vein, designed as springboards to conversation or composition.

III. *Reading selections*

The readings are provocative and should appeal to both student and instructor. They deal with issues that directly concern French people, but they also illustrate problems that other societies face as well. We stress topics that concern the young—today—in all countries. These topics lend themselves to written and oral exercises concerning questions of major importance. Each reading captures the quality of French as a truly living language, and together the readings exemplify the various levels of language: literary, journalistic, and everyday.

IV. *Questions*

The questions are designed to test the student's comprehension of the readings, to enable the student to practice the vocabulary presented in the context of the reading selection and in the *vocabulaire utile*, and to provide the background and preparation for the discussions that follow.

V. *Discussions/compositions*

Numerous topics are suggested throughout the book and are designed to give both students and instructor ample room for self-expression and differing viewpoints. These topics can be a means of bringing usually reticent students into active participation, and occasionally they can serve as subjects for brief oral reports by student volunteers.

VI. *Situations*

We see these as role-playing situations based on the reading selections. We offer an abundance of material in order to allow the instructor flexibility as to how and at what point this material should be utilized during the course of one or two semesters.

To the Teacher

The following are suggested guidelines for using the first chapter.

First period: *Faisons connaissance*

This introduction to the first chapter is included for the purpose of «breaking the ice» during the first few days of class. With its light-veined and at times seemingly absurd or illogical questions, it has proved effective in breaking barriers and opening conversation. The purpose of «La Minute de Vérité» is to help class members become acquainted with one another and to create a climate suitable to debate and discussion.

Ask the students to introduce themselves by their first names. Next, interview each student by asking general questions which must be answered spontaneously. If a student hesitates, do not wait for an answer but move on to the next student. Return to the first sudent a few minutes later and ask him the same or a different question. The answers may trigger a discussion that should not be interrupted for the sake of completing the interview within the hour. The possibilities of *Faisons connaissance* are extensive and varied. They may be explored during the second period or at a later date in the semester.

Ask the students to study the *vocabulaire utile* and prepare the *exercices d'application* before the next class period. The exercises need not be completely written out, but words and ideas should be jotted down and, in any case, well thought out. Each student will choose one or two of the exercises that most interest him.

Second period: *Vous: Caractère et personnalité*

Chapter One, like the introduction, is designed to create a congenial class atmosphere. Use the beginning of the second period to test retention and assimilation of the *vocabulaire utile*, by asking for synonyms, antonyms, sentences, and so forth. This should take a very brief amount of time. Then proceed to the *exercices d'application*:

1. If several students choose the same topic, they can do the exercises *en groupe* with individuals contributing their own ideas.

2. The *Exercices d'application* are suitable to very brief oral reports (two or three minutes), although at this early stage the class may not yet be ready for this type of work. We stress that oral reports should be given only by volunteers.

3. The exercises lend themselves to short compositions; it might be worthwhile to read some of these aloud and ask the class to correct them collectively. It is of utmost importance that the students make every effort to apply the *vocabulaire utile* in their written work.

Instead of starting with the *exercices d'application*, the second or third class period could begin with *la minute de vérité*, which should encourage the students to talk about themselves. The key to the success of these exercises is spontaneity. Except for the autoportrait, these exercises should be unprepared so that answers will be given on the spur of the moment. The exercises can be done exhaustively or selectively, and the questions need not be asked of each class member. The student should be urged to answer, but he should not be put on the spot for more than a few seconds. The *autoportrait* can be handled as a short composition or as a brief *exposé*. The *exposé* should take only one or two minutes and may be accompanied by comments, comparisons, and so forth from other class members.

Ask the students to read *Des Astres et des hommes* (seemingly long, but easy) and prepare the questions before the next class period.

Third period: *Des Astres et des hommes*

Given the popularity of astrology today, most students will find this reading interesting. Whether the students (and the teacher) find the subject fascinating or exasperating, it should lead to lively discussions. Most of the class period will be spent in answering and discussing the questions. The students should be able to answer readily without referring to their notes.

Assign the *discussions/compositions* for the next class period. We have not labelled these topics *composition* or *discussion*, so that the choice is with the teacher. The topics offer a great deal of flexibility and can be assigned as compositions (topics A and C), small group discussions (B and C), debates (Bb and C), or role-playing situations (Bc + *situation*). The last possibility may be helpful in relieving possible tension or in breaking passivity.

Fourth period: *Discussion/compositions*

Some of the topics may be handled as very brief oral reports by one or two student volunteers. To ensure class attention during the reports, follow each with questions on what the speaker has said.

The *situation* is entirely optional at this early stage of the course. Some students may still be too shy to participate in role-playing activity, although there may be a few «hams» in the class. We feel that such sketches are usually more successful and amusing if they have been prepared in advance and if they are acted out instead of read.

In concluding, we would like to make one further suggestion: if this book is used as a conversation manual, *la parole* should be for the students. Although it may be difficult to refrain from extensive commentary on exciting contemporary issues, the teacher should act as moderator or animator and leave discussion and debate to the students. Afterall, teachers do not need to learn to express themselves in French; students do.

Marie–Rose Myron   Josette Smetana

PREMIÈRE PARTIE

MISE EN TRAIN

Introduction:
Faisons connaissance

Interview

Que pensez-vous

de la cuisine française?
des couchers de soleil?
de l'amour?
des enfants (en avoir ou pas)?
de la campagne?
de la lune?
de la pluie?
des barbes?

de l'argent?
des professeurs?
du Mouvement de Libération des femmes?
de la télévision?
des adultes?
du temps qui passe?
de la vie en général?

1 Vous:
Caractère et personnalité

Dans nos listes de VOCABULAIRE UTILE: a) nous n'avons pas mis les mots trop semblables à l'anglais et ayant le même sens. b) seuls les féminins difficiles sont mentionnés.

Nous avons utilisé les signes suivants:

≠ signifie: contraire
= introduit un synonyme
: une définition
* un faux-ami ou une construction difficile

Vocabulaire utile

«Chassez le naturel, il revient au galop.»
Destouches, auteur dramatique (1680-1754)

Caractère et personnalité

le caractère
la personnalité
un état d'âme = un état d'esprit (*frame of mind*)

le tempérament = le naturel = une nature
l'humeur (*f*) = la disposition (*mood*)

CARACTÈRE FROID

calme
raisonnable
réfléchi
lucide   objectif

sérieux
réservé
flegmatique
calculateur, calculatrice

TEMPÉRAMENT PASSIONNÉ

chaleureux
affectueux
émotif   émotionnel

impulsif   spontané
fervent
exclusif   jaloux, jalouse

UN EXTRAVERTI

sociable
ouvert
communicatif
désinvolte : à l'aise dans ses attitudes et mouvements

exubérant   démonstratif
expansif
détendu = décontracté (*relaxed*)

6

UN INTROVERTI

sauvage = insociable = farouche   effacé
timide   complexé

       avoir des complexes
       se sentir incompris

UN SENSIBLE

aimant   tendre   affectueux   romantique
sentimental   idéaliste
compatissant (*sympathetic*)   rêveur, rêveuse

UN NERVEUX

impressionnable   inquiet, inquiète
instable   tendu ≠ détendu, décontracté

       ne pas tenir en place (*to be restless*)

ESPRIT

subtil   fin   intuitif

       avoir l'esprit éveillé = avoir l'esprit vif
       avoir petit esprit = un esprit étroit = un esprit mesquin
       avoir mauvais esprit: être malveillant, critiquer tout
       avoir l'esprit caustique: être moqueur, sarcastique
       avoir l'esprit large: être compréhensif, libéral   être large d'esprit
       (d'idées)

L'HUMEUR

       être de bonne (mauvaise) humeur
       avoir des sautes d'humeur (*to be moody*) ≠ être égal
       avoir des hauts et des bas
       avoir le cafard = être déprimé   *depression*

UN BON CARACTÈRE

       avoir (un) bon caractère = avoir un caractère en or = avoir de bonnes
       dispositions
       être facile à vivre

être: être:
sympathique*   mûr (*mature*)
doux   bien équilibré
juste   confiant
bienveillant   considéré

       avoir de la considération pour quelqu'un

UN MAUVAIS CARACTÈRE = UN CARACTÈRE DIFFICILE

       (*pop*) avoir un sale caractère = un caractère de chien

être: être:
difficile   têtu = obstiné = entêté
ombrageux = chatouilleux (*touchy*)   égoïste
orgueilleux   vaniteux   vantard (*boastful*)
agressif   amer, amère (*bitter*)

Vous: Caractère et personnalité

coléreux = emporté (se mettre facilement en colère)
          se fâcher pour un oui ou pour un non
          en vouloir à quelqu'un : être rancunier
          faire la tête = bouder (to *sulk*)

UN HEUREUX CARACTÈRE

          être d'un heureux caractère = optimiste, gai
          avoir le sens de l'humour
          être spirituel* = plein d'esprit = amusant

AVOIR DU CARACTÈRE ≠ MANQUER DE CARACTÈRE

un homme sans caractère :

mou   indolent
faible   indécis

un homme de caractère :

fort   méticuleux (*finicky*)
sûr de lui   perfectionniste
énergique   ferme   tenace
travailleur, travailleuse   volontaire
persévérant   loyal
méthodique   droit   honnête   franc, franche
          être d'une franchise brutale
          tenir ses promesses
          avoir du courage, de l'énergie, de la fermeté

« Un homme de caractère n'a pas bon caractère. »

Jules Renard (1864-1910)

Exercices d'application

A. Décrivez un caractère complètement opposé au vôtre.

B. Faites le portrait d'un de vos amis (ou parents, ou connaissances) dont la personnalité est très forte.

C. Faites une description de l'ami idéal (qualités que vous recherchez chez vos amis) : « **Un ami doit être..., ne doit pas être...** ».

D. Décrivez une personne facile (ou difficile) à vivre.

8

« LA MINUTE DE VÉRITÉ »

A. *Terminez les phrases commencées en exprimant vos* vrais *sentiments*:

1. Le moment le plus heureux de ma vie
2. Le moment le plus triste de ma vie
3. Mon père (ou un père)
4. Ma mère (ou une mère)
5. Quand j'étais enfant
6. Ma plus grande peur
7. Les gens
8. Les garçons
9. Les filles
10. Je souffre
11. Je suis très
12. Mes amis
13. J'ai besoin de
14. Le mariage
15. Mon plus grand souci
16. Ma plus grande qualité
17. J'ai peur
18. Mon plus gros défaut
19. Je ne peux pas
20. Je voudrais savoir

B. Chacun des étudiants complètera ces deux débuts de phrases: « **J'adore...,
je déteste...** » en trouvant le plus d'exemples possibles.

(a) D'après les réponses de chaque étudiant, le reste de la classe essaiera
d'établir quelques caractéristiques de la personnalité de celui ou celle qui
vient de parler (telles que: vous êtes sentimental, vous êtes romantique,
matérialiste, etc.)

(b) Si vous vous y intéressez, ou s'il y a des experts en astrologie dans la classe,
essayez—d'après les réponses de vos camarades—de deviner leur signe
zodiacal. Les douze signes du zodiaque sont:

le Bélier	le Lion	le Sagittaire
le Taureau	la Vierge	le Capricorne
les Gémeaux	la Balance	le Verseau
le Cancer	le Scorpion	les Poissons

C. Rédigez votre **autoportrait**. Nous vous donnons comme exemple celui de
M. Pierre Daninos, grand humoriste français contemporain (dont vous allez
lire plusieurs textes). Cet autoportrait termine l'interview de Pierre Daninos
par un journaliste des *Nouvelles Littéraires*.

— *Voulez-vous pour terminer, faire votre autoportrait?*

— C'est bien difficile. Je suis plutôt petit, inquiet. J'aime la vie, j'aime le travail
presque pathologiquement. Si je vis une journée sans travailler j'ai un sentiment
de culpabilité. J'aime le sport, l'étude, la lecture. J'aime bien qu'on m'aime.
Je suis hésitant comme tous les Gémeaux. J'ai toujours en même temps deux
éditeurs, deux projets; il m'est même arrivé d'avoir deux femmes... Enfin
j'aime rire, et faire rire.

«Des astres et des hommes»

Pour l'astrologue, il existe douze types d'individus correspondant aux douze signes zodiacaux (correspondant eux-mêmes à la position du soleil à l'heure de la naissance des individus) mais aussi trois catégories d'êtres humains: les partisans aveugles de l'astrologie, ses adversaires irréductibles, et ceux qui s'en balancent. Les deux premiers causent le plus grand tort à cette science qui n'en est pas une mais se présente, selon François-Régis Bastide,[1] «comme une façon cohérente d'animer les symboles».

Les astrologues, eux, sont tous d'accord pour dire qu'ils ne croient pas à l'astrologie, enfin à l'astrologie telle que les autres y croient, c'est-à-dire à une caricature de l'astrologie: au mage coiffé d'un chapeau pointu qui prédit l'avenir, à la bonne femme qui lit dans le marc de café, à l'horoscope du journal qui conseille au Scorpion de surveiller son foie le 2 janvier, et à la Vierge de prendre des vacances le 1er juillet.

Ceux qui croient aveuglément, qui pensent que leur destin est tracé à l'avance, qui ne prennent de décisions qu'après avoir consulté les astres, ceux-là deviennent esclaves de leurs préjugés; comme le sont ceux qui se refusent systématiquement à croire, qui sourient dès que l'on évoque Vénus ou Jupiter, qui rejettent tout ce qu'ils n'entrevoient pas avec la raison.

irréductibles intraitables, impossibles à convaincre
s'en balancer (*pop*) = s'en ficher, ne pas s'en préoccuper

un mage un magicien, un astrologue
la bonne femme (*fam*) = la femme
marc de café *coffee grounds*
foie *liver*

entrevoir ici = comprendre

[1] **François-Régis Bastide:** auteur de plusieurs livres sur l'astrologie; Directeur de la collection «ZODIAQUE» (éditions du Seuil)

200 millions sous chaque signe

CARACTÉRISTIQUES: vieille comme le monde, elle résiste
à l'épreuve du temps. Après une longue période où elle fut
considérée comme un art divinatoire, elle est, grâce à une
nouvelle génération d'astrologues, prise au sérieux. Surtout
si l'on considère que:

épreuve (f) test
grâce à thanks to

elle est une pratique psychologique;

elle est une méthode qui permet de faire une exploration
psychique de l'univers intérieur de l'individu;

elle est étroitement liée à la psychologie puisque ce sont
des psychanalystes qui ont découvert que les indications
obtenues en faisant le déchiffrage d'un thème,[2] étaient semblables à celles obtenues en faisant une psychanalyse;

liée related

elle a, la première au monde, utilisé la typologie et rangé
les individus en grandes familles.

typologie science des types
humains

La caractérologie utilisée à la Sorbonne a réintroduit les
types planétaires parce qu'ils sont les grands archétypes des
humains.

elle a «quelque chose de vrai» mais pour qu'elle puisse
être utile à l'homme, celui-ci doit en connaître les limites.

DÉVIATIONS: Attention, l'astrologie peut nuire à la liberté,
elle est alors mauvaise, malsaine, dangereuse, parce que
aliénante, l'horoscope ne trace le profil que d'une toute
petite partie de l'individu. Tout ce qui vient de l'éducation,
de l'environnement culturel, social... s'ajoute aux éléments
premiers.

nuire à mettre en danger
malsaine unhealthy

Sous l'action de mauvaises influences, l'astrologie peut se
retrouver dans un triste état. C'est ainsi qu'en s'en emparant,[3] les horoscopes des journaux en donnent une image
déformée. Aussi avant de les lire faut-il savoir:

qu'étant plus de deux milliards d'individus sur la planète,
nous sommes deux cents millions sous chaque signe à avoir
les mêmes perspectives pour la semaine à venir;

milliards billions

perspective (f) prospect

qu'il n'y a pas de décans en astrologie sauf dans ces
horoscopes;

---

[2] **thème**: terme astrologique = position des astres à l'heure de la naissance
[3] **en s'en emparant** = en s'emparant de l'astrologie; **s'emparer de** =
prendre possession de, saisir

qu'il y a tout de même un progrès puisque les journaux ont de plus en plus tendance à s'adresser à des astrologues pour faire ces rubriques;

qu'on ne peut rien dire de sérieux sur un individu tant qu'on n'a pas dressé un thème complet (il faut environ une heure et demie et cela coûte 60 F[4] ou plus);

que les expériences à l'ordinateur représentent une position intermédiaire entre la formule d'astrologie populaire et celle très élaborée de l'interprétation d'un thème.

COMPORTEMENT: Ne fuyant pas devant l'adversaire, elle utilise à son profit les coups qu'on lui adresse. Ainsi les statistiques faites par l'un de ses ennemis n'ont fait que renforcer son crédit. Celui-ci a rassemblé un millier d'hommes d'État, quatre mille sportifs, trois mille académiciens de science et médecine et a trouvé que: Mars, symbole de violence, d'agressivité, de combativité, culminait chez les chefs militaires et les sportifs; Jupiter, symbole de l'autorité, était en expansion chez les hommes d'État; la Lune chez les créateurs... Ces statistiques ont ébranlé beaucoup de savants qui, comme Jean Rostand,[5] ont déclaré: «Si la statistique se met à prouver l'astrologie, alors je ne crois plus à la statistique.»

Épouser ses tendances

L'ASTROLOGIE ET LES AUTRES: Les femmes: elle fait bon ménage avec elles: l'univers de tendances auxquelles elle s'adresse étant l'univers de l'âme et la femme étant plus près de son âme que l'homme. Mais attention: si la psyché féminine est ouverte à l'astrologie, elle est aussi plus encline à accepter les superstitions.

Les hommes: ils ne la prennent généralement pas au sérieux. Livrés tout entiers au pouvoir du «logos», ils ont tendance à résister et à se méfier de ce qui ressort du domaine de l'affectivité.

Les jeunes: ils viennent à elle de plus en plus nombreux. Ce sont eux, en tout cas, les vingt à trente ans, qui utilisent le plus l'astroflash.

---

[4] **60 francs:** aujourd'hui: environ $15
[5] **Jean Rostand** (1894-   ): biologiste, académicien

---

rubrique (f) article (m)

dresser établir

ordinateur (m) computer

comportement (m) behavior
ne fuyant pas devant n'évitant pas
elle l'astrologie

celui-ci l'un de ses ennemis

ébranler remuer, troubler

tendances (f) inclinations (f)

faire bon ménage avec bien s'entendre avec

livrés à abandonnés, soumis à
logos (mot grec) ici = la raison
ressort de appartient à

Les adversaires de l'astrologie disent que c'est parce qu'ils vivent dans un univers de mentalité magique et se raccrochent à des superstitions; les autres parce que, plongés dans un univers d'insécurité où les valeurs sont brouillées, leur conscience s'ouvre à d'autres valeurs et recherche les vérités premières.

se raccrocher à to cling, hang on to

brouillées ≠ claires, nettes
les vérités premières les dogmes (m)

Il faut cependant conseiller à ceux qui en découvrent les vertus et se découvrent par la même occasion, de réfléchir avant de tout quitter pour elle. Il faut vingt ans pour faire un bon astrologue et la profession est assez bouchée. Ils ne sont pourtant pas, comme on le dit, trente mille en France mais seulement quelques milliers.

bouchée overcrowded

ORIENTATION: Prenant trois mille militaires d'un certain grade, on a constaté que, plus on s'élevait dans la hiérarchie, plus Mars ressortait; plus on allait vers les grades inférieurs, plus Mars déclinait. L'astrologie peut ainsi être utilisée dans le domaine de l'orientation professionnelle; il n'est pas question qu'elle indique un métier précis mais seulement une voie.

grade (terme militaire) = rang (m)
ressortir revenir souvent

une voie une route

Ses partisans souhaitent qu'elle ait des prolongements dans tout le domaine de la psychologie autant que les psycho-tests, ou la graphologie; qu'elle soit même utilisée en Faculté. Mais elle reste encore à l'écart de tout cela.

en Faculté à l'Université
à l'écart de loin de

PRÉVISIONS: C'est quand elle se mêle d'en faire que l'on commence à devenir sceptique à son égard. Ce qu'il faut c'est d'abord connaître ses limites. Ensuite savoir que:

prévision (f) prédiction (f)
se mêler (de) to dabble (with)
à son égard en ce qui la concerne

elle peut, en fonction de ce qu'elle sait d'un individu, prévoir certaines de ses attitudes devant la vie;

elle est capable de signaler des courants d'influence qui seront localisés dans le temps;

elle peut dire: «A vingt ans, vous risquez d'avoir des conflits psychiques», parce qu'elle sait qu'à cette période de votre vie il y aura dans le ciel une conjonction de plusieurs planètes qui vous influenceront dans cette direction;

vous risquez d'avoir vous aurez probablement

elle ne peut pas dire: «A vingt ans, vous vous marierez»; «A vingt-cinq ans vous divorcerez».

Ce qui est difficile pour l'astrologie c'est de prévoir son propre avenir.

Pourtant, ses disciples pensent qu'après la période actuelle de mutation, de transformation de l'esprit et des connaissances, il y a pour elle un avenir certain.

Vous: Caractère et personnalité

13

Après avoir lu cela, gardez la tête froide. Ne courez pas chez un astrologue; ne jetez pas non plus cet article au feu. Signalez-nous avant quand et où vous êtes né. Nous vous dirons ce qu'il faut faire.

ANNE GALLOIS

Questions

1. Quelle réaction le mot «astrologie» provoque-t-il en vous?
2. Savez-vous l'heure exacte à laquelle vous êtes né? Pourquoi est-ce important en astrologie?
3. Expliquez: «la bonne femme qui lit dans le marc de café»; quel est son équivalent aux États-Unis?
4. Savez-vous ce que c'est qu'une cartomancienne? Connaissez-vous d'autres façons de prédire l'avenir?
5. Vous l'a-t-on déjà prédit? De quelle façon?
6. Les natifs des Poissons sont influencés par la planète Neptune, dite "planète souveraine"; savez-vous quelle est votre planète souveraine? Votre élément (l'eau, la terre, l'air, le feu)?
7. Pourquoi l'astrologie est-elle prise au sérieux maintenant?
8. Quels en sont les dangers et les limites?
9. Pourquoi a-t-on des raisons d'être sceptique à son sujet?
10. «Il n'y a pas de décans en astrologie» dit l'auteur. Discutez.
11. Pensez-vous que les signes zodiacaux puissent déterminer à l'avance les professions? Savez-vous quelles sont les professions susceptibles d'attirer les natifs de votre signe?
12. Quelles sont les personnes les plus enclines à prendre l'astrologie au sérieux? Pourquoi?
13. On dit que les natifs du Verseau s'entendent bien avec les natifs de la Balance, des Gémeaux, du Bélier et du Sagittaire. Connaissez-vous d'autres signes compatibles? Y croyez-vous? Ou pensez-vous, au contraire, qu'il y a une vérité dans l'expression: «les contraires s'attirent»?
14. Pensez-vous que l'astrologie puisse être utilisée dans des domaines très sérieux? Pourquoi?
15. Selon l'auteur, quelles sont ses possibilités?

Discussions / compositions

A. Votre personnalité a-t-elle été transformée par la vie au lycée (ou à l'université)?

B. Les groupes de sensitivité:

Y a-t-il parmi vous des étudiants qui y ont participé?
a) si oui, racontez vos expériences.
b) les **partisans** et les **adversaires** des groupes de sensitivité.
c) un étudiant — convaincu des mérites de ces groupes de sensitivité et **qui s'y connaît** — peut faire participer la classe à une séance.
(Il serait bon que la classe se divise en petits groupes de discussion pour ce sujet.)

C. Les tests de personnalité:

Y croyez-vous? Est-il possible de déterminer la personnalité de quelqu'un? Notre personnalité ne change-t-elle pas selon les gens avec qui nous sommes? Ne sommes-nous pas faits d'une multitude de «**moi**»?

Situation

Chez la diseuse de bonne aventure (cartomancienne, ou autre). Un étudiant prédit l'avenir à un ou à plusieurs de ses camarades.

2 Parents, enfants

Vocabulaire utile

Parents, enfants

«*Enfants deviennent gens...*» (vieux proverbe français)

FAMILLE

le foyer (*home*)   la femme au foyer: qui ne travaille pas au dehors[1]

le chef de famille (le père)   la maîtresse de maison (la mère)

le soutien de famille: personne qui subvient aux besoins de la famille

le grand-père = l'aïeul, l'ancêtre   la grand-mère = l'aïeule

un fils (une fille) unique ≠ une famille nombreuse
l'aîné = le premier né ≠ le cadet, la cadette
le benjamin, la benjamine: l'enfant le (la) plus jeune
les jumeaux, les jumelles: enfants nés le même jour, de la même mère
un orphelin, une orpheline: enfant sans père ni mère

ÉDUCATION DES ENFANTS

l'éducation*: façon d'élever les enfants
                        élever (un enfant): 1) entretenir, nourrir, soigner
                                            2) éduquer, former

l'enfance (*f*): période qui va de la naissance à l'adolescence
un enfant = (*fam*) un gosse

enfant bien élevé: enfant qui a reçu une bonne éducation, qui est poli
                    avoir de l'éducation*: être bien élevé, poli

enfant sage:
    gentil   obéissant   docile   tranquille
            «sage comme une image»

enfant mal élevé   enfant gâté:
    dissipé* = turbulent   désobéissant   insupportable
    espiègle (*mischievous*)   un polisson (*brat*)
            faire* des colères (se dit des enfants)
            crier   être insolent   taper des pieds
            tenir tête (à ses parents) ≠ être docile, obéir
            mener ses parents par le bout du nez
            faire* des caprices   un caprice: exigence accompagnée de colère
                            enfant capricieux: enfant qui fait des caprices

---

[1] Cette expression s'emploie couramment comme slogan: «**La femme au foyer!**», ce qui veut dire que la femme doit rester chez elle, s'occuper de son foyer, de sa famille, au lieu de travailler au dehors.

LES PRINCIPES D'ÉDUCATION:

la sévérité:

frapper, battre un enfant
corriger* un enfant = battre un enfant
lever la main sur un enfant (pour le battre)
donner une fessée (*to spank*)   un martinet (*cat-o-nine tails*)
donner des gifles = donner une paire de gifles (= une paire de claques)
(*to slap*)

l'indulgence (f)

gâter un enfant
faire ses quatre volontés: faire tout ce qu'il veut
passer tous ses caprices: lui permettre tout
être copain avec son fils (sa fille)
un père-copain = un père-ami

le dévouement

se dévouer   se sacrifier
se priver = faire des sacrifices = se sacrifier

« Qui aime bien châtie bien »

Exercices d'application

A. *Trouvez le mot qui correspond à la définition :*

1. C'est un garçon qui n'a ni frère ni sœur. *une fils. unique*
2. C'est un enfant espiègle et désobéissant. *un polisson*
3. C'est la cadette de la famille.
4. Ce sont deux sœurs nées le même jour, à la même heure. *les jumelles*
5. C'est un objet qui sert à battre un enfant. *la main*

B. *Faites une phrase à propos des parents avec :*

1. frapper
2. se dévouer
3. une gifle
4. céder
5. aïeul

C. *Remplacez le mot qui ne convient pas :*

1. Il tient *tête* pied à ses parents.
2. Un enfant dissipé *très* obéit toujours à ses parents.
3. Ses parents lui passent tous ses désirs. *capricer*
4. Il tape des *mains* quand il est en colère. *pieds*
5. Le fils cadet est celui qui est né le premier dans une famille. *l'aîné*

D. *Complétez par une suite de mots convenable :*

1. Les pères d'antan ___
2. Le soutien de famille ___
3. Arrête, ton père ___
4. Il s'est privé ___
5. Un enfant gâté ___

«Mère et fille»

Ma véritable rivale, c'était ma mère. Je rêvais d'avoir avec mon père des rapports personnels; mais même dans les rares occasions où nous nous trouvions tous les deux seuls, nous nous parlions comme si elle avait été là. En cas de conflit, si j'avais recouru à mon père, il m'aurait répondu: «Fais ce que ta mère te dit!» Il ne m'arriva qu'une fois de chercher sa complicité. Il nous avait emmenées aux courses d'Auteuil;[1] la pelouse était noire de monde, il faisait chaud, rien ne se passait, et je m'ennuyais; enfin on donna le départ: les gens se ruèrent vers les barrières, et leurs dos me cachèrent la piste. Mon père avait loué pour nous des pliants et je voulus monter sur le mien. «Non», dit maman qui détestait la foule et que la bousculade avait énervée. J'insistai. «Non et non», répéta-t-elle. Comme elle s'affairait avec ma sœur, je me tournai vers mon père et je lançai avec emportement: «Maman est ridicule! Pourquoi est-ce que je ne peux pas monter sur ce pliant?» Il haussa les épaules d'un air gêné, sans prendre parti.

Du moins ce geste ambigu me permettait-il de supposer qu'à part soi mon père trouvait parfois ma mère trop impérieuse; je me persuadai qu'une silencieuse alliance existait entre lui et moi. Je perdis cette illusion. Pendant un déjeuner, on parla d'un cousin dissipé qui considérait sa mère comme une idiote: de l'aveu de mon père elle l'était en effet. Il déclara cependant avec véhémence: «Un enfant qui juge sa mère est un imbécile.» Je devins écarlate et je quittai la table en prétextant un malaise: je jugeais ma mère. Mon père m'avait porté un double coup, en affirmant leur solidarité et

se ruer courir, se précipiter
la piste *track*
pliant *(m) folding stool*

la bousculade *jostling, pushing*

lancer *ici:* crier

emportement *(m)* colère violente
hausser les épaules *to shrug*

à part soi en lui-même, intérieurement

de l'aveu de mon père *on my father's own admission*

écarlate très rouge

[1] **Courses d'Auteuil:** célèbres courses de chevaux à Paris (Auteuil fait partie du XVIe arrondissement.)

20

en me traitant indirectement d'imbécile. Ce qui m'affolait   **traiter (de)** ici = appeler
encore davantage, c'est que je jugeais cette phrase même
qu'il venait de prononcer: puisque la sottise de ma tante
sautait aux yeux, pourquoi son fils ne l'eût-il pas reconnue?   **sauter aux yeux** être très évident
Ce n'est pas mal de se dire la vérité, et d'ailleurs, bien sou-   **eût** = aurait
vent, on ne le fait pas exprès; en ce moment, par exemple,   **exprès** intentionnellement
je ne pouvais pas m'empêcher de penser ce que je pensais:
étais-je en faute? En un sens non, et pourtant les paroles de
mon père mordaient sur moi si bien que je me sentais à la   **mordre (sur)** attaquer, avoir prise sur
fois irréprochable et monstrueuse. Par la suite, et peut-être
en partie à cause de cet incident, je n'accordai plus à mon
père une infaillibilité absolue.

SIMONE DE BEAUVOIR (*Mémoires d'une jeune fille rangée*)

Questions et conversations

1. Quel était le rêve de l'adolescente?
2. Quelle était l'attitude du père envers sa fille (seul avec elle, et en cas de conflit)?
3. Résumez l'épisode des courses. Comment le père est-il resté semblable à lui-même?
4. Pourquoi la jeune fille croyait-elle à une silencieuse alliance entre son père et elle?
5. Comment a-t-elle perdu cette illusion et quelle a été sa réaction immédiate?
6. Quel double coup son père lui avait-il porté?
7. Pourquoi se sentait-elle «irréprochable», «monstrueuse»?
8. Quel a été le résultat de cet incident?
9. Qu'est-ce que la jeune fille nous révèle de son caractère d'après cet extrait?
10. La situation décrite dans cet extrait est-elle typique? Quelles sont les raisons qui expliquent les difficultés possibles entre mères et filles? Les mêmes difficultés existent-elles entre mères et fils? pères et filles?

«Comment élever les enfants»

Les enfants de l'ère atomique mènent le monde par le bout
du nez. Plus que de mon temps? Moins? Les avis seront
partagés. Je serais cependant tenté de croire que le monde   **partagés** divisés, différents
d'aujourd'hui est plus dépendant de l'enfant, plus généreux

pour lui que celui de 1920. Ce n'est pas seulement parce que les enfants, qui autrefois avaient leur chambre, ont aujourd'hui leur Salon.[1] Non. Tout le monde a son Salon, même le champignon. Il y a plus. Plus que ce Salon, plus que ces journaux où l'on ne demande pas aux parents: «Vos enfants sont-ils sages?» mais aux enfants: «Vos parents sont-ils bien?[2]» Il y a d'autres divinités protectrices de l'enfance, pédagogiques, psychanalytiques. N'ai-je pas à l'instant entendu Sonia,[3] à propos de queue de cheval, parler de complexes?

De mon temps, on coiffait les enfants comme on voulait (c'est-à-dire plutôt comme ils ne voulaient pas). Aujourd'hui non. Je trouvais que la queue de cheval convenait assez bien à Michèle. Elle n'en veut pas. Au lycée, dit-elle, les garçons s'en moquent. Comme j'insistais et que, retrouvant le ton des pères d'antan, je disais: «Tu te coifferas comme je voudrai!» Sonia intervint: «Est-ce que tu sais que cela peut aller très loin?» Et elle me dénicha un article où il est question d'une jeune fille que la queue de cheval a farcie de complexes.

Voilà le grand mot lâché[4] (et la queue de cheval abandonnée; on me la laisse les jours fériés, où le danger-complexe est limité).

De mon temps, quand un enfant était un cancre, on parlait de bonnet d'âne (complexe possible) et on vous le cadenassait en pension. Ces choses-là arrivent encore, bien sûr, mais comment prendre une telle décision à la légère quand le directeur de l'Enseignement technique[5] déclare: «Trop d'enfants pris pour des médiocres ne sont que des intelligences méconnues!»

De mon temps, enfin, les enfants ne parlaient pas à table. C'était, si mes souvenirs sont exacts, un des trois grands principes que je professais encore, quand je me mariai, sur l'éducation des enfants. Aujourd'hui, j'ai trois enfants bien

---

la queue de cheval *ponytail*

convenait bien à allait bien à

d'antan du temps passé

dénicher trouver, découvrir
farcir remplir, bourrer

jours fériés jours où l'on ne travaille pas

cancre mauvais élève

bonnet d'âne *dunce's hat*
cadenasser *to lock up*
pension (f) *boarding-school*
à la légère sans y réfléchir

---

[1] **Salon:** exposition annuelle où l'on présente des choses nouvelles; (Salon de l'Automobile, des Arts Ménagers, par exemple)
[2] **Vos parents sont-ils bien?:** êtes-vous contents de vos parents?
[3] **Sonia:** épouse du narrateur
[4] **Voilà le grand mot lâché:** *now I've said it!*
[5] **L'Enseignement technique:** qui prépare aux carrières techniques et professionnelles (métiers)

vivants, mais mes principes sont morts. Il m'arrive, bien sûr, de crier:

— Tais-toi quand ton père parle!

Mais Sonia, qui tolère assez mal d'être interrompue, semble soudain animée par sa grande foi psychanalytique:

foi croyance (f)

— Tu sais bien, dit-elle, ce que le médecin a dit: une fois sortis du lycée, il faut les laisser s'exprimer.

Or il n'existe, à ma connaissance, qu'une façon de laisser s'exprimer trois enfants autour d'une table: se taire. Je me tais donc, du moins dans les moments où je ne joue pas les arbitres-boxeurs. Après cette heure de détente passée à séparer les pugilistes ou à les entendre, intarissables bavards, discuter buvards[6] entre deux rounds, rien ne me paraît plus reposant — sinon plus aisé — que de me mettre au travail.

arbitre referee

intarissables bavards (lit= inexhaustible talkers, chatterboxes)

buvard (m) blotter

PIERRE DANINOS (*Tout Sonia*)

Questions

1. Expliquez «enfants de l'ère atomique».
2. Quel est le ton de l'auteur dans ce paragraphe? De quoi se moque-t-il?
3. Que trouve-t-il de différent entre l'éducation qu'il a reçue et celle de ses enfants?
4. Est-ce vraiment un «père d'antan»? Expliquez.
5. Pourquoi le complexe est-il limité «les jours fériés»?
6. Quelle est la nouvelle attitude des pédagogues?
7. Selon vous quels principes d'éducation l'auteur avait-il quand il s'est marié? (Il vous en indique un; devinez les deux autres.)
8. Décrivez les déjeuners chez les Daninos.
9. Pourquoi les enfants américains ne collectionnent-ils pas les buvards? Citez des collections en vogue parmi les enfants ou jeunes gens américains.
10. Quelle impression avez-vous de la mère?

Discussions / compositions

A. Voici quelques aphorismes français: «Il faut bien que jeunesse se passe!» «Il n'y a plus d'enfants!», «Ah . . . quand vous aurez mon âge!» Commentez. Vos parents emploient-ils des expressions de ce genre? Lesquelles?

---

[6] **Buvards:** les collections de buvards sont très suivies (note de l'auteur).

B. Quelle est l'attitude de vos parents à l'égard de vos coiffures et vêtements? leur attitude vis-à-vis des vêtements et coiffures de vos amis? (de vos études? de votre avenir?)

C. «De mon temps . . .»; vous avez certainement entendu vos parents ou grands-parents prononcer cette phrase bien souvent; finissez-la par les exemples qu'ils vous donnent.

D. Pensez-vous—comme Pierre Daninos—que les copains aient une grande in-fluence sur les jeunes? Quelles autres influences extérieures ont de l'importance selon vous?

«Pères»

Après ce court portrait du père assez moderne que représente Pierre Daninos, nous avons choisi les deux passages qui suivent (extraits de: Le Déjeuner du Lundi, de Jean Dutourd) pour donner d'autres images du «Père»: d'une part, le vrai «père d'antan», grand-père de Jean Dutourd; d'autre part, le «père-ami», son père.

sa marmaille ses nombreux gosses

maudire to curse

rude ici = énorme

polisson bratty
foudroyer tuer

déculotter enlever la culotte (le pantalon)

Le père de mon père était un instituteur auvergnat,[1] auteur de douze enfants, et qui se priva de tout pendant trente ans pour donner un établissement à sa marmaille. Cet homme, extrêmement méritant, d'après les récits de mon père, avait un caractère épouvantable. Il n'ouvrait la bouche que pour maudire et ne levait la main que pour frapper. Cette attitude se conçoit. Douze petits Auvergnats ne doivent pas être faciles à élever, et il y faut une rude énergie. Je me suis formé l'idée d'un ancêtre farouche, honnête, loyal et rudi-mentaire. Mon père a voué à sa mémoire une vénération craintive et polissonne. Quand il en parle, on s'attend à le voir apparaître armé d'un martinet, foudroyer du regard son fils de soixante-six ans, l'attraper par un bras, le secouer, le déculotter et lui administrer une fessée. Mon grand-père n'a, paraît-il, jamais bu une goutte de vin de sa vie, ni fumé. On n'en saurait dire autant de mon père.

[1] **auvergnat:** de l'Auvergne, au centre de la France. Cette région est très pauvre et ses habitants doivent travailler très dur.

Voici maintenant le père de Jean Dutourd:

... la chambre est prodigieuse. Avant que mon père s'y logeât, elle fut la mienne. Mon père me la dévolut entière-ment lorsque j'atteignis quatorze ans et s'en alla dormir sur un divan, dans la salle à manger.[2] Ce sacrifice à mes aises est l'image même de son profond amour pour moi.

dévolut consacra, donna

à mes aises pour mon confort

Je n'ai jamais cessé, malgré son admiration pour mon énergie, ma volonté ou mon intelligence, d'avoir pour lui cinq ou six ans, et toute la faiblesse apeurée de cet âge. Si je crie le moins du monde à l'aide, il accourt de toutes ses forces avec son bon sourire. Il est prêt à se mettre sur la paille pour me donner jusqu'à son dernier sou, et encore il sourira. Je crois qu'il mourrait pour moi sans une hésitation, trouvant les mots nécessaires pour me faire accepter ce sacrifice, le présentant sous des couleurs amusantes, gau-loises. Lorsque je pense à mon père, et que le souvenir de ses bontés me revient, je me dis que c'est vraiment un ami que j'ai là, et inestimable, l'Ami, capable de tous les dévoue-ments, de toutes les folies, et qui ne demande en retour aucun remerciement, aucune reconnaissance.

crier à l'aide to cry for help

se mettre sur la paille vivre dans la misère

gauloises gallic (broad, spicy humor)

JEAN DUTOURD

Questions

1. Que savez-vous de la vie et du caractère du grand-père?
2. L'auteur et son père voient-ils l'aïeul de la même manière?
3. Comment l'influence de l'aïeul a-t-elle marqué le père de l'auteur pour le reste de sa vie?
4. Vos parents ou grands-parents ont-ils eu un père (ou une mère) semblable à ce grand-père? Décrivez-le (la).
5. Qu'est-ce qui représente vraiment le symbole de l'amour paternel pour le narrateur?
6. Qu'est-ce que le père refuse de voir en son fils?
7. Quelles semblent être les qualités du narrateur adulte?
8. Citez des exemples de l'amour du père. En quoi cet amour est-il particulièrement touchant?

[2] Le père de Jean Dutourd était veuf (sa femme était morte quand le nar-rateur avait sept ans).

Discussions / compositions

A. De quelle façon avez-vous été élevé? Quels sont **vos** principes d'éducation? Comment allez-vous élever vos enfants? (Y a-t-il une différence entre vos principes d'éducation et ceux de vos parents?)

B. Les jeunes Français ont l'habitude de s'entendre répéter certains impératifs et certaines défenses; en voici quelques exemples.

ON DOIT:
faire attention aux courants d'air (*drafts*)
obéir sans répliquer
manger et se taire
finir ce qu'il y a dans son assiette
faire ses devoirs avant de s'amuser
céder sa place à une dame (dans le métro ou l'autobus)

ON NE DOIT PAS:
se pencher par la fenêtre
parler la bouche pleine
montrer quelqu'un du doigt (*point at someone*)
se mêler de la conversation des grandes personnes
parler de ce qu'on ne connaît pas
porter des vêtements d'été avant le mois de mai («en avril ne te découvre pas d'un fil, en mai fais ce qu'il te plaît»)

A votre tour, citez des préceptes de parents américains.

C. «C'est loin de ses parents que l'homme apprend à vivre.» Commentez cette phrase de Corneille.

D. J. Dutourd pense qu'il a, en son père, un véritable ami. Aimeriez-vous un père qui soit vraiment un père, un père-ami, ou les deux? Décrivez le père (la mère) idéal(e).

3 Amour, mariage

Vocabulaire utile

Amour, mariage

«Plaisir d'amour ne dure qu'un moment...»

AMOUR

le grand amour = l'amour fou ≠ une amourette = une passade = un flirt

donner un rendez-vous à quelqu'un
avoir un rendez-vous avec quelqu'un   sortir ensemble

tomber, être amoureux de* quelqu'un
avoir le coup de foudre: tomber subitement amoureux de quelqu'un
filer le parfait amour (*to be completely enamored with each other*)

MARIAGE

le mariage ≠ le célibat
l'union libre: vie du couple en dehors des règles légales

demander quelqu'un en mariage
se fiancer
les fiançailles (*f pl*): promesse de mariage
une bague (*ring*) de fiançailles

se marier avec*, épouser l'homme (la femme) de ses rêves
un mariage d'amour = un mariage d'inclination ≠ un mariage de raison = un mariage de convenance
un beau parti (*a desirable match*)

rester célibataire, rester demoiselle
un célibataire = un vieux garçon   un célibataire endurci = un célibataire invétéré

LE MARIAGE, LA NOCE, LA CÉRÉMONIE DU MARIAGE

1. **le mariage civil** (en France):
   la mairie   Monsieur le Maire   deux témoins
2. **le mariage religieux:**
   le cortège de mariage: le marié et la mariée = les conjoints
   les beaux-parents (la belle-mère, le beau-père)
   les garçons d'honneur   les demoiselles d'honneur
   une alliance*: bague, anneau (symbole du mariage, de l'union)
   les jeunes mariés (*the newlyweds*)   le voyage de noces   la lune de miel

LA VIE CONJUGALE

fonder un foyer: se marier, fonder une famille
un jeune ménage = un jeune couple
les époux = le mari et la femme
l'époux = le mari   un homme d'intérieur*: homme qui aime rester à la maison
l'épouse = la femme   une femme d'intérieur* = une ménagère = une maîtresse de maison

28

Perspectives

la «fée du logis»: une très bonne femme d'intérieur
un cordon bleu: une très bonne cuisinière
                avoir des vertus domestiques: être une très bonne femme d'intérieur

l'entente (f):
    la tendresse   des plaisirs partagés   le bonheur conjugal
    la fidélité   un homme (une femme) fidèle
  un ménage uni: un bon ménage, un couple heureux
                faire* bon ménage: bien s'entendre avec (sa
                femme, son mari)

la mésentente:
    avoir des scènes de ménage: se quereller, se disputer
    avoir une liaison   tromper (sa femme, son mari): avoir un
                        amant, une maîtresse)
          l'infidélité (f)   un homme (une
                          femme) infidèle

une séparation (provisoire ≠ définitive)
une rupture (*breaking off*)   un divorce   demander le divorce
                      se séparer   une pension alimentaire
                      divorcer

« Chagrin d'amour dure toute la vie. »

Exercices d'application

A. *Dites d'une façon différente :*

1. Marie et Jean **filent le parfait amour.** *ont le grand amour.*
2. Ce mari et sa femme **ne se disputent jamais.** *font bon ménage*
3. Dès qu'ils se sont vus, ils sont tombés amoureux l'un de l'autre. *le parfait amour.*
4. C'est un homme **qui trompe sa femme.** *a une maîtresse*

B. *Remplacez le mot qui ne convient pas :*

1. Ils sont allés à l'église pour le mariage civil. *religieux*
2. Après le mariage il a dû verser une pension à sa femme. *divorce*
3. Ils s'aiment depuis des années: c'est une passade. *grand amour*
4. Au moment de leurs fiançailles, le jeune homme lui a donné une alliance.
    mariage   *un bague - engag ring*
    un alliance - wedding ring

C. *Complétez par une suite de mots convenable :*

1. La femme des ses rêves ____.
2. ____ les beaux-parents.
3. Le voyage de noces ____.
4. Plutôt rester vieille fille que ____.

5. ____ : c'est une véritable fée du logis.
6. La femme infidèle ____ .
7. ____ : c'est le grand amour.
8. Ce célèbre acteur s'est marié 5 fois, on ne peut pas dire qu'il ____ .
9. Ils ne voulaient absolument pas se sentir éternellement liés, aussi ____ .
10. La jeune femme sait faire le boeuf bourguignon, la mousse au chocolat : ____ .

D. Voici quelques exemples de «*Courrier du coeur*» :[1]

1. «J'ai 17 ans et des parents terribles: ils ne me laissent aucune liberté. Mes amies sortent toute la journée et le soir. Moi, je n'ai la permission de sortir que de 14 h. à 17 h. La semaine dernière, j'ai rencontré un garçon formidable avec qui j'ai longtemps discuté. Il m'a demandé si je voulais le revoir, et, bien sûr, j'ai dû répondre par la négative sans lui expliquer ma situation car j'ai honte de mes parents. Que faire?»

Caroline

2. «Je sors régulièrement avec un jeune homme dont j'apprécie beaucoup la compagnie. Malheureusement, il a une habitude que je déplore: lorsqu'il m'embrasse, au lieu de fermer les yeux, il les ouvre!... Comment lui faire comprendre que j'ai l'impression d'être embrassée par un hibou?»

Perplexe

Les garçons aussi écrivent:

3. «J'avais décidé de prouver que toutes les filles étaient faciles à séduire. J'étais sorti auparavant avec cette jeune femme divorcée et je l'aimais; je crois aussi aimer cette jeune fille avec laquelle je suis sorti neuf mois (un record!) mais que j'ai laissé tomber; j'aime aussi Patricia que j'ai connue il y a huit jours et avec qui j'ai été une fois au cinéma. Je ne sais plus où j'en suis... Suis-je prêt pour le mariage collectif? Aidez-moi!...»

Don Juan désemparé

Écrivez (ou improvisez à un ou à plusieurs) les réponses à ces lettres. A votre tour, imaginez d'autres cas pathétiques, d'autres lettres auxquelles vos camarades répondront.

E. Quelle est la première chose que vous remarquez chez une jeune fille (chez un jeune homme)? Les qualités que vous recherchez chez une jeune fille (chez un jeune homme).

---

[1] Chronique d'un journal ou magazine, semblable à «*Miss Lonelyhearts*» ou «*Dear Abby*»

«Rêve d'amour»

Paul Verlaine (1844-1896) a toujours été déchiré entre ses désirs charnels et ses rêves de pureté et d'idéalisme. En 1869, il rencontre une jeune fille de 16 ans, Mathilde Mauté, et chante son espoir, ses résolutions, son amour — qui sera de courte durée — dans les vers de La Bonne Chanson. Ce recueil représentait son cadeau de noces à sa très jeune femme.

Donc, ce sera par un clair jour d'été:
Le grand soleil, complice de ma joie,   **le grand soleil** le soleil ex-
Fera, parmi le satin et la soie,   ceptionnellement radieux
Plus belle encore votre chère beauté;

Le ciel tout bleu, comme une haute tente,
Frissonnera somptueux à longs plis   **pli** (m) *fold*
Sur nos deux fronts heureux qu'auront pâlis   **pâlis** rendus pâles
L'émotion du bonheur et l'attente;

Et quand le soir viendra, l'air sera doux
Qui se jouera, caressant, dans vos voiles,
Et les regards paisibles des étoiles
Bienveillamment souriront aux époux.   **bienveillamment** (rare) =
                                 avec bienveillance

Questions

1. Quel est le sujet du poème?
2. Quelles sont ici les caractéristiques de l'amour?
3. Comment le poète exprime-t-il la beauté et l'attente de l'amour?

Discussions / compositions

A. Importance de l'amour dans la vie.

B. Commentez ces citations :

a) « Il y a des gens qui n'auraient jamais été amoureux s'ils n'avaient jamais entendu parler de l'amour. »

(La Rochefoucauld)

b) « Où il y a mariage sans amour, il y aura amour sans mariage. »

(B. Franklin)

« Mariage »

convenablement properly

éclairée ≠ ignorante, étroite

le bon usage le savoir-faire
argentée (*fam*) = riche, qui a de l'argent
miteuse (*fam.*) pauvre, lamentable
remue-ménage confusion, agitation (*f*)

grincement ici = friction (*f*)

c'est dire c'est tout dire, il n'y a rien à ajouter

points noirs ici = très mauvais moments
manifestement visiblement
raté ≠ réussi

... Ainsi donc, le jour de notre mariage, tout allait à peu près bien, grâce surtout à Véronique, à sa façon experte de tout diriger sans un seul instant cesser d'être la jeune épousée discrète et convenablement émue ; à peu près bien, à peu près conforme à ce qu'on attend que soit un « beau » mariage dans les milieux qui étaient les nôtres, disons la petite bourgeoisie éclairée, libérale, ayant une certaine notion du bon usage, peu argentée mais point miteuse ; mais enfin, il fallait le reconnaître, ce n'était pas le grand chic. Du côté des miens, cela suffisait, nous étions modestes, sans exigences, un peu apeurés par ce remue-ménage. Du côté des siens, où l'on était plus prétentieux, j'avais bien perçu quelques menus grincements. Je crois que les efforts financiers conjugués des deux familles avaient porté principalement sur la toilette de la mariée, ses bijoux. La robe était signée d'un couturier assez prestigieux. Véronique aurait pu figurer sur la couverture d'un magazine féminin à un franc cinquante, ou même, pourquoi pas, sur la couverture de *Votre Beauté*, de *Vogue*. C'est dire... Nous avions bien fait les choses... Le plus grand effort financier des deux familles... Pour le reste, mon Dieu, on aurait pu imaginer pire. Les deux points noirs de la journée furent un salmis de perdreaux[1] manifestement raté, et tante Mireille. *Ma* tante

---

[1] **salmis de perdreaux:** *partridge salmi;* **salmi** = *dish consisting of roasted game stewed in a special wine sauce*

Mireille, la sœur de mon père depuis plus de soixante ans et la croix de ma famille depuis vingt ans. Elle est demoiselle, avec peu de chance de changer d'état maintenant. Son goût en matière de vêtements est l'objet, chez nous, de fréquentes contestations. Dans le cortège de mariage, on ne voyait qu'elle, parce qu'elle portait une extraordinaire robe orangée, à volants, qui la faisait ressembler à une gigantesque langouste. A l'apparition de tante Mireille, Véronique avait blêmi. Leurs rapports n'étaient déjà pas des plus suaves. Les choses se sont encore détériorées, entre elles, vers la fin du repas, lorsque tante Mireille, qui s'était laissée surprendre par la traîtrise d'un sauternes, se mit à donner tous les signes d'une gaieté débridée. Son rire argentin domina, de haut, la rumeur des conversations et faillit même, une fois ou deux, nous réduire tous au silence. Je vis une lueur meurtrière s'allumer dans les yeux de Véronique. J'étais à la torture. Mes parents aussi, j'imagine. Toutefois, l'éclat redouté n'eut pas lieu, évité, je gage, de justesse. Ce ne fut que bien après le lunch,[2] lorsque les jeunes invités proposèrent, vers la fin de l'après-midi, d'aller «s'amuser dans une boîte» et insistèrent pour que nous — Véronique et moi — les accompagnions, puisque nous ne devions prendre le train que le soir à 11 h. 30, — ce fut alors que Véronique eut une défaillance. Rien ne la laissait prévoir. Nous sortîmes, une demi-douzaine de plus ou moins jeunes. Il y eut un peu de cafouillage, on ne savait où aller, l'accord ne se faisait sur aucun nom, — tout cela au milieu d'un entrain forcé, souligné encore par la sottise des propos... Brusquement, Véronique se mit à pleurer. Cela ne dura pas, quelques sanglots vite réprimés. Les filles du groupe s'empressèrent. Je fis ce qui était attendu de moi: j'entourai d'un bras l'épaule de «ma femme», je chuchotai des apaisements. On expliqua le petit accès par la nervosité et la fatigue, la tension de la journée. Je me doutais pourtant (en fait, j'étais presque sûr) que la cause de ces larmes n'était pas la fatigue, mais l'amertume: malgré la coûteuse robe du couturier illustre, toute la journée, pour Véronique, avait été saturée de déceptions: le lunch pas très réussi, les demoiselles

volant (m) *flounce*
langouste *crayfish* (*spiny lobster*)
blêmir *devenir très pâle*
suaves *harmonieux*

traîtrise *insidiousness*
débridée *déchaînée*

lueur meurtrière *murderous gleam*

l'éclat redouté *l'explosion (la crise) dont nous avions peur*
je gage *I bet*
de justesse *by a narrow margin*
boîte *boîte de nuit, cabaret*

cafouillage (m) (*pop*) = *désordre*
entrain *animation, bonne humeur*

s'empresser *to fuss, give a lot of attention to*

accès *crise* (f)

---

[2] **lunch:** repas léger que l'on sert à la place d'un déjeuner (= *buffet*)

Amour, mariage

d'honneur pas très élégantes, mes parents pas très décoratifs, tante Mireille, impossible... Pendant un temps très court, peut-être quelques secondes, je cessai complètement d'aimer Véronique. J'avais un bras autour de son épaule, je murmurai des mots tendres dans son oreille, et j'avais complètement cessé de l'aimer. Je crois même que si j'avais pu formuler le sentiment **qui m'habitait** pendant ces quelques secondes, j'aurais pensé: «**Qu'est-ce que je fous** ici, à côté de cette **emmerdeuse**? De quoi se plaint-elle? De quel droit méprise-t-elle ma famille? Qu'est-ce que c'est que cette étrangère à qui je me suis lié pour la vie?» Mais, bien entendu, je ne pensai rien de tel. **La houle** de rancune et d'aversion, au fond de mon cœur, se retira aussitôt venue; et le soir, dans le train (nous avions fait la folle dépense d'un *sleeper* pour nous tout seuls), nous fûmes très heureux: le plaisir que nous prenions l'un à l'autre n'était pas épuisé et **nous donnait le change** sur tout le reste.

JEAN LOUIS CURTIS (*Un jeune couple*)

Left margin glossary:

qui m'habitait qui était en moi
qu'est-ce que je fous (*pop*) = qu'est-ce que je fais
emmerdeuse (*vulg*) = ennuyeuse

la houle *swell*

nous donnait le change *fooled us*

Questions

1. A quel milieu appartenaient les deux jeunes gens? Comment le savons-nous? Donnez quelques-unes des caractéristiques de ce milieu.
2. Quelle était la principale différence dans la mentalité et l'attitude des deux familles?
3. Comment était la toilette de la mariée? Qui l'avait payée? Comment s'explique ce geste peu usuel?
4. Donnez **toutes les raisons** de la colère de Véronique vis-à-vis de la tante Mireille.
5. Que redoutaient le jeune époux et ses parents?
6. Expliquez la défaillance de Véronique.
7. En quoi le marié-narrateur a-t-il la juste perception des sentiments de sa femme?
8. Décrivez et expliquez la brève réaction du jeune marié.
9. Pourquoi son aversion et sa rancune n'ont-elles pas duré?
10. Était-ce vraiment un «beau mariage»? Expliquez.
11. Analysez les sentiments du narrateur. Véronique vous semble-t-elle la jeune épouse idéale? Voyez-vous des indications de difficultés futures dans ce mariage?

Discussions / compositions

A. Résumez le mariage en imaginant les aspects comiques et tragiques de cette journée.

B. Racontez un mariage («beau» ou non) auquel vous avez assisté, en donnant votre point de vue sur la cérémonie.

C. Véronique vous apparaît-elle comme une jeune femme moderne typique? Justifiez votre opinion, quelle qu'elle soit. Quels sont vos propres désirs et ambitions? Sur quoi peut-on fonder un mariage stable?

Situation

Scène entre Véronique et son mari au sujet de la cérémonie et du jour de leur mariage.

«Amour conjugal»

Lorsque, après lui avoir dit que j'allais me marier, ma mère alla chez ma fiancée et quand celle-ci lui ouvrit la porte, ma mère la regarda un instant, bien que la connaissant et depuis assez longtemps, comme si elle avait, en face d'elle, une autre personne; elle la regardait avec d'autres yeux, comme lorsqu'on contemple un paysage d'un autre point de vue, ce qui le fait apparaître différent: une amie, fille d'une amie, mais une étrangère, devenait, d'une façon inattendue, la parente la plus proche, quelqu'un comme sa fille, quelqu'un comme un autre moi-même, quelqu'un aussi comme un autre elle-même, quelqu'un qu'elle attendait depuis toujours, qu'elle pressentait, qu'elle ne reconnaissait pas et, à la fois, qu'il lui semblait connaître depuis le commencement des temps: la personne désignée, depuis toujours, par le destin, à la fois imposée et choisie. C'était la princesse, son héritière, qui allait bientôt devenir la reine à sa place. Ma future femme répondit au regard de ma mère; ma mère avait les yeux en larmes mais contenait son émotion, et ses lèvres qui tremblaient un peu eurent une expression indicible. Je ne sais pas dans quelle mesure elles étaient conscientes de ce qu'elles se disaient sans parler. C'était une communication muette, une sorte de rituel bref qu'elles redécouvraient spontanément et qui devait leur être transmis depuis des siècles et des siècles: c'était une sorte de passation des pouvoirs. A ce moment, ma mère cédait sa place et me cédait aussi à ma femme. L'expression du visage de ma mère voulait bien dire ceci: il n'est plus à moi, il est à toi. Que de recommandations silencieuses, que de tristesse et de bonheur, que de craintes et d'espoir, que de renonciations il y avait dans cette expression. C'était un dialogue sans paroles en dehors de moi, un dialogue de femme à femme.

Ce cérémonial ne dura que quelques instants, mais il a dû être fait dans les règles, selon une loi très ancienne; et puisque c'était un mystère, ma femme acquiesça, joua ce jeu sacré et, obéissant à une volonté, à une puissance qui les transcendaient, me lia à elle, se lia à moi pour l'éternité. Elle n'a jamais essayé de se démettre. Elle n'a jamais connu un autre homme. Il m'est arrivé de vouloir me démettre pour un moment ou pour plusieurs, mais mes fuites étaient ressenties comme des sacrilèges. Ma mère me confia à ma femme, qui me prit en charge et qui est devenue, par la suite, mon seul parent, plus mère que ma mère, ma sœur, une fiancée perpétuelle, mon enfant et mon compagnon de combat. Je suis sûr que cela se fit ainsi, je suis convaincu que ma femme qui me prit en charge n'a jamais pu ou voulu se décharger de moi et que ce lien n'a jamais pu être rompu parce que l'engagement sacré a joué.

qu'elle pressentait that she had foreknown

indicible indescribable

passation handing over
céder donner, abandonner, passer

se démettre abdiquer ses fonctions

ressenties = senties
confier to entrust

lien = attache (f)
a joué came into play

36

Ma mère mourut trois mois après mon mariage. Je l'aimais énormément. Je ne souffris pas de sa mort car j'avais une famille nouvelle, la mère de ma femme, ma femme, j'étais accueilli, j'étais à l'abri, installé, réintégré. Que je veuille rompre cette unité et je n'arriverai à faire que quelques brèches, que des blessures; que je nourrisse d'autres nostalgies, que je veuille un autre printemps et un autre soleil, que j'aspire à un recommencement de l'existence, cela ne se peut, cela est inconcevable, la force du mystère accompli est la plus grande.

à l'abri *sheltered*
que + **subj** = si + ind

brèche (*f*) *breach*
nourrir *to foster*

EUGÈNE IONESCO (*Journal en miettes*)

Questions

1. La fiancée du narrateur était-elle vraiment une étrangère pour la mère de celui-ci? Expliquez. * no*
2. Comment la mère regarda-t-elle la fiancée? Pourquoi?
3. Commentez «imposée» et «choisie». *marqué par le destin*
4. Qu'est-ce que l'entrevue des deux femmes évoque pour l'auteur?
5. Quels signes montrent que la mère contenait son émotion?
6. Expliquez tout ce qu'il a vu dans le visage de sa mère.
7. Décrivez le rôle de chacun des trois personnages dans ce «jeu sacré».
8. Comment la fiancée du narrateur a-t-elle prouvé qu'elle avait compris le message de la mère?
9. Comment s'exprime l'amour total du narrateur pour sa femme? Pourquoi n'a-t-il pas souffert de la mort de sa mère?
10. A l'aide du vocabulaire très caractéristique employé par l'auteur, dégagez sa conception du mariage.

Discussions / compositions

1. Le rôle de la mère dans un mariage comme celui-ci. (En quoi est-il à la mesure d'un amour maternel complet? S'il s'agissait de la mère de la jeune fille, ce rôle serait-il le même?)
2. Faites une comparaison entre l'amour total de la femme du narrateur et l'amour égoïste de Véronique.
3. L'auteur fait une allusion discrète aux aspirations et désirs masculins au cours d'une vie maritale. Commentez, et discutez la fidélité conjugale.
4. «On a le foyer qu'on mérite.» (*Jean Prasteau, journaliste français*) Commentez.

4 Les Jeunes

Vocabulaire utile

Les jeunes

«Place aux jeunes!»

TERMES GÉNÉRAUX

la jeunesse = les jeunes gens = les jeunes ≠ les adultes = les grandes personnes = les aînés
les moins de trente ans ≠ (*fam*) les croulants = les parents, les aînés
la jeunesse = l'adolescence (*f*) = (*poét*) la fleur de l'âge
                     être dans la fleur de l'âge
l'âge ingrat* = l'âge difficile = l'âge de la puberté
                 être à l'âge ingrat

SORTIES

un bal   une soirée   une soirée dansante
une surprise-party = une partie = (*pop*) une surboum

les copains = les camarades   une bande = un groupe de copains   un clan
                     sortir en bande = sortir en groupe
                     sortir à deux

CARACTÉRISTIQUES DE LA JEUNESSE

l'exubérance (*f*)   exubérant
l'enthousiasme (*m*) (enthousiaste) = la fougue (fougueux)
                     s'emballer pour = (*pop*) s'enthousiasmer pour
la générosité   généreux   la loyauté   loyal
la curiosité   curieux   l'agressivité (*f*)   agressif, agressive
                     être, se montrer agressif
                     ne pas avoir froid aux yeux = n'avoir peur de rien = (*fam*) avoir du cran
l'intransigeance (*f*)   intransigeant = inflexible
l'inquiétude (*f*)   inquiet, inquiète   l'anxiété (*f*)   anxieux
                     être malheureux   s'ennuyer
                     traverser une crise (*to go through a difficult period*)
la disponibilité   disponible
                     être, rester disponible: n'être lié ou engagé par rien: rester libre
                     avoir peur de s'enraciner (s'enraciner = se fixer: s'établir quelque part
                     pour toujours)
la révolte   révolté, rebelle   concerné* (*involved*)
                     se heurter à l'incompréhension des parents
                     le fossé (*gap*) entre générations

REPROCHES COURANTS DES PARENTS

la jeunesse actuelle* = la jeunesse d'aujourd'hui
irritant   dépenser, dépensière   impatient
exigeant (*demanding*)   bruyant   turbulent   ingrat (*ungrateful*)
sale   chevelu (= qui a beaucoup de cheveux)   barbu   mal rasé
dévoyé = délinquant   désaxé (≠ équilibré)

le manque de respect   le manque de politesse = l'impolitesse (f)
les fausses valeurs

        rejeter (≠ accepter) les valeurs de la société
        refuser d'assumer des responsabilités
        prendre le contrepied = prendre le contraire, l'opposé (de)
        réformer la société
façon d'envisager (= de prévoir) la vie
        détruire, compromettre son avenir

                «L'avenir est à vous!»

Exercices d'application

A. *Faites une phrase* **à propos de la jeunesse** *avec :*

  1. s'emballer
  2. envisager
  3. l'exubérance

  4. ne pas avoir froid aux yeux
  5. la fougue

B. *Faites une phrase* **à propos du fossé entre générations** *avec :*

  1. les croulants
  2. s'insurger contre
  3. la jeunesse actuelle

  4. se heurter à l'incompréhension
  5. les valeurs

C. *Complétez par une suite de mots convenable :*

  1. Rester disponible ____
  2. Il est difficile d'envisager ____
  3. La révolte grondait ____

  4. ____ la peur de s'enraciner.
  5. Les moins de 30 ans ____

D. Dialogue entre deux mères (ou deux pères): l'une est contente de ses enfants,
l'autre n'a que des reproches à faire à leur sujet.

«Un jeune homme de 1840»

*Les courts extraits qui suivent — tirés du journal que Gustave Flaubert écrivit
entre 17 et 19 ans — illustrent les troubles d'un adolescent sensible, intelligent
et doué mais aussi rempli d'anxiété et de doute sur lui-même.*

Je n'attends rien de bien de la part des hommes. Aucune
trahison, aucune bassesse ne m'étonnera.   **bassesse** ignominie (f)

sensée sage, raisonnable

décrotteur *bootblack*
palefrenier *stablehand*
ressemeleur *lit = re-soler*

le monde la société

Louez-moi donc *therefore praise me*

carton (m) *cardboard*
venir à bout de *to carry to a conclusion*
échafaudage (m) *scaffolding*; ici = *building-up*
pourceau porc, cochon (m)

rompu épuisé
anéanti détruit, annihilé

chair *flesh*

J'aime à être en colère — la colère s'amuse d'elle-même. Je sens que j'aurai dans le monde une vie ordinaire, sensée, raisonnable, que je serai un bon décrotteur, un bon palefrenier, un bon ressemeleur de phrases, un bon avocat, tandis que j'en voudrais une extraordinaire.

J'aime à la fois le luxe, la profusion et la simplicité, les femmes et le vin, la solitude et le monde, la retraite et les voyages, l'hiver et l'été, la neige et les roses, le calme et la tempête; j'aime à aimer, j'aime à haïr. J'ai en moi toutes les contradictions, toutes les absurdités, toutes les sottises.

Je ne compte même pas sur moi — je serai peut-être un être vil, ignoble, méchant et lâche, que sais-je? Je crois pourtant que j'aurai plus de vertu que les autres parce que j'ai plus d'orgueil. Louez-moi donc.

Je passe de l'espoir à l'anxiété, d'une folle espérance à une triste négation, c'est pluie et soleil, mais un soleil de carton doré et une pluie sale sans orage.

O si je venais à bout de mes méditations, mes pensées — si je bâtissais quelque monument — avec l'échafaudage de tous mes songes, bref serai-je un roi ou un pourceau?...

Aujourd'hui qu'ai-je donc? est-ce satiété, est-ce désir, désillusion, aspiration vers l'avenir? J'ai la tête malade, le cœur vide, j'ai d'ordinaire ce qu'on appelle le caractère gai, mais il y a des vides là-dedans, des vides affreux où je tombe brisé, rompu, anéanti!...

O l'avenir que j'ai rêvé comme il était beau! O la vie que je me bâtissais comme un roman; quelle vie! et que j'ai de peine à y renoncer — et l'amour aussi, l'amour! — je me disais quand j'aurai vingt ans on m'aimera sans doute, j'aurai rencontré quelqu'un, n'importe qui, une femme enfin et je saurai ce que c'est que ce beau nom-là qui faisait palpiter d'avance toutes les fibres de mon cœur, tous les muscles de ma chair.

G. Flaubert

Questions

1. Quelles contradictions existent dans les goûts de l'auteur? en lui-même?
2. Qu'y a-t-il d'essentiellement romantique dans ses états d'âme?

3. Quelles frayeurs a-t-il concernant son avenir? En quoi son malaise dépasse-t-il l'état romantique?
4. Pouvez-vous trouver des éléments qui laisseraient prévoir la maladie nerveuse dont Flaubert était sur le point de souffrir?
5. Malgré la gravité du ton, en quoi le dernier paragraphe est-il légèrement comique?
6. Caractérisez le ton de l'auteur au cours de ce texte et justifiez votre opinion.

Discussions / compositions

A. «Je suis né à 20 ans en quelque sorte. Jusque là, je m'étais cru du génie et je m'étais précipité dans toutes sortes de bêtises.» Comment cette citation de Jean Cocteau fait-elle écho aux angoisses de Flaubert tout en y répondant d'une façon encourageante?

B. Avez-vous jamais écrit votre journal? Dans quelles circonstances? Quelles notations y figuraient principalement? Quels sentiments éprouvez-vous en le relisant?

«Un jeune homme de 1927»

Simone de Beauvoir parle de sa rencontre avec Jean-Paul Sartre, de deux ans plus âgé qu'elle. Ici, elle décrit plus particulièrement les idées et attitudes de Sartre, jeune homme, dont elle admire l'intelligence.

Il ne comptait pas, certes, mener une existence d'homme de cabinet[1]; il détestait les routines et les hiérarchies, les carrières, les foyers, les droits et les devoirs, tout le sérieux de la vie. Il se résignait mal à l'idée d'avoir un métier, des collègues, des supérieurs, des règles à observer et à imposer; il ne deviendrait jamais un père de famille, ni même un homme marié. Avec le romantisme de l'époque et de ses

[1] **homme de cabinet** (cabinet: ici = bureau); homme de cabinet = homme d'études, écrivain

débardeur docker
se saouler to get drunk
bas-fonds quartiers mal famés, mal fréquentés
souteneur pimp
paria outcast
Terre-Neuve Newfoundland

témoigner (de) rendre compte (de)
écarter rejeter
ferme avec force
dérèglement (m) désordre (m)

gaspillage waste (of one's energies)

vingt-trois ans, il rêvait à de grands voyages: à Constantinople, il fraterniserait avec les débardeurs; il se saoulerait, dans les bas-fonds, avec les souteneurs; il ferait le tour du globe et ni les parias ni les popes du mont Atlas, ni les pêcheurs de Terre-Neuve n'auraient de secrets pour lui. Il ne s'enracinerait nulle part, il ne s'encombrerait d'aucune possession: non pour se garder vainement disponible, mais afin de témoigner de tout. Toutes ses expériences devaient profiter à son œuvre et il écartait catégoriquement celles qui auraient pu la diminuer. Là-dessus nous discutâmes ferme. J'admirais, en théorie du moins, les grands dérèglements, les vies dangereuses, les hommes perdus, les excès d'alcool, de drogue, de passion. Sartre soutenait que, quand on a quelque chose à dire, tout gaspillage est criminel.

S. DE BEAUVOIR (*Mémoires d'une jeune fille rangée*)

Questions

1. En quoi consistait le «sérieux de la vie» pour Sartre?
2. Dites ce qu'il lui serait difficile de faire et ce qu'il ne voulait faire à aucun prix.
3. Que rêvait-il de faire? Dans quels pays?
4. Quel était son but ultime?
5. En quoi la narratrice différait-elle de Sartre?

Discussions / compositions

A. Les caractéristiques de l'anticonformisme de Sartre. Parallèles et contrastes avec celui des jeunes gens de notre époque; en quoi leurs rêves sont-ils semblables ou différents?

B. Dans les deux extraits que vous venez de lire trouvez-vous des éléments qui montrent qu'il s'agit d'adolescents d'une autre époque? Commentez les détails qui pourraient situer les deux textes dans **le passé,** dans **un passé récent,** dans **le présent.** Trouvez-vous dans leur malaise des caractéristiques éternelles et universelles de la jeunesse?

44

Situation

A. « là-dessus, nous discutâmes ferme .... »
   Deux élèves prennent le rôle de S. de Beauvoir et de Sartre, jouent le dialogue
   et poursuivent la discussion.
   (peut se faire en 2 groupes: l'un, représentant les idées de Sartre, l'autre, celles
   de S. de Beauvoir)

B. Deux groupes: garçons—filles; Les garçons adoptent le point de vue (généralement très masculin) de: « **rester disponible** »; les filles: le point de vue opposé
   (et généralement féminin): « **se marier, s'établir** ».

« L'âge ingrat »

« Cette jeunesse qui monte va décider de notre destin. Ou
bien, en refusant de reconnaître ses besoins en écoles, en
logements, en emplois, la classe parvenue — à la fois en âge   **parvenue** qui a réussi
et en situation sociale — parviendra à la refouler, à la décou-   **refouler** to push back
rager, et finalement à réduire son nombre. Ou bien cette
jeunesse qui grandit va faire éclater le cadre malthusien[1]
qui l'enserre.   **enserrer** enfermer, étran-
                                                                     gler
« Elle le fera par ses propres besoins d'abord, par sa turbu-
lence ensuite. Et ainsi s'ouvriront, avant même 1970 sans
doute, de nouvelles pages peut-être moins sereines, mais à
coup sûr plus vives dans tous les sens du mot, plus glorieuses
aussi. »

Ainsi s'achevait une étude d'Alfred Sauvy[2] publiée, en
1954, par L'Express, et intitulée « La France a rendez-vous
en 1970 ».

Nous y sommes.

---

[1] **malthusien**: de: **Malthus**, économiste anglais (1766-1834) qui dénonça
l'augmentation de la population comme un danger.
[2] **Alfred Sauvy** (né. 1898): économiste, démographe, professeur au Collège
de France et à l'Institut d'Etudes politiques

Les Jeunes   **45**

Peu de pronostics souffriraient d'être ainsi relus après seize ans. Outre la perspicacité de l'auteur, son texte s'appuyait sur des faits scientifiquement observés et réunis. La pression démographique était, en particulier, inscrite dans les chiffres.

On sait que la proportion des moins de 30 ans, par rapport aux autres classes d'âge, proportion tout à fait inédite, est l'une des explications que l'on donne aujourd'hui à l'exubérance agressive de la jeunesse, la France n'étant qu'un théâtre parmi d'autres de cette exubérance.

Ce phénomène devrait être ressenti comme particulièrement heureux. La jeunesse, n'est-ce pas la plus précieuse des richesses nationales? Ne l'a-t-on pas assez répété, qu'elle porte toutes les facultés de générosité, d'enthousiasme, d'innovation, d'invention, qui se retirent des hommes avec l'âge...

Or la voilà qui s'enfle de telle sorte que l'ancienne alchimie entre les générations en est transformée. Et le réflexe qu'elle inspire le plus couramment, il est bien clair que c'est la peur.

Que des jeunes gens déambulent, dans la rue, qu'ils entrent dans un lieu public en parlant un peu fort, et l'on voit des gens s'écarter, comme en Amérique devant les Noirs.

Que le chef d'une grande entreprise soit sollicité d'engager des étudiants, et il déclare: «Vous plaisantez... Je ne veux pas mettre la vérole chez moi...»

Que des adolescents demandent à leurs parents l'autorisation d'organiser une «partie» à la maison, et c'est l'envahissement par les Barbares à quoi l'on consent douloureusement.

En bref, les adultes sont en train de découvrir qu'ils n'aiment pas la jeunesse. Ils aiment les enfants, c'est bien différent.

Tout se passe comme si la jeunesse était assimilée, inconsciemment, à une race étrangère, envahissant le territoire et que l'on craint de voir, soudain, inexpugnable.

Il est vrai que, sur le territoire familial, elle pille, elle occupe, elle viole le réfrigérateur, la baignoire, le téléphone, le silence. Et, comme tout occupant, elle méprise l'occupé, qu'il soit coopératif ou réfractaire. La ségrégation opère des deux côtés.

---

souffriraient *would withstand*
outre en plus de
s'appuyait sur se basait sur

inédite nouvelle

théâtre ici: lieu (*m*), scène (*f*)

se retirer de disparaître de, abandonner (*tr*)

s'enfler *to swell up*

que + subj. = si + ind.
déambuler se promener

s'écarter s'éloigner

engager *to hire*

la vérole maladie contagieuse

envahissement (*m*) invasion (*f*)

inexpugnable imprenable, qu'on ne peut pas vaincre
piller *to loot*
violer *to rape*

Il est vrai que, sur le territoire national, elle se déplace par bandes parfois féroces, elle vole, elle casse, elle insulte, compensant, comme les enfants, son impuissance par des fantasmes de puissance. Ainsi quand elle joue «Zorro chez Fauchon».[3]

Il est vrai que, s'il existe encore des garçons aux cheveux propres, des vierges de 16 ans, et des lycéens qui n'ont jamais vu une cigarette de marijuana, personne ne saurait affirmer qu'il y en aura encore l'année prochaine ou dans deux ans.

Il est vrai que la jeunesse propage ses mœurs et ses modes à la vitesse d'un incendie de forêt, qu'elle manifeste par bien des signes, et en particulier par ses costumes, son refus d'intégration à la collectivité qu'elle a envahie. Théoriquement, elle parle français. Mais ce qui parle par sa bouche est plus impénétrable que si elle parlait chinois. Il y a des interprètes: il faut accueillir leurs traductions avec précaution, la psychanalyse de cuisine ayant trouvé, depuis Mai,[4] un terrain de choix.

Il est vrai que, omniprésente, bruyante, insolente, exigeante, moralisante, la jeunesse est à tuer. Et, justement, on ne la tue pas. Enfin! Aucune guerre, mobilisant tous les jeunes hommes du pays, ne vient le soulager, si l'on ose dire, de son surplus démographique et de l'énergie qui provoquerait, si l'on en croit les experts en polémologie,[5] une sursaturation d'agressivité.

A l'appui de cette théorie, ils font remarquer que l'Onu[6] a recensé, en 1968, cinquante pays où des manifestations juvéniles avaient eu lieu, mais qu'Israël a été épargné.

Il est vrai que la jeunesse exerce, sur les adultes, une demande épuisante parce que, en échange, elle ne donne rien. Autrefois, elle donnait les signes extérieurs du respect, qui console de vieillir, et, plus précieux encore, le sentiment de l'importance que conféraient le savoir, l'expérience, la sagesse.

---

[3] **Zorro chez Fauchon: Fauchon:** épicerie fine et chère de Paris, place de la Madeleine. Au printemps 1969, quelques étudiants parisiens, jouant *Zorro chez Fauchon*, ont essayé de dévaliser Fauchon pour distribuer les marchandises aux moins avantagés.
[4] **Mai:** mai 1968, date de la révolte estudiantine
[5] **polémologie** (*f*): étude sociologique de la guerre
[6] **Onu:** Organisation des Nations Unies

Les Jeunes

Glossary (margin):

se déplacer bouger, circuler

fantasmes (ou **phantasmes**) illusions (*f*)

mœurs (*f pl*) manières de vivre, habitudes de vie
incendie *fire*

de cuisine *second-rate*

à tuer double sens = sens littéral + exaspérante

à l'appui de *in support of*
recenser *to take a census*
épargner *to spare*

épuisante extrêmement fatigante

Aujourd'hui, l'adulte est un compte en banque sur lequel elle tire des chèques.

Si on lui reconnaît un savoir, c'est pour le sommer de le restituer.

Il est vrai que la jeunesse est, en un mot, insupportable. C'est-à-dire qu'un grand nombre de gens n'ont simplement plus la force de la supporter.

Le seuil de tolérance[7] est variable avec chacun. Les plus affectés rêvent d'une longue retraite dans un lieu interdit aux moins de 30 ans, et se barricadent, psychologiquement, voire physiquement. Parfois, ils s'inquiètent: où trouver un vaccin qui immunise leurs enfants contre la jeunesse comme on les immunise contre la typhoïde?

Les plus résistants se disent que, à la fin, la jeunesse a toujours raison, mais qu'ils en seraient davantage convaincus, en l'occurrence, si elle consentait à expliquer ce qu'elle veut. «Qu'est-ce qu'ils veulent?» est en passe de devenir la phrase la plus courante du vocabulaire français. On exprime par là à la fois une anxiété diffuse, et sa bonne volonté. Allons, soyez gentils, dites-le, ce que vous voulez. Si c'est possible, nous vous le donnerons, nous ne sommes pas des sauvages, nous avons été jeunes, nous aussi... Cette société, il ne faut pas croire que nous y tenons tellement. Si vous avez quelque chose d'original à suggérer, nous ne serions pas contre, mais dites-nous donc ce que vous voulez...

[7] **le seuil de tolérance** (*threshold of tolerance*): terme psychologique = point minimum où l'individu réagit

---

tirer *to draw*

supporter *to bear, stand*

interdit défendu

voire et même

en passe de sur le point de

tenir à aimer, être attaché à

Un jeune homme de 22 ans a répondu, dans une revue confidentielle: «Age ingrat! le seul âge que nous souhaitons avoir. Il est toujours nôtre, l'enfant qui sanglote et mord ses draps parce qu'il a peur de devenir un jour semblable à son père.

«Age ingrat! nom qui sera celui de l'ère qu'a ouverte Rimbaud.[8] Notre siècle a commencé avec le geste de l'enfant qui, dans un square de Charleville, a brandi une chaise contre sa mère en disant «Merde» parce qu'elle ne voulait pas lui acheter une nonnette.

«Et pourtant, je l'ai engendré dans la douleur, a gémi la femme. Enfin, c'est l'âge ingrat. Il y en a pour quelques années.»

«L'âge ingrat ne finira plus, madame Rimbaud.»

Cette apostrophe date de 1929. Elle était signée Roger Vailland.[9] Elle pourrait être signée, aujourd'hui, par tous ceux qui, comme l'enfant de Charleville, veulent changer la vie au lieu que la vie les change.

Quelqu'un a-t-il un meilleur projet à leur proposer?

FRANÇOISE GIROUD

nonnette petit gâteau en pain d'épice
engendrer donner naissance à, enfanter
gémir se plaindre, se lamenter

[8] **Arthur Rimbaud** (1854-1891): grand poète symboliste; type du révolté et du révolutionnaire; son œuvre a profondément influencé la poésie surréaliste et moderne
[9] **Roger Vailland** (1907-1965): romancier et auteur dramatique; fondateur d'une revue surréaliste, Le Grand Jeu (1927)

Questions

1. Dites (en vos propres termes) quels pronostics M. Sauvy avait faits sur la jeunesse.
2. Comment explique-t-on l'exubérance agressive des jeunes?
3. Pourquoi devrait-on se réjouir de cette surabondance de jeunes?
4. Quels exemples Mme Giroud donne-t-elle pour illustrer la peur des adultes devant les jeunes?
5. Pourquoi l'auteur compare-t-elle la jeunesse à une race étrangère et ennemie? (Comment la jeunesse est-elle une race ennemie: (a) sur le plan familial? (b) sur le plan national?)
6. Comment la jeunesse manifeste-t-elle son refus d'intégration à la collectivité?
7. Dans quel pays n'y a-t-il pas de manifestations juvéniles? Pourquoi? Que pensez-vous de l'explication offerte?
8. Pourquoi les adultes supportaient-ils mieux les jeunes autrefois?
9. Citez plusieurs des rêves des adultes.
10. Que voudrait-on savoir à tout prix sur la jeunesse?
11. Qui a écrit «L'âge ingrat ne finira plus, madame Rimbaud.»? Quel est le ton de cette phrase et en quoi l'âge de son auteur est-il significatif?
12. Quels sont le symbole et l'importance du geste de l'enfant de Charleville?

Discussions / compositions

A. Commentez ces déclarations de Mme Giroud:

«Les adultes sont en train de découvrir qu'ils n'aiment pas la jeunesse. Ils aiment les enfants, c'est bien différent.»
«Aujourd'hui l'adulte est un compte en banque sur lequel elle (la jeunesse) tire des chèques.»
«Tous ceux qui veulent changer la vie au lieu que la vie les change.»

B. Répondez à ces deux questions de l'auteur:

(a) Dites-nous donc ce que vous voulez.
(b) Quelqu'un a-t-il un meilleur projet à leur proposer?

C. Ces reproches faits aux jeunes français ressemblent-ils aux reproches faits aux jeunes américains?

D. Selon vous, que refusent les jeunes américains? Qu'est-ce qui les inquiète? Que recherchent-ils?

5 Études

Vocabulaire utile

Études

les études primaires   études obligatoires
        secondaires   un cours
        supérieures   une étude* (study-hall, study period)
           faire ses études
           suivre* un cours
l'enseignement public (organisé par l'État): dans les écoles publiques
l'enseignement privé: dans les écoles libres (= privées)

L'ENSEIGNEMENT PRIMAIRE

l'école maternelle = la maternelle (pour les enfants âgés de 2 à 6 ans)
l'école primaire
un instituteur, une institutrice
un(e) élève   un écolier, une écolière

L'ENSEIGNEMENT SECONDAIRE

une école secondaire
un lycée = un collège = (pop) un bahut = un établissement
le corps enseignant = les professeurs = les enseignants

L'ADMINISTRATION

le proviseur (le directeur)   le principal
le censeur (assistant-principal)
le surveillant général (chargé de la discipline, de la surveillance)
le surveillant = répétiteur = (pop) pion: surveille les études

LES ÉLÈVES

un lycéen (une lycéenne) = un collégien (une collégienne) = (fam) un potache
résident → un(e) interne = un(e) pensionnaire (réside au collège ou lycée)
un(e) externe: élève qui ne réside pas au lycée ou collège
un(e) demi-pensionnaire: élève qui déjeune à l'école
~ ? les programmes = les matières des cours
programmes chargés: qui comprennent beaucoup de matières
une retenue = (pop) une colle: punition qui consiste à faire rester l'élève après les heures de
classe ou à le(la) faire venir en dehors des heures de cours
uproar le chahut: tumulte (vacarme, tapage) des élèves pour protester contre un professeur
un cancre = un mauvais élève ≠ un fort en thème = un très bon élève
le bulletin trimestriel: rapport contenant les notes de travail et de conduite

                          Perspectives

EXAMENS

un examen   un concours (*competitive examination*)

le baccalauréat   l'examen écrit = l'écrit   l'examen oral = l'oral

[handwritten: Secondary school leaving certificate]

passer* = se présenter à* un examen *[handwritten: succeed]*

réussir (à l'examen) ≠ échouer = être recalé (*fam*) = être collé *[handwritten: fail]*

la moyenne: pour réussir à l'examen, il faut avoir la moyenne (= moitié des points qu'on peut obtenir: 10 sur 20 par exemple)

être admissible = être reçu à l'écrit (= admis à se présenter à l'oral)

[handwritten: pass written to be able to pass be admitted tt oral]

L'enseignement supérieur

L'UNIVERSITÉ

[handwritten: branch of studies]

la Faculté: des sciences
des lettres et sciences humaines
de droit et sciences économiques
de médecine
de pharmacie

L'ADMINISTRATION

le Recteur (d'Académie) = le directeur de l'université

le doyen = le directeur de la Faculté

le conseil de gestion: comprend des représentants des enseignants, des étudiants, ainsi que des représentants du personnel administratif

[handwritten: council of administration]

LES ÉTUDIANTS

un étudiant en lettres, en médecine, *etc*...
continuer ses études *[handwritten: study law]*
faire son droit (sa médecine)
se spécialiser en* (français, anglais, *etc*...)
s'inscrire à* un cours *[handwritten: to register]*
payer les droits d'inscription (environ $35 par an)

un cours facultatif ≠ un cours obligatoire

une conférence* (assister à une conférence; faire* une conférence) *[handwritten: lecture]*

un amphithéâtre

manquer un cours = (*pop*) sécher un cours = être absent

le savoir   la culture (*adj*) cultivé
avoir des connaissances

LES GRANDES ÉCOLES

Établissements d'enseignement supérieur indépendants des universités; les principales sont:
Les Écoles normales supérieures

Lettres   Sciences

L'École Polytechnique

L'École des Ponts et Chaussées, des Mines *etc*... *[handwritten: bridges, roads, & mines]*

Ces écoles se spécialisent dans la formation d'une élite orientée vers des branches aussi diverses que l'administration, l'enseignement, l'industrie et le commerce. On y entre (et on en sort) après un *concours* très difficile auquel seul un candidat sur dix peut réussir.

DIPLÔMES   *[handwritten: masters]*   *[handwritten: competitive university exam]*

une licence   une maîtrise   un doctorat   une agrégation

«*Science sans conscience n'est que ruine de l'âme*»

Rabelais

Exercices d'application

A. *Dites d'une autre façon :*

1. Il **n'est pas admissible** à l'oral.
2. Il **a de profondes connaissances dans tous les domaines.**
3. Pierre et Jean **suivent des cours pour devenir avocats.**
4. Les professeurs d'université français font leurs cours dans **de grandes salles circulaires.**
5. Pour s'inscrire à l'université, il faut payer **une certaine somme.**

B. *Remplacez le mot qui ne convient pas :*

1. Un interne est un élève qui rentre chez lui tous les jours.
2. Le fort en thème a toujours de mauvaises notes.
3. Le principal est le directeur d'une université.
4. Le professeur la connaît bien car elle sèche souvent ses cours.
5. S'il veut devenir professeur d'anglais, il faudra qu'il suive des cours à la faculté de droit.

C. *Complétez par une suite de mots convenable :*

1. Le professeur l'a envoyé chez le censeur ____
2. Le pauvre pion ____
3. ____ avant de s'inscrire à un cours.
4. ____ pour entrer à une grande école.
5. Lorsque le professeur est entré dans la classe ____

« *La première classe de français* »

Les textes qui suivent sont extraits de Degrés *(1960) par Michel Butor, auteur représentatif du Nouveau Roman. Dans ce roman, M. Butor trace un tableau de l'enseignement secondaire français, tel qu'il était il y a quelques années. On remarquera qu'au lieu d'employer le «je» narratif ou de décrire son personnage à la 3ème personne, il s'adresse à lui à la 2ème personne (du singulier ou du pluriel).*

... ce mardi 5 octobre, à deux heures de l'après-midi, c'était votre première classe de français :

«littérature des XVIe et XVIIe siècles, le lundi, le mardi

et le vendredi; théâtre classique, le mercredi, *Britannicus*
d'abord, puis *L'École des Femmes*, et *Polyeucte* pour finir;
devoir remis le mardi, pour le français comme pour le reste;
une semaine français, une semaine latin, une semaine grec,
ce n'est pas difficile, rendus le mardi suivant, aucun retard
admis; ceux qui ne remettent pas leur travail au jour dit
ont un zéro; et, pour nous mettre tout de suite en train,
ouvrez votre cahier de textes, et notez-moi[1] ce sujet de
devoir pour la semaine prochaine:

remis rendu, donné (au professeur)

en train en action

cahier de textes cahier où l'élève inscrit les sujets de devoirs

«racontez la journée de vos vacances qui a le plus marqué
dans votre souvenir; essayez d'expliquer pourquoi c'est
celle-là qui vous a semblé la plus digne d'être retenue»,

avec les usuelles admonitions:

retenue conservée (dans votre mémoire)

«il faut que nous soyons bien d'accord; si tout le monde
suit les règles, nous nous entendrons très bien»,

et naturellement déjà l'accrochage du grelot baccalauréat:[2]

«n'oubliez pas que l'examen est à la fin de l'année prochaine, et qu'il est impossible de faire une bonne première,[3]
si l'on a fait une médiocre seconde».[3]

Questions et conversations

1. Pouvez-vous donner le nom des auteurs de *Britannicus*, *l'École des Femmes*, et *Polyeucte*? Connaissez-vous d'autres pièces de ces auteurs?
2. Expliquez la méthode et l'attitude du professeur. Pourquoi cette première classe est-elle si importante pour lui et pour ses élèves?
3. Comment est organisé le programme d'études des élèves? Quelle est votre opinion du travail donné?
4. Le même professeur enseigne le français, le latin et le grec. Pourquoi? Quels sont les avantages et inconvénients pour les élèves?
5. Que pensez-vous de l'enseignement comportant l'étude de deux langues anciennes?

---

[1] **notez-moi** = inscrivez (Le pronom «**moi**» indique que le ton est familier et impératif.)

[2] **L'accrochage du grelot baccalauréat** (*litt: the pinning of the bell*: baccalauréat = *the scarecrow of graduation*): le professeur rappelle déjà aux élèves qu'ils ont un baccalauréat à passer à la fin de l'année suivante (la 1ère); ceux-ci ont très peur de l'examen et il espère ainsi les faire travailler.

[3] **première, seconde**: en France, les études secondaires commencent en 6ème. A l'époque dont parle M. Butor, il y avait deux baccalauréats: on passait le premier à la fin de la 1ère.

Situation

A la sortie, les élèves font des commentaires sur cette première classe: leurs impressions du professeur, du travail donné, etc.

«Deux classes d'anglais»

volontaires

M. René Bailly demandait d'un air ennuyé des volontaires pour lire les rôles de Brutus et Cassius.

il a balayé de son regard ses yeux ont examiné, parcouru

Comme aucune main ne se levait, il a balayé de son regard l'ensemble de la classe, rangée après rangée, s'arrêtant un peu plus longuement sur lui, Alain Mouron, puis sur Michel Daval,[1] choisissant finalement deux élèves du fond. Il y a eu un bruit de feuilles remuées.

«Je vois que vous vous occupiez d'autre chose, Monsieur. Voyons un peu vos talents.»

trébuchant stumbling

La voix a commencé tremblante, hésitante, trébuchant à chaque syllabe.

«On dirait que vous n'avez jamais lu d'anglais.»

Tous les visages des élèves se sont tournés vers la victime.

«Eh bien, Cassius, qu'attendez-vous?»

M. Bailly s'est levé; il tenait le livre dans une main, dans l'autre, une règle de bois noir à coins de cuivre dont il appuyait une extrémité sur le bureau.

Tous les visages des élèves se sont penchés sur leur texte.

«Et maintenant, pouvez-vous me traduire ces quelques phrases? Pouvez-vous me montrer que vous avez compris quelque chose à ce que vous venez de lire?»

Alain Mouron a jeté un coup d'œil à son cousin Michel Daval derrière lui, en faisant un geste de la main et une

une moue une grimace

moue qui disaient aussi clairement que des paroles:

méfions-nous soyons sur nos gardes

«Il est d'une humeur excécrable aujourd'hui, méfions-nous.»...

ânonner lire d'une façon très hésitante

A l'heure suivante, Denis Régnier, ânonnant, a traduit le

---

[1] **Alain Mouron** et **Michel Daval** sont les neveux du professeur d'anglais, M. Bailly.

56

Perspectives

début de la tirade de Cassius,[2] son cahier de l'an passé[3] ouvert sur son pupitre, avec les notes de ce temps-là qu'il n'avait pas jugé bon de[4] relire.

«Je sais bien que cette vertu est en vous, Brutus, aussi bien que je connais votre faveur extérieure.

— Qu'est-ce que cela veut dire cela, votre faveur extérieure?

— Eh bien, c'est une expression poétique; cela veut dire la gentillesse, la bonté qu'il a pour les autres.

— Ah oui?... Très ingénieux. Dites-moi, Régnier, vous étiez déjà en seconde l'an passé. Nous avons étudié ce passage, n'est-ce pas?

— Oui, Monsieur.

— On voit que cela vous a bien profité. Vous ne voyez pas qu'à côté du mot *favour*, il y a un petit 4 imprimé? Vous ne portez pas de lunettes, vous avez de bons yeux!

— Oui, Monsieur.

— Eh bien, il est bon que vous le sachiez, ce petit chiffre renvoie à une explication au bas de la page, que vous allez avoir l'obligeance de me lire et de me traduire.

— *Favour: personnal appearance*, apparence personnelle.

— Que vous ne fassiez pas vos préparations, c'est tant pis pour vous, cela vous apportera de mauvaises notes et toutes sortes de désagréments, vous le savez bien, c'est à vos risques et périls; mais que vous ne soyez pas capable de tirer profit de ce que vous avez là sous votre nez, c'est à désespérer!»

Toute la classe a été prise d'un petit rire complice, immédiatement étouffé.

«Bien, veuillez me reprendre maintenant convenablement la traduction de ce vers.

— Aussi bien que je connais votre apparence extérieure.

— Mais oui! Il déclare: «Je sais qu'il y a de l'honneur en vous, Brutus, aussi bien que je sais qu'il y a un nez au milieu de votre visage que j'ai là sous les yeux.» Continuez!»

avoir l'obligeance (de) = avoir l'amabilité (de)

à vos risques et périls *at your own risk, it's your tough luck*
c'est à désespérer *it's hopeless*

---

[2] Voici (en version originale) le début de la tirade que Régnier doit traduire: «I know that virtue to be in you Brutus
As well as I do know your outward favour.»
[3] **son cahier de l'an passé**: Denis Régnier redouble (= recommence) la classe de seconde.
[4] **qu'il n'avait pas jugé bon de** = qu'il n'avait pas cru devoir

Questions

1. Quelle pièce les élèves étudient-ils?
2. Comment le professeur sait-il que l'élève du fond faisait autre chose? Que faisait-il, selon vous?
3. Que pensez-vous de la lecture à haute voix dans une langue étrangère?
4. Comment les autres élèves se comportent-ils lorsque la victime a été choisie?
5. Quelle atmosphère règne dans la classe? Comment s'explique-t-elle?
6. Pourquoi la situation de Denis Régnier est-elle particulièrement pathétique?
7. Étudiez l'attitude du professeur dans ces deux classes. Y voyez-vous une évolution et un changement?

Situation

Rejouez la deuxième classe dans un contexte américain, en imaginant les erreurs d'interprétation, l'attitude du professeur, celle des élèves, etc. .... Choisissez votre propre extrait à traduire ou utilisez les vers suivants:

> «Percé jusques au fond du cœur
> D'une atteinte imprévue aussi bien que mortelle,
> Misérable vengeur d'une juste querelle,
> Et malheureux objet d'une injuste rigueur,
> Je demeure immobile, et mon âme abattue
> Cède au coup qui me tue.»

> Corneille. *Le Cid*, Acte I, scène VI

«Encore du français!»

Eh bien, Abel, voulez-vous lire? Je crois que je n'ai pas encore entendu le son de votre voix.

— Ce fait, voulut de tout son sens étudier à la discrétion de Ponocrates,[1] mais icelui,[2] pour le commencement, ordonna qu'il ferait à sa manière accoutumée, afin d'en-

---

[1] **Ponocrates:** maître de Gargantua
[2] **icelui** = **celui-ci** (*arch*); remarquez que la langue de Rabelais est archaïque.

tendre par quel moyen, en si long temps, ses antiques
précepteurs l'avaient rendu tant fat, niais et ignorant...

— Arrêtons-nous là pour l'instant, et voyons ce que vous
avez compris dans ce que vous venez de nous lire. Prenons
donc les choses par le commencement; analysez-moi le premier mot, ce tout petit mot, ce; allons, faites-m'en une
analyse grammaticale.

— C'est un adjectif démonstratif...

— Si c'est un adjectif, il y a bien un mot auquel il se
rapporte.

se rapporter (à) *to refer to,
modify*

— Il se rapporte à fait.

— Et fait, alors, qu'est-ce que c'est?

— C'est un nom commun masculin singulier.

— Et qui a quelle fonction dans la phrase, s'il vous plaît?
Allons, cherchez; vous n'allez tout de même pas me dire
que fait est le sujet de voulut; quel est le sujet de voulut?

— Ce doit être Pantagruel...

— Mais non! Pas Pantagruel, Gargantua! C'est de Gargantua qu'il s'agit maintenant. «Ce» n'est pas un adjectif,
c'est un pronom, et «fait» est un participe passé; c'est
comme s'il y avait: cela fait, une fois cette chose-là faite.
Quelle est donc cette chose qu'il a faite? Mais regardez la
note qui est en bas de page! Lisez-la!

— Ceci fait (la restitution des cloches volées).

— Qu'est-ce que c'est que cette histoire de cloches? De
quelles cloches s'agit-il? Abel, Abel, vous n'avez pas préparé
votre texte.

— Mais si, Monsieur.

— Comment, mais si?

— Je puis vous montrer mon cahier, il y a tout le plan
du passage.

— Je sais bien que vous pouvez me montrer votre cahier;
je vous ai bien vu tout à l'heure pendant que nous faisions
du grec. Il s'agit des cloches de Notre-Dame de Paris que
Gargantua a volées à son arrivée, et il n'y avait pas besoin
d'aller chercher bien loin; il n'y avait qu'à regarder en haut
de cette page même que vous avez sous les yeux. Voyons si
vous allez pouvoir vous rattraper; que veut dire sens, de
tout son sens?...»

vous rattraper réparer vos
erreurs, y remédier

Tu[3] regardais, sur ton cahier ouvert, l'analyse que tu avais

[3] **Tu:** le narrateur s'adresse ici à Alain Mouron.

faite de ce morceau:
    «lignes I à 5, introduction,
    lignes 6 à 29, le lever et le petit déjeuner,
    lignes 30 à 47, Gargantua se justifie,
    lignes 48 à 61, la matinée,
    lignes 62 à la fin, le déjeuner».
    Tu l'avais mis bien à ta droite pour que Michel Daval pût[4]
plus facilement le recopier.

Michel Butor

Questions / conversations

1. De quel genre d'exercice s'agit-il dans ce passage?
2. Traduisez le petit extrait de *Gargantua* auquel cet exercice se rapporte.
3. Qu'est-ce que cet extrait a en commun avec les deux précédents?
4. En quoi Abel est-il un cancre typique?
5. Comment est ici l'état d'esprit du professeur? Voyez-vous une évolution depuis le premier extrait? Comment peut se justifier la bonne ou la mauvaise humeur d'un professeur?
6. Selon le modèle de cet extrait, faites l'analyse grammaticale des mots soulignés du court passage suivant:

    «Je sais bien que vous pouvez me montrer votre cahier; je vous ai bien vu tout à l'heure pendant que nous faisions du grec. Il s'agit des cloches de Notre-Dame de Paris que Gargantua a volées à son arrivée, et il n'y avait pas besoin d'aller chercher bien loin; il n'y avait qu'à regarder en haut de cette page même que vous avez sous les yeux. Voyons si vous allez pouvoir vous rattraper; que veut dire sens, de tout son sens?»

Discussions / compositions

A. Les extraits que vous avez lus représentent des aspects typiques des lycées français il y a quelques années. Essayez d'expliquer les différences et les ressemblances entre une classe dans un lycée français et une classe dans un lycée américain (discipline, attitude du professeur, curriculum, etc. ...)

---

[4] **pût:** imparfait du subjonctif de **pouvoir**

B. L'idée que vous vous faites (d'après ces extraits) de la discipline dans les lycées français. La peur des examens existe-t-elle aussi fortement aux États-Unis qu'en France ?

Situation

Jouez une de vos classes (de français ou autre). Un élève prendra le rôle du professeur et fera la classe avec l'aide de ses camarades.

Il serait bon de choisir un professeur qui a de petites manies (*idiosyncracies*), ou un professeur très autoritaire, ou très ennuyeux.

«Notre quiz»

C'est un jeu, c'est aussi un examen. Voici une série de questions sur des sujets divers, des sujets que vos études, la lecture des journaux, ou les soirées à la T.V. vous ont rendu familiers.

Si vous répondez à 25 questions, bravo! Entre 17 et 25, c'est encore bien, vous restez dans le courant de la vie et tout vous intéresse. En dessous de 17, attention! Il faut lire davantage. (Vous trouverez la solution p. ...)

SCIENCES

1. «Mach 1... Mach 2...» Impossible de parler supersonique sans utiliser ce terme. Mach désigne le rapport de la vitesse d'un mobile par rapport à celle du son. Ce terme Mach, est :

    a) Le sigle de Mobile à accélération continue hyperfocale;

    b) Le nom d'un physicien autrichien mort en 1916;

    c) Le nom d'une station spatiale, Mach-Town.

2. Il y a une centaine d'années, pour augmenter la solidité du béton, on inventait le béton armé. C'est-à-dire que :

    a) Le béton contient une carcasse métallique;

    b) Le sable du mortier est remplacé par de la limaille d'acier;

    c) Le béton est porté à une forte température et refroidi avant d'être utilisé.

béton (m) *concrete*
armé *renforcé de métal*
carcasse *ici, frame*

limaille *filings, scobs*

3. L'information, c'est une technique toute neuve, dont tout le monde parle. Elle concerne:

a) La détection des maladies par l'électromagnétique;

b) Le traitement de l'information;

c) L'application de l'énergie électrique dans la chimie industrielle.

4. Le premier astronaute qui fit le tour de la terre en satellite est:

a) Youri Gagarine;

b) Neil Armstrong;

c) Walter Shirra.

5. L'année même, 1890, où Ader[1] grimpait dans son fameux avion, les femmes ne parlaient que d'une toute dernière invention, qui allait bouleverser leur vie:

a) La soie artificielle;

conserves (*f pl*) *canned food*

b) Les conserves;

c) Le téléphone.

6. Au Salon de l'Aéronautique du Bourget[2] étaient exposées des multiples maquettes. L'une concerne le «prot-symphonie» qui sera:

maquette (*f*) modèle (réduit, en miniature)

fusée-sonde *sounding-rocket*

a) Une fusée-sonde franco-russe;

b) Un missile de météorologie franco-anglais;

c) Un satellite franco-allemand de communications.

7. Dans ce même Salon, vous avez pu voir des projections avec commentaires sur le centre spatial de Kourou, une création française qui se trouve:

a) En Guyane;

b) Au Sahara;

c) A Tahiti.

8. «Un pour cent d'inspiration, quatre-vingt-dix-neuf pour cent de transpiration», modeste commentaire de l'inventeur de l'ampoule à incandescence, du phonographe, qui

ampoule (*f*) **à incandescence** *incandescent lamp*

---

[1] **Ader:** ingénieur français (1841-1925). Ayant réalisé une machine — un monoplane inspiré par la forme d'une **chauve-souris** (*bat*) — il a été un des premiers à avoir effectivement volé.

[2] **Le Bourget:** aéroport, dans la banlieue nord de Paris. Après avoir réussi le premier vol au-dessus de l'Atlantique, Lindbergh y atterrit (1927).

perfectionna le téléphone et le télégraphe, et qui s'appelait:

a) *George Stephenson;*
b) *André-Marie Ampère;*
c) *Thomas Edison.*

9. En 1895, l'Allemand Röntgen s'aperçut qu'en faisant passer des décharges électriques dans des tubes vidés d'air, il impressionnait des plaques photographiques. A tout hasard, il baptisa ces ondes: **onde** (f) *wave*

a) *Rayons X;*
b) *Rayons Volta;*
c) *Rayons alternatifs.*

10. Il y a déjà plusieurs lunes,[3] le colonel américain Hanes, à bord d'un F 100 C «Super Sabre» dépassait la vitesse du son. Quel exploit! Mais depuis ces 1.323[4] km/h, les cosmonautes ont atteint des vitesses de:

a) *5.500 km/h;*
b) *12.000 km/h;*
c) *39.000 km/h.*[4]

HISTOIRE ET GÉOGRAPHIE

1. De 1309 à 1378, les Papes habitaient à:

a) *Trente;*
b) *Florence;*
c) *Avignon.*

2. Le 18 juin 1815, Napoléon était battu par les Anglais de Wellington et les Prussiens de Bülow et Blücher à Waterloo. Waterloo est une commune de: **commune** *township*

a) *Belgique;*
b) *Bavière;*
c) *Bohême.*

3. Cette ville de dix millions d'habitants, située à l'embouchure du Fleuve Bleu,[5] est la plus grande ville de Chine et la seconde d'Asie après Tokyo, le plus grand   **embouchure** (f) *entrée d'un fleuve dans la mer*

---

[3] **il y a déjà plusieurs lunes:** poétique = il y a déjà plusieurs années
[4] **1.323 km/h** = 830 *mph;* **5.500 km/h** = 3,500 *mph;* **12.000 km/h** = 7,500 *mph;* **39.000 km/h** = 25,000 *mph*
[5] **le Fleuve Bleu:** *Yangtze River*

port de Chine et son principal centre industriel. C'est:

a) *Saïgon;*
b) *Calcutta;*
c) *Changhaï.*

4. Wallis et Futuna, comme Philémon et Baucis, sont inséparables. Ces petites îles, qui totalisent 14.000 habitants, dépendent de:

a) *La Nouvelle-Calédonie;*
b) *Madagascar;*
c) *La Guadeloupe.*

5. Le Bénélux, c'est le groupement de trois États d'Europe Occidentale:

a) *Le Lichtenstein, la Belgique et le Luxembourg;*
b) *La Suisse, l'Allemagne de l'Ouest et les Pays-Bas;*
c) *La Belgique, les Pays-Bas et le Luxembourg.*

6. Au début du XVIe siècle, le capitaine espagnol Fernand Cortez débarquait au Mexique et exterminait presque complètement un peuple d'une civilisation très avancée:

a) *Les Incas;*
b) *Les Aztèques;*
c) *Les Séminoles.*

station balnéaire (*f*) sea-side resort

7. Yalta, célèbre pour la conférence des trois Grands, Churchill, Roosevelt et Staline, est une station balnéaire sur:

a) *La mer Noire;*
b) *La mer Caspienne;*
c) *La mer d'Aral.*

cédés donnés, abandonnés

8. Les Français s'installèrent au Canada dès le début du XVIIe siècle et nombreux sont ceux qui ont conservé encore leur langue et la religion catholique. Pourtant nos territoires du Canada ont été cédés à l'Angleterre par:

a) *Louis XIV;*
b) *Louis XV;*
c) *Napoléon.*

9. Des trois pays ci-dessous, quel est celui qui ne fait pas partie de cette association d'États souverains dont le chef

est la reine d'Angleterre et qui s'appelle le Common-
wealth:

a) Java;

b) Ceylan;

c) Chypre.[6]

10. La plus grande île du monde, c'est l'Australie avec près
de 8 millions de km².[7] Sa capitale est:

a) Canberra;

b) Sydney;

c) Melbourne.

LITTÉRATURE

1. Au Vieux-Colombier,[8] reprise de «Ce fou de Platonov»,
une œuvre de jeunesse d'un auteur qui écrivit «La
mouette» et «Oncle Vania». Il s'appelait:

> **reprise** (f) *revival*

a) Lermontov;

b) Gogol;

c) Tchékhov.

2. Cette romancière dont le dernier livre est une œuvre
sociologique connut la célébrité avec:

a) L'Hôte;

b) Le Maître de Maison;

c) L'Invitée.

3. Silvia a pris les vêtements de sa suivante, Lisette, pour
mieux étudier celui qu'on lui destine, Dorante. Mais
Dorante recourt à la même supercherie avec son valet
Arlequin. C'est le Jeu de l'Amour et du Hasard, une
comédie signée:

> **suivante** (au théâtre: **sou-
brette**) = bonne
>
> **supercherie** tromperie (f)

a) Marivaux;

b) Musset;

c) Beaumarchais.

4. Maria Casarès fait une création remarquée dans un grand
classique, «Mère Courage», dont l'auteur est:

a) Bertolt Brecht;

---

[6] **Chypre** = *Cyprus*
[7] **8 millions de km²** = 2,967,909 *sq. miles*
[8] **Le Vieux-Colombier:** célèbre théâtre de Paris

b) *Samuel Beckett;*

c) *Luigi Pirandello.*

5. Mâcon,[9] ville natale de Lamartine, est très fière de son grand poète. Mais ce n'est pas comme poète que Lamartine prit la défense du drapeau tricolore contre le drapeau rouge, c'est en tant que:

a) *Colonel;*

b) *Magistrat;*

c) *Député.*

6. «Tel qu'en lui-même enfin l'éternité le change» est le premier vers d'un poème de Stéphane Mallarmé dont le titre est:

a) *L'azur;*

b) *L'après-midi d'un faune;*

c) *Le tombeau d'Edgar Poë.*

tracasserie (f) *pestering*

7. Il y a une centaine d'années paraissait la triste et poétique histoire d'un jeune maître d'études en butte à toutes sortes de tracasseries. L'auteur, Alphonse Daudet — le titre:

a) *Le petit Chose;*

b) *L'Assommoir;*

c) *Bouvard et Pécuchet.*

devise *motto*

8. «Plutôt souffrir que mourir». Cette devise sans gaîté sert de morale à la fable de La Fontaine:

a) *Le lion et le rat;*

b) *Le pot de terre et le pot de fer;*

c) *La mort et le bûcheron.*

Immortel = Académicien

9. Tout le monde ne peut pas entrer à l'Académie Française. A preuve, il n'y en eut qu'un, parmi les trois ci-dessous qui devint Immortel. Lequel?

a) *Daniel-Rops;*

b) *Péguy;*

c) *Gide.*

10. «Cher Antoine» est une des dernières pièces d'un auteur prolifique qui nous a donné «Le Voyageur sans Bagage» et «Pauvre Bitos» entre autres. Il s'appelle:

[9] **Mâcon:** ville de Saône et Loire

a) Henri de Montherlant;

b) Félicien Marceau;

c) Jean Anouilh.

« L'an I de l'orientation spontanée »

Lentement, péniblement, on est entré sur la voie de l'autonomie. Il faut en payer le prix, accepter que certaines inégalités apparaissent entre les facultés. Chaque établissement essaie tant bien que mal d'organiser son mode de vie, ses orientations propres. On peut crier à l'injustice; l'équivalence, par exemple, est obligatoire pour les étudiants qui viennent de Dauphine[1] (décret Edgar Faure[2] du 31 décembre 1968) alors que beaucoup de facultés refusent d'accueillir des étudiants qui ont effectué leur première année à Vincennes. Tout le monde sait qu'il faudra des années pour que l'Université modèle son nouveau visage. Et personne n'imagine que cette année universitaire se déroulera partout sans secousse.

tant bien que mal du mieux qu'il peut, médiocrement

se dérouler = se passer

secousse (f) choc (m), agitation (f)
les points chauds hot beds

On connaît les points chauds. Vincennes, d'abord, où l'on attend huit mille étudiants, Vincennes où la fièvre révolutionnaire s'est manifestée six semaines avant la rentrée. A plusieurs reprises, M. Droz, directeur du conseil de gestion, a menacé de faire appel à la police. Mais on sait depuis mai 1968 que cette tactique provoque plus souvent l'explosion que le calme. D'ailleurs, à Nanterre, M. Ricœur a déclaré au cours de la première réunion du conseil de gestion:

gestion (f) administration (f)

— En aucun cas je n'appellerai les forces de l'ordre. Les étudiants doivent le savoir. A eux de prendre leurs responsabilités.

Mais, à Vincennes, M. Droz — encouragé par le ministre — tient un autre langage. C'est, en substance, celui-ci:

---

[1] **Dauphine:** une des quatre universités (avec **Nanterre, Vincennes, Orsay**) créées aux environs de Paris par le gouvernement français pour décongestionner la Sorbonne et décentraliser. Ces universités ont été conçues sur le modèle des «colleges» et universités américaines (campus, petites classes, séminaires, etc...). Dauphine, Vincennes, et Nanterre en particulier, ont été le foyer de contestation active en 1968 et depuis.
[2] **Edgar Faure:** Ministre de l'Education Nationale de 1968 à 1970

— Si les violences recommencent, Vincennes sera fermée. Sur les huit mille étudiants qui sont ici, quatre mille n'ont pas leur baccalauréat.[3] Il faut qu'ils sachent qu'ils n'entreront pas aussi aisément dans une autre faculté. Pour deux mille ou trois mille d'entre eux, la fermeture de Vincennes — qui serait définitive — signifierait la fin de leurs études.

Philologie, qu'est-ce que c'est?

A Censier, à Nanterre, c'est un autre climat. Le désenchantement. Au moment d'attaquer une nouvelle année, les étudiants craignent qu'elle ne soit inutile. J'ai vu, à Nanterre des jeunes gens choisir leurs unités: c'est la secrétaire qui leur indiquait — aimablement — les sessions à suivre. Un garçon s'est tourné vers moi:

— Philologie, qu'est-ce que c'est?

Et, sans attendre d'explication:

— Allons-y pour la philologie.

On observe, cette année, un brutal désintérêt pour la sociologie, la philosophie et, d'une façon générale, pour toutes les sciences humaines qui n'offrent que peu de débouchés.

Un chiffre: il y aura cent quatre-vingts étudiants, en sociologie, à Nanterre, cette année. Il y en avait plus de mille l'an dernier.

En revanche, le droit et les sciences économiques font davantage d'adeptes. Et Sciences-Po a des effectifs pléthoriques: on a refusé du monde, cette semaine, à une conférence de M. de Lattre sur l'économie et les finances. Beaucoup d'étudiants qui avaient déjà fait deux ou trois années de sociologie ont fait leur entrée cet automne dans la maison « bourgeoise[4] » de la rue Saint-Guillaume.

A Nanterre, c'est le département « langues » qui affiche déjà complet.[5] Ici, les amphithéâtres n'ont pas été condamnés.[6] Ils sont déjà pleins. Ce qui fait dire amèrement à

attaquer commencer

débouchés (m) possibilités (f) de situations

en revanche au contraire
Sciences-Po = Sciences Politiques
pléthoriques surabondants, trop pleins

---

[3] **Quatre mille étudiants n'ont pas leur baccalauréat:** *This is the first time in the history of French universities that students have been admitted without the* **baccalauréat.** *This new policy might be compared to the "Open admissions" policies in the U.S.A..*

[4] **« la maison bourgeoise » de la rue Saint-Guillaume = Sciences-Po:** Grande École où la tradition est conservée et où le calme fait contraste avec l'agitation des universités telles que Nanterre.

[5] **« qui affiche complet »** = qui refuse du monde (= *the courses are closed*)

[6] **condamnés = fermés:** allusion aux amphithéâtres de Sociologie (à Nanterre) qui n'ont pas rouvert depuis mai 1968

Mme Annie Kriegel, professeur de sociologie:

— L'Université est en train de devenir l'école Berlitz...

En sciences, il y aura cette année un peu moins d'étudiants qu'en 68-69. Mais c'est l'exception qui confirme la règle. On choisit, en général, les disciplines qui débouchent sur un bon marché du travail. On délaisse les autres. Les garçons qui font du droit, les filles qui ont choisi l'anglais ou l'allemand ont sérieusement commencé leur année. Il ne manque pas un porte-manteau[7] dans leurs amphithéâtres.

déboucher (sur) mener (à)

délaisser abandonner, renoncer à

C'est peut-être une conséquence de mai 1968. Les contre-révolutions sont parfois, elles aussi, spontanées. Elles se font sans tribun, sans meneur. Il y a des lois auxquelles les étudiants n'échappent pas: celles de la vie.

tribun orateur (qui défend une cause)

PHILIPPE ALEXANDRE

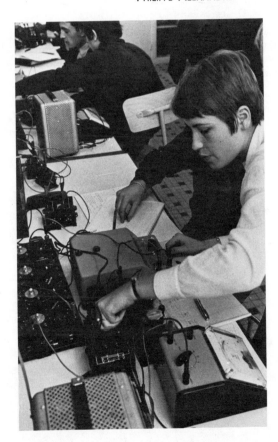

[7] **Il ne manque pas un porte-manteau** = tous les **porte-manteaux** (*coat-stands*) sont occupés (toutes les places sont prises).

Questions

1. L'autonomie des universités françaises peut-elle s'effectuer facilement? Quel en est le prix?
2. Aux «points chauds» de l'université, quelle est la ligne de conduite des directeurs?
3. Comment M. Droz justifie-t-il la sienne?
4. Expliquez les raisons pour lesquelles le désenchantement règne à Nanterre.
5. Dites pour quelles matières l'intérêt des étudiants est tombé; quelles autres ont fait plus d'adeptes?
6. Expliquez le choix des étudiants.
7. «Il y a des lois auxquelles les étudiants n'échappent pas: celles de la vie.» Commentez.

Discussions / compositions

A. Le rôle du président dans une université américaine, tel que vous le concevez.
B. Estimez-vous que l'université vous prépare pour l'avenir? Sinon, comment pourrait-elle le faire, selon vous?
C. Votre conception de l'université idéale (critères d'admission, cours facultatifs, notes, notions d'examens, rôle des étudiants, etc...).
D. Importance de l'étude des langues étrangères. Comment expliquez-vous l'enthousiasme des étudiants européens pour celles-ci?

6 Plaisirs

A Loisirs et voyages

Vocabulaire Utile

Loisirs et voyages

«Ce qui est le plus difficile à l'homme, c'est d'utiliser ses loisirs. »

Goethe

LOISIRS ET SPORTS

loisirs (m): occupations (f), distractions (f) pendant le temps de liberté
la chasse la marche la pêche *fish* la bicyclette = le vélo
l'équitation (f)
ride horse
faire de l'équitation = monter à cheval = faire du cheval
l'alpinisme (m)
faire de l'alpinisme = faire des escalades = faire des ascensions en
montagne
le camping
faire du camping
un terrain de camping les villages de toile = villages de tentes = terrains de
petit caravan camping
une roulotte = une remorque = une caravane (*trailer*)
monter (= dresser) une tente
dormir à la belle étoile = dormir en plein air un sac de couchage

SPORTS NAUTIQUES

la natation
pool
faire de la natation une piscine
plonger (*to dive*) nager le crawl nager la brasse (*breast-stroke*)
faire la planche (*to float*)
le ski nautique
faire du ski nautique
la chasse sous-marine (avec un fusil-harpon)
la plongée sous-marine (avec un masque et un tube)
le surfing
le bateau un bateau à voile un bateau pneumatique
un bateau à moteur un moteur hors-bord *Sail boat*
faire du bateau faire du bateau à voile = faire de la voile
les régates: courses de bateau à voile ou d'aviron (*rowing*)

SPORTS D'HIVER

le ski le patinage les patins (sur glace) une luge (*sled*)
faire du ski faire du patin = patiner

72

SPORTS D'ÉQUIPE, SPORTS POUR SPECTATEURS

le stade = le terrain de sports = le terrain de jeux

le football = le foot   le rugby

le cyclisme   les courses de bicyclette   *bicyclette*   le Tour de France

les courses d'autos, de chevaux, *etc...*

VOYAGES

les préparatifs:

consulter une agence (un agent) de voyages

lire des brochures (= des dépliants)

retenir (= réserver) sa place   confirmer ≠ annuler

les voyages organisés:

les voyages organisés = voyages de groupe = voyages en groupe

les «charters»: avions pour groupes

un club de vacances

faire partie de, aller dans (un club de vacances)

un circuit touristique un séjour à forfait (= à prix forfaitaire)

le prix forfaitaire (déterminé à l'avance) comprend en général: le transport (= prix du billet avion aller et retour), l'hôtel (chambre double = pour 2 personnes), pension complète (ou demi-pension) et des excursions

une excursion = une randonnée

un circuit en autocar (= en car, en autobus)

une croisière   une escale: arrêt dans un port

partir en croisière   faire une croisière

le départ:

l'aéroport   les avions à réaction (qu'on appelle plutôt «les jets» maintenant)

l'embarquement

embarquer   voyager en 1ère classe, en classe économique

à bord   l'hôtesse de l'air   «attachez les ceintures»

décoller = s'envoler ≠ atterrir

un vol direct   faire escale

l'arrivée:

atterrir   *crash*

l'atterrissage (*m*)

la douane   le douanier: le douanier fouille les bagages   «Avez-vous quelque chose à déclarer?»

aller à l'hôtel

descendre à l'hôtel

visiter les monuments, les curiosités

louer une voiture   faire de l'auto-stop (*to hitchhike*)

faire le tour du monde   passer la frontière, la douane   *border*

avoir le mal du pays (*to be homesick*)

«*Les voyages forment la jeunesse.*»

Exercices d'application

A. *Remplacez le mot qui ne convient pas :*

1. Pour faire de l'équitation, il faut un vélo.
2. Les coureurs cyclistes ont participé aux régates.
3. Il fait la planche sur le ventre.
4. J'aime dormir à l'hôtel pour pouvoir contempler la nature.
5. Le paquebot a atterri à cinq heures de l'après-midi.

B. *Trouvez le mot (ou expression) qui correspond à la définition :*

1. Voyage **dont le prix et l'itinéraire sont déterminés à l'avance.**
2. Voiture aménagée en maison.
3. Monter dans l'avion.
4. C'est un vol **pendant lequel on ne s'arrête pas.**
5. Être à l'étranger et regretter son pays.
6. Faire **un voyage d'agrément sur un paquebot.**

C. *Complétez par une suite de mots convenable :*

1. ___ par les villages de toile.
2. Après avoir consulté mon agent de voyages ___
3. Dans les clubs de vacances ___
4. Avant que l'avion décolle ___
5. ___ plutôt que de faire de l'auto-stop.
6. Le douanier a ___

D. *Décrivez un voyage précis que vous avez fait (préparatifs, moyens de transport, arrivée, etc.).*

E. *Décrivez votre (vos) sport(s) favori(s).*

---

stop (fam) = auto-stop

Stop

Il y a quelques dizaines d'années, l'aventure commençait dans la Malle des Indes,[1] et Philéas Fogg[2] faisait le tour du

[1] **La Malle des Indes:** service assurant le courrier de Londres aux Indes (chemin de fer et bateaux)
[2] **Philéas Fogg:** personnage principal du roman de Jules Verne: *Le Tour du Monde en 80 jours*

monde en quatre-vingts jours. Aujourd'hui, pour un auto-stoppeur, l'aventure commence porte de Clignancourt[3] et il fait le tour du monde en quatre-vingts voitures (et bateaux).

Les hasards de la route m'ont fait, il y a quelque temps, rencontrer un de ces Fogg-stop. Il pleuvait. Un jeune homme kaki nous fit signe.

— On le prend? demandai-je.

— Prenons-le, dit Sonia, que la pluie mollit.   **mollir** *to soften*

Il monta.

Comme nous étions entre Angoulême et Poitiers, nous pensions qu'il s'agissait d'un touriste qui regagnait Paris. C'était mal connaître notre stoppeur — et notre époque. L'homme venait d'Algésiras[4] et «montait» sur Oslo. Comme je lui demandais ce qu'il faisait (on aime bien savoir):

— Du stop..., me répondit-il. J'ai terminé mes études. Je fais le monde en stop.

C'est un fait: un grand nombre de gens sont dans le stop   **sont dans le stop** *are in the* comme vous êtes dans le textile. Devant ce héros qui nous   *hitchhiking business* arrivait d'Estremadure,[5] Sonia et moi nous faisions tout menus: nous n'étions en somme qu'un infime maillon de la   **infime maillon** *minute link* chaîne empruntée par ce globe-trotter pour ceinturer la planète. Avec nos vacances sur la Côte basque, nous ne   **nous ne savions plus où** savions plus où nous mettre —sinon dans notre voiture —   **nous mettre** = nous mais cette voiture, par instants, me paraissait appartenir plus   **étions très embarrassés** à lui qu'à nous.

— Vous ne craignez pas la vitesse? lui demandai-je comme   **rouler** *ici* = conduire je roulais, à mon sens, trop vite.   **à mon sens** = à mon avis
                                                                 Pensez-vous! Mais non, pas
— Pensez-vous! me dit-il. Ce n'est pas que je trouve que   *du tout!* vous alliez lentement, mais je viens de faire du 180,[6] près de Madrid, avec une Jaguar grand sport, alors...

Ce sont là de ces façons de parler qui chiffonnent toujours   **chiffonner** vexer un conducteur. Il faut se faire à tout, même aux gens que   **se faire à** s'habituer à l'on emporte. La vision que celui-là avait du monde était curieuse. Pour un boucher, par exemple, il y a les gens qui mangent dans le filet, et les autres. Pour un chapelier ceux   **chapelier** marchand de cha- qui vont nu-tête, et les bons. Pour un auto-stoppeur, il y a   peaux
                                                                 nu-tête sans chapeau

---

[3] **porte de Clignancourt:** sortie de Paris, au nord de la Ville
[4] **Algésiras:** port d'Espagne, sur le Détroit de Gibraltar
[5] **Estremadure:** région d'Espagne qui comprend les provinces de Badajoz et de Cacérés, à la frontière du Portugal
[6] **faire du 180** = rouler à 180 kilomètres à l'heure; (180 km = *about* 115 *miles*)

reculer ≠ avancer

deux sortes d'individus: ceux qui s'arrêtent et ceux qui ne s'arrêtent pas — la troisième catégorie étant constituée par les automobilistes qui s'arrêtent, reculent, hésitent et repartent, et que les auto-stoppeurs désignent sous le nom de mille-pattes.

mille-pattes centipede

— Vous avez aussi, dit-il, les amoureux, qui ne s'arrêtent jamais (ce qui, soit dit en passant, semblait nous prouver, à Sonia et à moi, que nous ne l'étions plus).

aux abords de près de

Le jeune homme nous quitta aux abords de Chartres.[7]

on gèle on a très froid

— On gèle ici! s'écria-t-il. Je me demande, après tout, si je ne vais pas plutôt redescendre sur Cannes...[8]

Dans la nuit qui tombait, nous roulâmes, dévorés de complexes.

PIERRE DANINOS (*Daninoscope*)

[7] **Chartres:** à 96 km au sud-ouest de Paris; ville célèbre pour sa magnifique cathédrale
[8] **Cannes:** station balnéaire du Midi; le climat y est très doux

1. En quoi consistait la conception des voyages au début du siècle? Quelle est celle d'un auto-stoppeur d'aujourd'hui?
2. Expliquez «Fogg-stop» et «jeune homme kaki».
3. D'après le nom des deux villes (Angoulême et Poitiers) savez-vous où se trouvaient le narrateur et sa femme?
4. Pourquoi ont-ils pris l'auto-stoppeur? (deux raisons)
5. D'où venait celui-ci? Où allait-il? Quelle était sa profession?
6. Justifiez l'humilité du narrateur en face du «héros».
7. Selon Daninos, quelle vision les bouchers ont-ils du monde? et les chapeliers?
8. En quelles catégories les auto-stoppeurs voient-ils les automobilistes?
9. Expliquez les «complexes» du couple.
10. Étudiez l'humour de l'auteur au cours de ce passage.

Discussions / compositions

A. Comment passez-vous vos loisirs (si vous en avez!)?

B. Avez-vous entendu parler des clubs, type *Méditerranée*? Où s'en trouve-t-il? Parlez de la vie dans ces clubs — vos expériences personnelles ou celles de vos amis ou parents.

C. La forme de voyage que vous préférez et votre conception du voyage idéal. Comparez avec les façons de voyager des parents.

D. Idées et attitudes au sujet des voyages:

a) les idées préconçues sur la France; celles des Français sur New York et les États-Unis; les clichés habituels.
b) l'attitude du voyageur à l'étranger (habitude de tout comparer, attitude de supériorité, ses reproches, ce qui lui manque).

Situation

Discussion entre Sonia et son mari pendant la fin du voyage (regrets, reproches mutuels, etc.). Cette discussion dégénère en dispute et finit ... bien ou mal!

B Distractions

Vocabulaire Utile

Distractions

> «Enfin la lumière s'éteint...»
>
> R. Queneau

CINÉMA

les cinémas = «les salles obscures»
cinémas de quartier ≠ salles d'exclusivité   un film en exclusivité (*first-run movie*)
un ciné-club: club d'amateurs de cinéma où l'on étudie la technique et l'histoire du cinéma
une cinémathèque: endroit où l'on conserve et projette des films qui ne sont plus dans le circuit commercial
un, -e cinéphile (*movie fan*)
une séance (de cinéma)   une première: un gala d'ouverture
l'ouvreuse: place les spectateurs (en France on doit lui donner un pourboire)
la projection   un écran (on projette un film sur un écran)
un film en version originale ≠ un film en version doublée = un film doublé
les sous-titres   un film sous-titré
un navet (*pop*) = un mauvais film
le générique: partie du film où sont indiqués les noms du producteur, du metteur en scène, des acteurs, etc...
un cinéaste: un auteur ou réalisateur de films   un metteur en scène
                tourner un film = filmer
la «Nouvelle vague»[1]
le scénario   le scénariste
la vedette: l'acteur (l'actrice) principal (principale)

THÉÂTRE

un comédien = un acteur   une comédienne = une actrice
l'interprétation (*f*): la façon de jouer
la distribution: ensemble des acteurs
la scène   le décor   la coulisse (les coulisses) (*backstage*)

---

[1] La **Nouvelle Vague:** à l'origine, c'est ainsi qu'on appelait un petit groupe de critiques de cinéma devenus metteurs en scène (Truffaut, Godard, Chabrol, Resnais, Malle) et qui ont tenté d'explorer — avec une technique radicalement neuve — l'homme et la société modernes

les machinistes (*stage-hands*)   les changements de décor
la régie: administration intérieure d'un théâtre   le régisseur
un metteur en scène   monter* une pièce   la mise en scène
un four (*fam*) = un échec, un désastre   une reprise (*revival*)
une troupe de théâtre: groupe de comédiens qui jouent ensemble
une compagnie théâtrale: troupe théâtrale permanente
une tournée théâtrale: voyage d'une compagnie théâtrale qui donne des représentations en province ou à l'étranger
        faire relâche (théâtres): fermer pendant quelque temps
théâtres subventionnés: théâtres que l'État subventionne (à Paris: le Théâtre de France, le T.N.P., l'Odéon, l'Opéra)
Théâtres des Boulevards = «grands Boulevards»: (d'un comique léger et assez populaire)
La Maison de la Culture: où ont lieu des événements culturels (conférences, représentations théâtrales, etc...)
Les Centres dramatiques (de l'Est, de l'Ouest, etc...): compagnies théâtrales de province qui ont pris beaucoup d'importance après la 2ème guerre mondiale

MUSIQUE

un concert de musique classique   un concert de musique «pop»
un chef d'orchestre   la baguette   une discothèque
un(e) mélomane: personne qui aime la musique avec passion

ARTS

un musée   une galerie   une exposition   un vernissage: jour d'ouverture d'une exposition

dessins (*m*)   aquarelles (*f*) (*water-colors*)   gouaches (*f*)   huiles (*f*)
gravures (*f*) = estampes (*f*) (*prints*)
une croûte (*fam*) = un mauvais tableau

DISTRACTIONS CHEZ SOI

un tourne-disques = un électrophone = un pick-up (terme vieilli)
un disque = un microsillon (de 33, 45, 78 tours)   un enregistrement (*recording*)
un magnétophone (*tape-recorder*)   une bande magnétique (*tape*)
un marchand de disques = un disquaire   une maison de disques = un magasin de disques

les moyens de communication de masse (la télévision, la radio):
les téléspectateurs   la télévision = la télé = la TV
un poste de télévision = (*fam*) le petit écran = le téléviseur
un récepteur = un poste (de télévision, de radio)   une chaîne (*channel*)

programmes:
une émission (musicale, médicale, de jeux, etc...)
une émission de variétés: émission composée de chansons et numéros variés
le magazine d'information   le feuilleton (*weekly series*)
        passer à la Télé (l'émission musicale passe à 20 heures)
une émission diffusée   en direct (*live*) ≠ en différé
        être rivé à la Télé: passer des heures devant la TV

«... un rêve de lumière, de liberté»

R. Rolland

Exercices d'application

A. *Complétez par le mot ou l'expression qui convient :*

1. Le machiniste, l'électricien sont dans ___
2. Viens avec moi à ce ___ : on y joue un vieux film que je tiens absolument à voir.
3. On ne peut pas voir cette pièce aujourd'hui car le théâtre ___
4. En France, au cinéma, il faut donner un pourboire à ___
5. Cette année on donne une ___ de Becket par Anouilh.

B. *Remplacez le mot qui ne convient pas :*

1. Ce film est une croûte.
2. J'ai acheté des aquarelles chez le disquaire.
3. Les mélomanes ne peuvent se passer d'aller au ciné-club.
4. Comme j'adore entendre parler français, je ne vais voir que des films français en version doublée.
5. J'ai lu le nom du metteur en scène sur la régie.
6. Si tu veux voir *Faust*, il faut aller aux Théâtres des Boulevards.
7. Nous avons eu la chance d'assister au vernissage de cette pièce.
8. Il a joué ses disques favoris sur mon magnétophone.
9. La projection d'un film se fait sur une gravure.
10. C'est le scénariste qui tourne un film.

C. *Racontez un film ; la classe devine de quel film il s'agit (ou : Racontez et critiquez un film vu par plusieurs d'entre vous).*

D. *Quel est votre tableau favori? Décrivez-le (ou apportez-en une reproduction) et expliquez pourquoi il vous plaît tant.*

SALLES SUBVENTIONNÉES

COMÉDIE - FRANÇAISE (742-22-70), 20 h 30 (Abon.) : Œdipe roi ; Œdipe à Colone.
OPÉRA-COMIQUE (742-72-00), 20 h : Addio Garibaldi.
THÉÂTRE DES NATIONS : Grand amphithéâtre de la Sorbonne : 19 h : Agamemnon ; 22 h : Les Chœphores ; Les Euménides.

THÉÂTRES

BOUFFES - PARISIENS (073-87-94), 20 h 30 : Ah ! la police de papa.
COMÉDIE - CAUMARTIN (073-43-41), 21 h 10 : Boeing-Boeing.
FONTAINE (874-74-40), 20 h 30 : Pauvre France !
GARE D'ORSAY (548-63-29), 20 h 30 : Sous le vent des Baléares. (Cie Renaud-Barrault)
GRAMONT (742-62-61), 20 h 30 : Angel, call-boy.
HÉBERTOT (387-23-23), 20 h 30 : Le Légume.
HUCHETTE (326-38-99), 20 h 45 : Spectacle Ionesco.
LUCERNAIRE (326-57-23), 20 h 30 : 15 pièces futuristes ; 22 h : Prenez garde à la panthère.
MARIGNY (256-04-41), 20 h 45 : Othello story (bureaux fermés).
NOUVEAUTÉS (770-52-76), 20 h 45 : La Purée.
PALACE (770-44-37), 20 h 30 : Et ils passèrent des menottes aux fleurs.
PALAIS-ROYAL (742-84-29), 20 h 30 : « Rencontre », Vienne romantique et musicale.
POCHE - MONTPARNASSE (548-92-97), 20 h 30 : Le Soir des diplomates.
POTINIÈRE (073-54-74), 20 h 30 : La Souricière.
SAINT-GEORGES (878-63-47), 20 h 30 : Les Frères Jacques.
THÉÂTRE DE PARIS (874-20-44), 20 h 30 : Honni soit qui mal y pense.
THÉÂTRE MODERNE (874-94-28), 20 h 30 : La Camisole.
THÉÂTRE SORANO (522-08-40), 20 h 30 : Le Bal des cuisinières.

CHANSONNIERS

CAVEAU DE LA RÉPUBLIQUE (272-44-45), 21 heures : Jean Rigaux, Jacques Grello.
DEUX-ÂNES (606-10-26), 21 h : La Dynastie des Fortiches (P.-J. Vaillard, Chr. Vebel).
DIX-HEURES (606-07-48) : R. Castel, L. Sahuquet, Rocca, Horgues.

VARIÉTÉS MUSIC-HALL

ÉLYSÉE - MONTMARTRE (606-38-79), 20 h 30 : O Calcutta.
LIDO (359-11-61), 23 h et 1 h 15 : Bonjour la nuit.
MAYOL (770-95-08), 16 h 15 et 21 h 15 : Revue.
MOULIN - ROUGE (Bal) (606-00-19) : Fantastic.

FONT RELÂCHE : Odéon, Petit-Odéon, Opéra, Théâtre de l'Est Parisien, Théâtre de la Ville, Antoine, Atelier, Carré Thorigny, Comédie des Champs-Elysées, Cartoucherie de Vincennes, Edouard-VII, Européen, Gaîté-Montparnasse, Gymnase, Kaléidoscope, La Bruyère, Madeleine, Mathurins, Michel, Michodière, Montparnasse, Mouffetard, Œuvre, Porte Saint-Martin, Variétés, Mogador, Bobino, Casino de Paris, Folies-Bergère, Olympia, Palais des Sports.

HÔTEL DES INVALIDES (entrée esplanade) : Ombres de gloire, 22 h.

CONCERTS

21 h : Bruno Rigutto, p., Jean-Pierre Wallez, v. : Sonates de Schubert, Schumann, Debussy, Prokofiev. (Théâtre des Champs-Elysées).
A 18 h 30, 19 h 30, 20 h 30 : « Polytope de Cluny » : Xenakis (Thermes de Cluny).

CINÉMAS

Champs-Elysées

AMBASSADE, 50, av. Champs - Elysées (359-19-08). P. 14 à 24 h : Docteur Popaul.
BALZAC, 11, rue Balzac (359-52-70). P. 14 à 24 h : Les Fous du stade.
BIARRITZ, 12, rue Quentin-Bauchart (359-42-33). P. 14 à 24 h : L'Amour l'après-midi. 11 : La Course du lièvre à travers les champs.
CINÉMA DES CHAMPS - ELYSÉES, 118, av. Champs-Elysées (359-61-70). P. 10 à 24 h : Les Douze salopards (am., v.o.).
COLISÉE, 38, av. Champs-Elysées (359-29-46). P. 14 à 24 h : 2001 l'Odyssée de l'espace (am., v.o.).
CONCORDE, 29, av. des Champs-Elysées (359-92-84). P. 14 à 24 h : Une belle fille comme moi. 11 : L'Hôpital.
ELYSÉES-CINÉMA, 66, avenue Champs-Elysées (225-37-90). P. 14 à 24 h : Le Parrain (am., v.o.).
ELYSÉES LINCOLN, 14, rue Lincoln (359-36-14). A partir de 14 h : Délivrance ; II : Une poule, un train et quelques monstres (it., v.o.). III : Harold et Maude (am., v.o.).
ELYSÉES SF, 86, av. Champs - Elysées (225-67-29). Salle I : Les Cloches de Silésie ; A 10, 12, 24 h : Les Olvidados. II : Semaine Truffaut ; A 10, 12, 24 h : La Règle du jeu. III : Bananas ; à 10, 12, 24 h. : Espoir.
ERMITAGE, 72, Champs-Elysées (359-15-71) : Le Charme discret de la bourgeoisie ; Jeremiah Johnson (am., v.o.).
FRANCE-ELYSÉES, 20, rue Quentin-Bauchart (225-19-73), P. 14 à 24 h : Le Dictateur.
GAUMONT CHAMPS-ELYSÉES, 60, av. Champs-Elysées (359-04-67). P. 14 à 24 h : Orange mécanique (angl., v.o.).
GEORGE-V, 146, avenue Champs-Elysées (225-41-46). P. 14 à 24 h : Cabaret (am., v.o.).
LORD BYRON, 122, av. Champs-Elysées (225-04-22). P. 14 à 24 h : Les Jeux olympiques du sexe.
MARBEUF, 34, rue Marbeuf (225-47-19). P. 14 à 24 h : La Vraie nature de Bernadette.
MARIGNAN, 27, avenue Champs-Elysées (359-92-82). P. 14 à 24 h : Le Parrain (am., v.o.).

«Les Cinéphiles»

Les Choses est l'histoire d'un jeune couple des années 60, Jérôme et Sylvie. Nous suivrons les deux jeunes gens — dont nous ne connaîtrons jamais que les prénoms — et leurs amis dans leur vie, leurs expériences et leurs rêves au cours de plusieurs extraits dont voici le premier.

Il y avait, surtout, le cinéma. Et c'était sans doute le seul domaine où leur sensibilité avait tout appris. Ils[1] n'y devaient rien à des modèles. Ils appartenaient, de par leur âge, de par leur formation, à cette première génération pour laquelle le cinéma fut, plus qu'un art, une évidence; ils l'avaient toujours connu, et non pas comme forme balbutiante, mais

balbutiante hésitante

[1] **ils:** il s'agit ici du jeune couple et de leurs amis

d'emblée avec ses chefs-d'œuvre, sa mythologie. Il leur semblait parfois qu'ils avaient grandi avec lui, et qu'ils le comprenaient mieux que personne avant eux n'avait su le comprendre.

Ils étaient cinéphiles. C'était leur passion première; ils s'y

adonnaient chaque soir, ou presque. Ils aimaient les images, pour peu qu'elles soient belles, qu'elles les entraînent, les ravissent, les fascinent. Ils aimaient la conquête de l'espace, du temps, du mouvement, ils aimaient le tourbillon des rues de New York, la torpeur des tropiques, la violence des saloons. Ils n'étaient, ni trop sectaires, comme ces esprits obtus qui ne jurent que par un seul, Eisenstein, Buñuel, ou Antonioni, ou encore — il faut de tout pour faire un monde[2] — Carné, Vidor, Aldrich ou Hitchcock, ni trop éclectiques, comme ces individus infantiles qui perdent tout sens critique

et crient au génie pour peu qu'un ciel bleu soit bleu ciel, ou que le rouge léger de la robe de Cyd Charisse tranche sur le rouge sombre du canapé de Robert Taylor. Ils ne man-quaient pas de goût. Ils avaient une forte prévention contre le cinéma dit sérieux, qui leur faisait trouver plus belles encore les œuvres que ce qualificatif ne suffisait pas à rendre vaines (mais tout de même, disaient-ils, et ils avaient raison,

Marienbad,[3] quelle merde!), une sympathie presque exagé-rée pour les westerns, les thrillers, les comédies américaines, et pour ces aventures étonnantes, gonflées d'envolées lyriques, d'images somptueuses, de beautés fulgurantes et presque inexplicables, qu'étaient, par exemple — ils s'en souvenaient toujours — *Lola, la Croisée des Destins, les Ensorcelés, Écrit sur du Vent.*[4]

Ils allaient rarement au concert, moins encore au théâtre. Mais ils se rencontraient sans s'être donné rendez-vous à la Cinémathèque, au Passy, au Napoléon, ou dans ces petits cinémas de quartier — le Kursaal aux Gobelins,[5] le Texas à Montparnasse, le Bikini, le Mexico place Clichy, l'Alcazar à

[2] **Il faut de tout pour faire un monde:** *It takes all kinds.*
[3] **Marienbad** = **L'Année dernière à Marienbad,** film d'Alain Resnais; scénario de Robbe-Grillet
[4] **Lola, La Croisée des Destins** (*Bhowani Junction*), **Les Ensorcelés** (*The Bad and the Beautiful*), **Écrit Sur du Vent** (*Written on the Wind*): *all box-office successes*
[5] **Les Gobelins** (13ème arrondissement, au sud de Paris), **Belleville** (20ème arrondissement, à l'est de Paris), **le Quinzième** (arrondissement, à l'ouest de Paris): représentent des quartiers ouvriers de Paris

Belleville, d'autres encore, vers la Bastille ou le Quinzième, ces salles sans grâce, mal équipées, que semblait ne fréquenter qu'une clientèle composite de chômeurs, d'Algériens, de vieux garçons, de cinéphiles, et qui programmaient, dans d'infâmes versions doublées, ces chefs-d'œuvre inconnus dont ils se souvenaient depuis l'âge de quinze ans, ou ces films réputés géniaux dont ils avaient la liste en tête et que, depuis des années, ils tentaient vainement de voir. Ils gardaient un souvenir émerveillé de ces soirées bénies où ils avaient découvert, ou redécouvert, presque par hasard, *le Corsaire rouge*, ou *le Monde lui appartient*, ou *les Forbans de la Nuit*, ou *My Sister Eileen*, ou *les Cinq mille doigts du Docteur T.*[6] Hélas, bien souvent, il est vrai, ils étaient atrocement déçus. Ces films qu'ils avaient attendu si longtemps, feuilletant presque fébrilement, chaque mercredi, à la première heure, *l'Officiel des Spectacles*,[7] ces films dont on leur avait assuré un peu partout qu'ils étaient admirables, il arrivait parfois qu'ils fussent enfin annoncés. Ils se retrouvaient au complet dans la salle, le premier soir. L'écran s'éclairait et ils frémissaient d'aise. Mais les couleurs dataient, les images sautillaient, les femmes avaient terriblement vieilli; ils sortaient; ils étaient tristes. Ce n'était pas le film dont ils avaient rêvé. Ce n'était pas ce film total que chacun parmi eux portait en lui, ce film parfait qu'ils n'auraient su épuiser. Ce film qu'ils auraient voulu faire. Ou, plus secrètement sans doute, qu'ils auraient voulu vivre.

GEORGES PEREC

le **Quinzième** = le Quinzième arrondissement

chômeurs the unemployed

infâmes infectes, très mauvaises

réputés géniaux qui avaient la réputation d'être géniaux

bénies divines, extraordinaires

feuilleter to leaf through
fébrilement avec fièvre

au complet tous ensemble

frémir d'aise to quiver with excitement
sautiller to flicker

Questions

1. Pourquoi étaient-ils particulièrement sensibles à cette forme d'art qu'est le cinéma ? (plusieurs raisons)
2. En quoi le cinéma était-il un symbole de leur aliénation ?
3. Quel genre de films aimaient-ils ? Pourquoi ? Donnez des exemples de «westerns», «thrillers», «comédies américaines».

[6] **Le Corsaire rouge... les Cinq mille doigts du Docteur T.:** autres films américains qui avaient eu un certain succès à l'époque où ils étaient sortis
[7] **L'Officiel des Spectacles:** programme hebdomadaire des films, pièces de théâtre et autres spectacles qui se jouent à Paris

4. Pouvez-vous donner la nationalité des metteurs en scène mentionnés ? des exemples de leurs films ?
5. Situez (sur le plan de Paris à la fin du livre) les Gobelins, Montparnasse, Place Clichy, la Bastille. Quels détails connaissez-vous de ces quartiers ?
6. Quel contraste existe-t-il entre les noms des cinémas et les quartiers où ils se trouvent ?
7. Comment s'explique le composite de la clientèle ?
8. Qu'est-ce que les jeunes gens espéraient trouver dans les cinémas de quartier qu'ils fréquentaient ?
9. Analysez les raisons de leur déception.
10. Relevez le vocabulaire cinématographique du texte.

Discussions / compositions

A. Recherchez dans différents magazines ou journaux français des critiques de films américains. Commentez. Écrivez-en à votre tour (en imitant le style du critique).

B. Les films offrent de précieuses sources de renseignements si l'on veut se familiariser avec la mentalité et les coutumes d'un pays. Donnez des exemples. Pensez-vous que les films américains récents révèlent les changements de la société américaine?

C. Les réalisateurs français: leurs idées, leurs goûts et techniques.

D. Débat (par petits groupes):
Le cinéma et le théâtre: Le mouvement, la couleur l'emportent-ils sur les moyens forcément plus limités de la scène? Au contraire, le théâtre offre-t-il une plus grande présence? Justifiez vos préférences.

Discussions

A. Influence ambivalente de la télévision.

B. La télévision nuit-elle au cinéma? (engouement des spectateurs au début de la télévision—les avantages et inconvénients de ce moyen de communication de masse)

TELEVISION

PREMIÈRE CHAINE

10 h. 40	TELEVISION SCOLAIRE. Anglais (première et terminale). — 11 h. Arrêt des émissions.
12 h. 30	MIDITRENTE. Emission de Jean-Pierre Renard. Avec : Danièle Gilbert, Martine Clemenceau et Stéphane Grapelly.
13 heures	VINGT-QUATRE HEURES SUR LA UNE.
13 h. 30	LES COURS DE LA BOURSE. — 13 h. 35 Arrêt des émissions.
14 h. 5	TELEVISION SCOLAIRE. Télé-voyage (cours élémentaire). Un village de Beauce.
14 h. 25	« L'ENFER DE LA CORRUPTION ». Film d'Abraham Polonsky (1948). Un gangster spécialisé dans le racket des paris mutuels décide d'éliminer tous ses concurrents. Il utilise les services d'un avocat new-yorkais. Avec : John Garfield (Joe More), Thomas Gomez (Léo More), Beatrice Pearson (Doris Lowry), Roy Roberts (Ben Tusker). — 15 h. 40 Arrêt des émissions.
17 h. 30	TELEVISION SCOLAIRE. Chantiers mathématiques. — 18 h. Atelier de pédagogie.

C Gastronomie

Vocabulaire Utile[1]

Gastronomie

«*Mangeons et buvons car demain nous mourrons.*»

termes généraux:
les victuailles (*f*) = les vivres (*m*) = la nourriture
un mets: un plat délicat, raffiné
le plat du jour: la spécialité du jour
une entrée*: mets qui se sert au commencement du repas, après le potage ou les hors d'œuvre
un entremets: dessert, généralement une crème (*custard*)
une friture: petits poissons frits dans l'huile
une grillade: une viande grillée (bifteck, côte d'agneau, par exemple)
brochettes (*f pl*): morceaux de viande cuits sur des brochettes (*skewers*)
frappé = servi très froid (champagne, melon, par exemple)
crème fouettée: crème fraîche battue
les convives: personnes qui mangent ensemble
le coup de fusil: addition très élevée dans un restaurant

HORS D'ŒUVRE OU ENTRÉES

crudités: légumes (concombres, tomates, haricots, radis, *etc.*) consommés crus (= non cuits)
ou servis avec une vinaigrette
macédoine (*f*): salade de légumes

melon frappé
anchois (*m*) (*anchovies*)
escargots (*m*)
cuisses de grenouilles

œufs en gelée (*eggs in aspic*)
saumon fumé
quiche Lorraine
vol-au-vent

charcuterie:
pâtés (*m*) (de lapin, de campagne, *etc.*)   foie gras
terrine (*f*): pâté qui a été cuit dans une terrine (*earthenware mold*)
pâté en croûte (*baked in a pastry crust*)
roulés de jambon (*m*): jambon servi en tranches roulées
saucisson (*m*)   andouillette (*f*) (*sausage made with chitterlings*)
assiette anglaise: assortiment de viandes froides et charcuterie

fruits de mer et crustacés:
huîtres (*f*) (*oysters*)   palourdes (*f*) (*clams*)

---

[1] **Le vocabulaire utile** de ce chapitre comprend essentiellement les mots qui se trouvent dans les extraits ainsi que les termes et spécialités culinaires typiquement français. Nous avons omis le vocabulaire que nous considérons élémentaire.

Coquilles St-Jacques (f) (scallops)   moules (f) (mussels)
crevettes (f) (shrimp)   bouquet* (m): grosses crevettes
araignées de mer (f) (spider crabs)   homard (m) (lobster)
langouste (f) (spiny lobster)   écrevisses (f) (crayfish)
langoustines (f): petits crustacés entre le homard et la grosse crevette

poissons:
truite (f)   perche (f)   bar (m) (sea-bass)
saumon (m)   brochet (m) (pike)   quenelles de brochet
bouillabaisse (f): soupe de poissons servie avec une rouille (hot pepper sauce)

VIANDES

bœuf:
bifteck (m) = steak (servi: bien cuit, à point, saignant, bleu)
entrecôte (f) (ribsteak)   chateaubriand
tournedos (m) = filet mignon   tournedos Rossini (préparé avec du foie gras)
rôti (m) = rosbif (m)   bœuf Bourguignon   côte de bœuf
pot-au-feu (m): plat composé de bœuf bouilli avec des poireaux (leeks), carottes, oignons,
navets (turnips)

veau:
escalope* (f) (cutlet)   côte, côtelette* (f) (chop)
rognons (m) (kidneys)   paupiettes (f) (veal birds)
foie de veau (m)   ris de veau (sweetbreads)

agneau:
côte, côtelette*   gigot (m) (leg of lamb)
noisette (f) (medallion)   selle (f) (saddle)
carré (m) (rack)   brochettes d'agneau (f) (shish kebab)

volailles:
poularde (f) (fattened young fowl)   coq-au-vin
canard (m)   caneton (m) (duckling)   pintade (f) (guinea-hen)

gibiers:
caille (f) (quail)   perdreau (m) (young partridge)   faisan (m)
bécasse (f) (woodcock)   lièvre (m) (hare)   sanglier (m) (wild boar)

LÉGUMES

jardinière* de légumes (f): mélange de légumes cuits; essentiellement carottes et petits pois
pommes*: abréviation de: pommes de terre
gratin Dauphinois (scalloped potatoes with milk and cheese)
aubergine (f) (egg-plant)   courge, courgette (f) (squash)
poivron (m) = piment doux (green pepper)   piment rouge (red pepper, hot pepper)
ratatouille (f): mélange de: courgettes, tomates, aubergines, oignons, poivrons, cuits à
l'huile d'olive, avec beaucoup d'ail (garlic) et épices
timbale de chou-fleur (cauliflower mold)   pointes (tips) d'asperges
fonds d'artichaut (m) (artichokes hearts)   champignons farcis (stuffed mushrooms)
tomates provençales: tomates sautées, préparées avec de l'ail, du persil, du thym, etc...

DESSERTS — ENTREMETS

crème Chantilly = crème fouettée
crème caramel   crème au chocolat   mousse au chocolat
bananes flambées   macédoine de fruits au kirsch
fraises des bois   framboises à la Chantilly (= à la crème Chantilly)

pâtisseries:

choux à la crème (m) (cream-puffs)   mille-feuilles* (m) (napoleons)

babas au rhum (m)   religieuses (f)   meringues à la Chantilly

tarte Tatin (ou: tarte des demoiselles Tatin) (upside-down apple tart)

clafoutis: genre de flan à base de lait, œufs, cerises et liqueurs

> «Dis-moi ce que tu manges et je te dirai ce que tu es. »
> Brillat-Savarin (gastronome célèbre du XIXᵉ siècle)

Exercices d'application

A. Savez-vous faire la cuisine? Quelle est votre spécialité?

B. Voici des recettes:

1. Escalopes de veau à la crème

Saler et poivrer des escalopes (coupées très minces). Les saupoudrer d'un peu de farine. Les faire sauter dans du beurre mélangé avec un peu d'huile d'olive. Les disposer sur un plat pouvant aller au feu. Dans la poêle qui a servi à faire cuire les escalopes, ajouter du cognac (1/4 de tasse environ) et faire flamber. Ajouter une tasse de crème fraîche en remuant bien et laisser cuire quelques minutes à feu doux (après avoir vérifié l'assaisonnement). Verser sur le veau et servir très chaud.

saupoudrer *sprinkle*

poêle *frying-pan*

2. Mousse au chocolat
(pour six personnes)

Couper en petits morceaux deux plaques (8 onces environ) de chocolat fondant d'excellente qualité. Faire fondre (à feu *très doux*) le chocolat auquel on a ajouté 3 onces de beurre sans sel et une cuillerée à soupe de rhum ou de café noir très fort. Prendre 8 œufs et séparer les blancs des jaunes. Battre les jaunes avec 1/2 tasse de sucre très fin, jusqu'à ce que le mélange épaississe et devienne jaune très pâle. Battre les blancs en neige. Verser le chocolat un peu refroidi dans le mélange jaunes-sucre et bien mélanger. Ajouter peu à peu et délicatement les blancs à ce mélange. Verser dans des coupes. Mettre au réfrigérateur pendant 24 h. (On peut servir avec de la crème fouettée parfumée au café ou à la liqueur.)

une plaque *bar*
fondant *bittersweet*

battre en neige *to whip*

coupe (*f*) *sherbet cup*

Trouvez maintenant la recette de la «**crème caramel**» ou **d'autres mets français** que vous appréciez particulièrement et expliquez à vos camarades comment on les prépare. (Si vous avez la chance d'avoir une cuisine à proximité de votre salle de classe, vous pouvez même faire la démonstration!)

C. Une ménagère française (ou le chef d'un grand restaurant) va faire son marché—Conversations avec les différents marchands (boucher, marchand de volailles, marchand de fromages, pâtissier, etc.).

Nous présentons ici un menu à la carte (composé par nous) tel qu'on pourrait en trouver dans un grand restaurant français. Il existe, heureusement, des restaurants à prix plus modérés qui offrent des menus complets, très satisfaisants, de prix variés et pour toutes les bourses. De nombreux restaurants affichent encore un «Menu à 15 frs.», un «Menu à 20 frs.» et l'on fait un repas très acceptable sans recevoir le coup de fusil.

PLAT DU JOUR: Coq-au-vin: 8

Menu

Consommé chaud ou froid: 3   Velouté de volaille: 3   Crème de légumes: 3.50
Soupe à l'oignon gratinée: 4.50   Bisque de langouste: 9

thick soup

Melon frappé: 4.50   Melon au porto: 5
Saumon fumé: 10
Crudités: 6   Fonds d'artichaut vinaigrette: 4
Jambons: de Bayonne, de Parme, et d'York: 6   Pâté en croûte: 8
Terrine de canard en gelée: 6   Saucisson de Lyon: 4
Foie gras truffé: 11   Caviar frais: 28

Escargots bourguignonne (demi-douzaine): 10   Quiche Lorraine: 5
Assiette de fruits de mer: 12   Crevettes Bouquet Royal: 8
Saumon braisé au Chablis: 10   Truite Meunière: 8
Quenelles à la Nantua: 10
Coquilles Saint-Jacques à la parisienne: 8.50   Homard à l'américaine: 18

Steak au poivre: 10   Tournedos Rossini: 15   Côtes d'agneau: 10
Escalope à la crème: 12   Noisette d'agneau: 12
Poulet: grillé ou rôti: 9.50   Poularde aux truffes: 15
Pigeon de Bresse en cocotte: 12   Canard à l'orange: 13

Perdreau rôti sur canapé: 17   Caille aux raisins: 12

Haricots verts: 4   Champignons farcis: 4.50   Tomates provencales: 3
Petits pois: 3   Pommes soufflées: 3   Ratatouille niçoise: 4

Salade de saison: 2.50   Choix de fromages: 3   Corbeille de fruits: 3

Crème caramel: 3   Mousse à l'orange: 4   Crêpes soufflées: 5
Pâtisseries: 3   Fraises à la crème: 3   Soufflé au grand Marnier: 7

«Gastronomie ancienne France (les gourmets!)»

Vincent a essayé:

LE LOUIS-XIV, I bis, place des Victoires, Paris-Ier.[1]
Tél.: 850.07.35.

Ce n'est assurément pas le meilleur restaurant de Paris, mais, je le trouve à chaque fois davantage, c'est l'un des plus agréables. D'abord, sa situation, au bord de la charmante place des Victoires, tranquille le soir, dans ce qui reste de sa belle ordonnance classique. Puis la salle, dont je serais bien en peine de dire ce qui en fait l'agrément, si ce n'est une certaine chaleur, un certain air de bonne humeur, l'évident plaisir que les convives éprouvent à se trouver là.

être en peine de avoir de la difficulté à

La cuisine, enfin: le morceau de bravoure, c'est l'andouillette, énorme, odorante, savoureuse. Mais le choix est large: saucissons du Beaujolais[2] et terrines, gratin de homard au whisky, truite à l'oseille, onctueuses quenelles, canard aux navets, sauté d'agneau, langue de bœuf à la sauce piquante,[3] saucisson chaud à la lyonnaise. La cave fait la plus large place aux beaujolais: ils sont sympathiques et peu chers. J'ai excellemment dîné au Louis-XIV d'un bœuf au morgon, précédé d'une friture d'éperlans et suivi d'un clafoutis. Avec du morgon, cela m'a coûté 35 francs.

oseille (f) *sorrel*

morgon Beaujolais supérieur
éperlan (m) *smelt*

VINCENT

[1] **Ier arrondissement:** sur la rive droite; la **place des Victoires** est près du Musée du Louvre
[2] **Beaujolais:** région de France célèbre pour ses vins, dans la région de Dijon
[3] **sauce piquante:** sauce cuite à la moutarde, au vinaigre et aux cornichons (*pickles*)

Vincent a essayé:

LE KOALA, 81, rue de Verneuil, Paris-VIIe.[4] Tél.: 222.87.97.

Voilà un restaurant nouveau-né: il existe depuis à peine trois mois. Un très jeune couple le dirige et l'anime; comme ils ne manquent pas de courage, ils ont décidé de travailler sans discontinuer en juillet et août: c'est une adresse à retenir pour les jours de canicule,[5] d'autant plus que la salle à manger du Koala, installée dans une cave, est agréablement fraîche. Elle est, aussi, gaiement décorée de couleurs vives et de lampions. La carte est un peu simplette, avec tout ce qu'il faut cependant pour un repas sans prétentions: une bonne terrine du chef, du jambon cru, une tarte à l'oignon, des grillades, des brochettes d'agneau, des cailles, des cuisses de grenouille et des coquilles Saint-Jacques. Quant à la cave, elle contient un honnête saint-estèphe, des beaujolais et côtes-du-rhône. N'espérez pas atteindre les sommets de la gastronomie, mais l'accueil est très aimable, l'hôtesse tout à fait charmante, l'ambiance reposante et les prix fort doux: quoi de mieux pour un déjeuner d'été? J'ai payé 23 Francs pour une quiche lorraine, une entrecôte aux échalotes, une tarte tatin et du gigondas.

VINCENT

Vincent a essayé:

LUCAS-CARTON, 9, place de la Madeleine, Paris-VIIIe. Tél.: 265.22.90.

Aimez-vous la grande cuisine? L'aimez-vous au point d'accepter de payer vraiment très cher un dîner sublime? Alors, allez chez Lucas-Carton cet été, puisque, presque seul parmi

> **lampion** (m) Chinese lantern
> **simplette** ≠ sophistiquée

> **saint-estèphe** vin de Bordeaux

> **échalote** (shallot) petit oignon qui a beaucoup de goût
> **gigondas** vin de la Vallée du Rhône

---

[4] **le VIIème arrondissement**: sur la rive gauche, près du Quartier Latin
[5] **C'est une adresse à retenir pour les jours de canicule**: Canicule = période de grandes chaleurs. Beaucoup de restaurants parisiens ferment pendant un mois en été

les «grands», il reste ouvert au mois d'août, et songez à y retourner à l'automne, à la saison des bécasses, qui sont une des gloires de la maison.

bécasse (f) *woodcock*

Lucas-Carton est une maison de traditions: le décor de Majorelle,[6] le luxe de la vaisselle, des tapis et des lustres, l'élégance et l'efficacité du service vont à l'unisson de la cuisine. Il faut de l'attention et un peu d'expérience pour trouver sa voie au travers de la longue carte: sachez que les terrines sont excellentes et que vous ne risquez aucune déception à choisir entre l'escalope de saumon à l'oseille, la cassolette de queues d'écrevisses, le cœur de filet Rossini, les paupiettes périgourdines,[7] le salmis de pintadeau, le carré d'agneau Madeleine et le célèbre canard rouennais[8]... à la rouennaise. La cave est l'une des plus riches de France: un sommelier courtois et compétent vous en fera les honneurs. Voici ce que fut mon menu: délices de sole Lucas, poularde étuvée au porto, coupe Jack. Avec un bourgogne léger (mais oui: un bourgogne),[9] il m'en a coûté 95 francs.

lustre (m) *chandelier*

sommelier personne qui s'occupe du service des vins

étuvée cuite à la vapeur

VINCENT *(L'Express)*

Composition / discussion

A. Écrivez maintenant un article «à la Vincent» sur un de vos restaurants favoris ou une charge (*take-off*) du restaurant de votre université.

B. Amusez-vous à commander votre propre dîner au restaurant (en vous inspirant des différents menus présentés). Choisissez les vins qui accompagneraient bien les différents plats que vous aurez choisis. Vous demandez des conseils au garçon de restaurant et au sommelier.

6 **Majorelle:** Jacques Majorelle, peintre contemporain
7 **périgourdines** = à la manière du **Périgord**, avec du foie gras et des truffes
8 **rouennais** = de Rouen; à la Rouennaise: avec une **farce** (*stuffing*) et une sauce **à la rouennaise**
9 **mais oui: un bourgogne:** le bourgogne est plutôt un vin lourd

Plaisirs

«Gastronomie nouvelle France (les profanes!)»

cageot (*m*) *hamper (fruit)*

bourriche (*f*) *long panier*
casier (*m*) *bottle-rack*

râpeux *rough*

dépareillées *odd, unmatched*
tabouret (*m*) *stool*

plats de résistance *plats principaux*

Ils revenaient de la rue Mouffetard,[1] tous ensemble, les bras chargés de victuailles, avec des cageots entiers de melons et de pêches, des paniers remplis de fromages, des gigots, des volailles, des bourriches d'huîtres en saison, des terrines, des œufs de poisson, des bouteilles enfin, par casiers entiers, de vin, de porto, d'eau minérale, de coca-cola.

Ils étaient neuf ou dix. Ils emplissaient l'appartement étroit qu'éclairait une seule fenêtre donnant sur la cour; un canapé recouvert de velours râpeux occupait au fond l'intérieur d'une alcôve; trois personnes y prenaient place, devant la table servie, les autres s'installaient sur des chaises dépareillées, sur des tabourets. Ils mangeaient et buvaient pendant des heures entières. L'exubérance et l'abondance de ces repas étaient curieuses: à vrai dire, d'un strict point de vue culinaire, ils mangeaient de façon médiocre: rôtis et volailles ne s'accompagnaient d'aucune sauce; les légumes étaient, presque invariablement, des pommes de terre sautées ou cuites à l'eau, ou même, en fin de mois, comme plats de résistance, des pâtes ou du riz accompagné d'olives et de quelques anchois. Ils ne faisaient aucune recherche; leurs préparations les plus complexes étaient le melon au porto, la banane flambée, le concombre à la crème. Il leur fallut plusieurs années pour s'apercevoir qu'il existait une technique, sinon un art, de la cuisine, et que tout ce qu'ils

[1] **Rue Mouffetard:** à Paris, sur la Rive Gauche; rue très animée, très pittoresque, dans un quartier populeux

avaient par-dessus tout aimé manger n'était que produits bruts, sans apprêt ni finesse.

bruts = naturels (*raw*)
sans apprêt = simples, sans préparation
témoigner de montrer, prouver

Ils témoignaient en cela, encore une fois, de l'ambiguïté de leur situation: l'image qu'ils se faisaient d'un festin correspondait trait pour trait aux repas qu'ils avaient longtemps exclusivement connus, ceux des restaurants universitaires: à force de manger des beefsteaks minces et coriaces, ils avaient voué aux chateaubriands et aux filets un véritable culte. Les viandes en sauce — et même ils se méfièrent longtemps des pot-au-feu — ne les attiraient pas; ils gardaient un souvenir trop net des bouts de gras nageant entre trois ronds de carottes, dans l'intime voisinage d'un petit suisse[2] affaissé et d'une cuillerée de confiture gélatineuse. D'une certaine manière, ils aimaient tout ce qui niait la cuisine et exaltait l'apparat. Ils aimaient l'abondance et la richesse apparentes; ils refusaient la lente élaboration qui transforme en mets des produits ingrats et qui implique un univers de sauteuses, de marmites, de hachoirs, de chinois, de fourneaux.[3] Mais la vue d'une charcuterie, parfois, les faisait presque défaillir, parce que tout y est consommable, tout de suite: ils aimaient les pâtés, les macédoines ornées de guirlandes de mayonnaise, les roulés de jambon et les œufs en gelée: ils y succombaient trop souvent, et le regrettaient, une fois leurs yeux satisfaits, à peine avaient-ils enfoncé leur fourchette dans la gelée rehaussée d'une tranche de tomate et de deux brins de persil: car ce n'était, après tout, qu'un œuf dur.

trait pour trait très exactement

coriace dur

net ici = précis
bouts de gras *pieces of fat*

affaissé *saggy*

exaltait l'apparat *emphasized the presentation*

ingrat ici = simple

défaillir *to faint*

rehaussée de *enhanced with*
brin (m) *sprig*

GEORGES PEREC (*Les Choses*)

[2] **petit suisse:** fromage frais triple crème, en forme de petit cylindre, qui se mange généralement avec du sucre
[3] **un univers de sauteuses, de marmites, de hachoirs, de chinois:** *a world of frying-pans, soup-kettles, chopping-knives, sieves* (**chinois** = *very fine sieve, in the shape of a cone*)

Questions

1. Dans cette première phrase, voyez-vous une différence entre la façon de faire le marché aux États-Unis et en France? Y a-t-il, dans la ville où vous habitez, des rues, des marchés semblables?
2. Dans la description de l'appartement, quels détails indiquent que ces jeunes gens ne sont pas riches?
3. Pourquoi l'auteur dit-il qu'ils mangeaient de façon médiocre?
4. Que mangeaient-ils en fin de mois? Pourquoi?
5. Comment savons-nous qu'ils n'étaient ni gourmets ni grands cuisiniers?
6. Comment l'auteur explique-t-il leur manque de goût pour les viandes en sauce?
7. Pour quelles raisons étaient-ils si attirés par les charcuteries? Qu'y achetaient-ils? Qu'y trouve-t-on en général?
8. Pourquoi étaient-ils si déçus?

Situations

Au restaurant

A. En France, on entend communément les gens se plaindre d'avoir «mal au foie»! Imaginez une de ces personnes, obsédée par son foie, en train de faire des objections au garçon qui lui propose—sans succès—différents plats.

B. Des clients très difficiles, pour ne pas dire insupportables, n'aiment rien de ce qu'on leur présente. Imaginez la discussion avec le garçon, le maître d'hôtel, le sommelier.

C. Un jeune ménage amène au restaurant leur bébé, leur père et leur mère très âgés: leur commandes ...
(Essayez de rendre ces situations avec humour.)

Discussions / compositions

A. Est-il possible de vivre uniquement des produits de la terre? (par exemple: comment survivre dans la forêt, végétarisme, etc.)

B. La vie moderne et la cuisine:
En France, le prestige du «hot dog» et du «hamburger» se développe de plus en plus. La cuisine rapide (boîtes, produits congelés (*frozen*) plats surgelés (*deep-frozen*), les restaurants «libre-service» détrônent la cuisine traditionnelle. Êtes-vous pour ou contre la haute cuisine? Est-elle encore possible dans la société moderne?

C. On peut juger un peuple sur ce qu'il mange. Êtes-vous d'accord? Comparez les habitudes gastronomiques de pays différents.

D. En France, il existe de nombreux proverbes et termes de comparaisons pittoresques ayant trait à la nourriture; par exemple:

Comparaisons

(être) bon comme le pain
  rouge comme une tomate
  trempé comme une soupe (= très mouillé)
  chauve comme un œuf
  haut comme trois pommes (= tout petit)
  c'est bête comme chou (= c'est très facile)

Proverbes

Un jour sans pain est un jour sans soleil.
Un jour sans vin est un jour sans soleil.
Il faut manger pour vivre et non pas vivre pour manger.
Ventre affamé n'a pas d'oreilles.
Faute de grives, on mange des merles.
L'appétit vient en mangeant.
On ne fait pas d'omelette sans casser les œufs.

1. En connaissez-vous d'autres? Commentez ces proverbes ou comparaisons.
2. Trouvez les équivalents en anglais.

Deuxième partie

LA VIE MODERNE

1 La société de consommation

A Nouveau langage

Vocabulaire utile

Nouveau langage

«S'il y a danger pour notre langue, il me semble venir plus du jargon technique que de l'anglais.»

P. Daninos

JARGON SOCIOLOGICO-PHILOSOPHIQUE ET MOTS À LA MODE
(surtout depuis mai 68):

le mieux-vivre   le mieux-être
la société de consommation   la société d'abondance   les consommateurs

les contestataires   les maoïstes   les trotskystes
gauchiste: partisan extrême des solutions de gauche
la démystification   démystifier
superstructure (f)   une ère de robots

électronique (adj + n f)   ordinateur (m) (computer)
la programmation: établissement d'un programme à l'ordinateur

la prospective   la dynamique de groupe   l'autogestion (f)
l'informatique (f) (fusion de «information» et «automatique»)

P.-D.G.: Président-Directeur Général

recyclage (m): changement d'orientation des études ou de méthodes professionnelles

le structuralisme   conceptualiser   contacter

complexe (m)   complexé   traumatisme (m)   traumatisé   traumatiser
aliénation (f)   aliéné, aliénant   concerné   suractivé

relaxant   se relaxer   euphorisant   psychédélique

érotique   porno (abréviation de: pornographique; ex.: une revue porno)

mini   midi   maxi   super

les nuisances (f): pollution, bruits, encombrements (traffic-jams) etc.

la régionalisation: système donnant aux provinces une certaine autonomie afin de décentraliser

MOTS CHARGÉS D'UN SENS NOUVEAU

environnement (m)   tranquillisant (m)
séminaire (m)   alternative (f)
relaxation (f)   opérationnel = efficace (projet, système)

sommet (m) (*summit-conference*)   participation (f)
faucons (m) et colombes (f)   sauvage (les grèves sauvages (*wildcat strikes*))
ensembles: terme de mathématiques; aujourd'hui: terme d'urbanisme («les grands
ensembles»: en banlieue, véritables cités qui comprennent leurs propres centres d'achat,
lycées, théâtres, etc.)

MOTS EMPRUNTÉS A L'ANGLAIS[1]

standing (appartements de «grand standing»)

un campus	un building	un parking
mass-media (m pl)	les pop-stars	un happening
un gadget	l'after-shave (m)	le message
king-size	un check-up	le brainstorming
le design	fully-fashioned	sexy

prendre un drink   un scotch sur les rocs (ou: sur les rochers)
prendre une photo au flash
se faire faire un peeling

Slogans: Mettez un tigre dans votre moteur!
Volez insonojet!

«*Moi, je refuse de dire O.K.*»

R. Étiemble

Exercices d'application

A. (*a*) *Trouvez les deux sens (l'ancien et le nouveau) des mots qui suivent.*
   (*b*) *Faites 2 phrases illustrant ces deux sens avec chacun de ces mots:*

1. séminaire
2. environnement
3. tranquillisant
4. faucons et colombes
5. aliéné

B. *Trouvez les mots dont les définitions suivent:*

1. Désigne toutes les recherches concernant l'évolution future de l'humanité.
2. Celui qui refuse et combat l'ordre établi.
3. Administration d'une entreprise par un comité de travailleurs.
4. Participe présent d'un verbe qui n'existe pas encore; désigne ce qui met dans un état de bien-être et de satisfaction complets.
5. A l'origine, qualifiait les sensations et visions colorées de ceux qui absorbaient du L.S.D.
6. Méthode d'analyse qui s'applique aux sciences humaines (surtout la linguistique et l'anthropologie).
7. Ensemble d'industries; aujourd'hui très à la mode comme terme de psychanalyse.
8. Possibilité de choix (dans le langage politique).

[1] Ces mots sont extrêmement nombreux; nous n'en donnons ici que quelques-uns.

9. On discute et on prend une décision en commun (tout le monde en parle, peu l'appliquent!)
10. Bien comprise, elle peut permettre aux professeurs de faire une classe vivante et détendue.

C. (a) *Trouvez des mots ou expressions français qui font partie de la langue anglaise.*

   (b) *Essayez de trouver des traductions françaises pour les mots empruntés à l'anglais de la page 103.*

« La Dictée de Mérimée »

C'est à Compiègne, pour distraire la cour de Napoléon III, que Mérimée inventa ce texte, rempli de pièges (traps) du français classique. L'empereur fit quarante fautes, l'impératrice soixante-trois, Madame de Metternich, épouse de l'ambassadeur d'Autriche, trois seulement.

Pour que vous puissiez mesurer votre savoir, nous avons laissé 22 fautes dans le texte, dont l'original se trouve à la page 271.

Pour parler sans ambigüité, ce dîner à Sainte-Adresse, près du Havre, malgré les effluves embaumées de la mer, malgré les vins de très bons crus, les cuissots de veaux et les cuisseaux de chevreuils prodigués par l'amphytrion, fut un vrai guêpier. Quelles que soient, quelque exigües qu'aient pu paraître, à côté de la somme dûe, les arrhes qu'étaient censées avoir donnés la douairière et le marguillier, il était infâme d'en vouloir, pour cela, à ces fusilliers jumeaux et mal bâtis, et de leur infliger une raclée, alors qu'ils ne songeaient qu'à prendre des rafraîchissements avec leurs correligionnaires. Quoi qu'il en soit, c'est bien à tort que la douairière, par un contresens exhorbitant, s'est laissée entraîner à prendre un râteau et qu'elle s'est crue obligée de frapper l'exigent marguilier sur son omoplate vieillie.

Deux alvéoles furent brisées, une dyssenterie se déclara et l'imbécilité du malheureux s'accrut.

— Par saint Hippolyte! quelle hémoragie! s'écria ce bellître. A cet évènement, saisissant son goupillon, ridicule excédent de bagage, il la poursuit dans l'église toute entière.

«Mérimée comprendrait-il?»

A côté du français classique de la dictée de Mérimée, voici deux textes en franglais[1] que nous avons composés. Essayez de rétablir le vrai français là où c'est possible:

A. Je voudrais vous raconter une histoire, une sorte de short-story. Je suis né au moment du baby-boom des années 50; c'est mon Daddy qui me promenait en baby-carriage, dans mes baby-shoes et mon baby-coat, car je n'avais pas de nurse et ma mommy pas de baby-sitter. On m'a préparé à devenir un vrai Français en me donnant des puzzles, des microracers et des jouets made in France. Maintenant, je suis un teenager et je vais au drug-store prendre des sodas; je lis Batman, c'est bien mieux que les Fables de la Fontaine! J'ai une sœur très «in» qui ne porte que des vêtements fully-fashioned; Mommy reste jeune en se faisant faire des peelings et en adoptant la ligne slim: elle est toujours terrific en tee-shirt et en blue jeans. Je ne me plains pas, nous avons une vie exciting; Daddy est dans le show-biz; nous allons dans des endroits où il y a des happenings; je me relaxe beaucoup car je ne travaille pas trop pour mes études excepté pour l'anglais qui est l'avenir du français.

B. Ma chère Patricia,

Je t'écris d'un snack-bar où mon nouveau boy-friend, Tommy, m'a emmenée pour le lunch. J'ai pris un hamburger et lui, un hot-dog. T'ai-je déjà parlé de Tommy? Physiquement, il n'a rien d'un Tarzan, mais c'est un crack en mathématiques, et, heureusement pour moi, ce n'est pas un playboy. Je suis allée une fois chez lui: il n'habite pas un building de grand standing mais un home modeste et très cozy. Par contre, Tommy a des disques pop

---

[1] **franglais:** de **français** et **anglais:** la langue française considérée du point de vue de ses emprunts à la langue anglaise; mot créé par M. Étiemble, professeur à la Sorbonne et écrivain

formidables et m'a emmenée faire une promenade dans son roadster qui est bien mieux que le scooter de Charlie! Je rêve de me faire kidnapper dans cette voiture! Comme je veux devenir cover-girl, cela me ferait une bonne publicité.

Je vais te quitter car Tommy veut voir un western et tu sais que je suis une fan du cinéma américain et que j'adore les cow-boys et les shérifs. Alors, bye-bye, et pense à me rapporter mon make-up que j'ai laissé chez toi.

Isabelle

Discussions / compositions

Pour ou contre une langue plus pure?

Que pensez-vous de cet abâtardissement de la langue? Quelles en sont les causes, selon vous? Y voyez-vous des remèdes ou des solutions? Connaissez-vous des phénomènes semblables, à d'autres époques? dans d'autres pays?

«A force de voir sur le petit écran d'autres eux-mêmes s'exprimer en un français (en général à peu près) correct, les Français se sont mis à surveiller la façon dont ils s'expriment», déclare Raymond Queneau, écrivain contemporain. A votre avis, comment la télévision, et les moyens audio-visuels, peuvent-ils contribuer à sauvegarder la pureté de la langue?

B Langage publicitaire

Vocabulaire utile[1]

Langage publicitaire

«*la grande machine publicitaire...*»

TERMES GÉNÉRAUX

un publiciste = un publicitaire *poster*
une annonce*ment*   une affiche   les slogans de la publicité
ou
garantie (*f*)   «dernier cri» (*latest style*)   vanter la marchandise

PRODUITS DE BEAUTÉ

crèmes: onctueuses   souples   «travaillent en profondeur»
finesse de texture
le fonds de teint (*foundation*)   le rouge à lèvres
le démaquillant (*cleanser*)   ombre (*f*) à paupières (*eye-shadow*)
«teint (*complexion*) lumineux»   l'éclat (du teint) *Splendor of complexion*
aviver (*to brighten*)   adoucir: rendre plus doux
raffermir: rendre plus ferme

PRODUITS CONTRE LES MAUVAISES ODEURS

la mauvaise haleine (*bad breath*)   la transpiration
«empoisonner» les autres
«les hommes se détournent» *turn away*   *effective*
lather
Suds savons déodorants   puissant bactéricide   efficace
powerful
désodorisants = déodorants   atomiseur, stick, flacon-bille (*roll-on*)
protéger   éliminer, masquer (les odeurs)

POUR SE RASER

un rasoir   une lame de rasoir (*blade*)   le tranchant (*edge*)
inaltérable (*stainless*)   acier inoxydable (*stainless steel*)
raser de près et en douceur   le rasage de très près
la mousse à raser   la crème à raser *gentle*   émulsion (*f*)
Suds lather   attendrir (: rendre plus tendre) la racine du poil
          root of hair
SHAMPOOINGS (*m*)

le cuir chevelu (*scalp*)   les pellicules (*f*) (*dandruff*)

---

[1] Dans ce chapitre, le **Vocabulaire utile** comprend essentiellement: a) les
mots ou expressions que les étudiants rencontreront dans les différents
textes de ce chapitre; b) certains termes qu'ils pourraient lire dans les
journaux ou magazines français.

cheveux: secs   cassants   fatigués   abîmés   ternes (*dull*)
la chute des cheveux   la calvitie (*baldness*)

shampooings: traitants   colorants   antipelliculaires   revitalisants
              à la moelle (*marrow*)   à la sève de bouleau (*birch sap*)
cheveux soyeux   souples

              activer la repousse des cheveux

VÊTEMENTS ET SOUS-VÊTEMENTS

tissu   infroissable (*doesn't wrinkle*)   poids plume (*lightweight*)

pantalons: **Niagara** en Tampico (coton)   **Diego** en Koratron (polyester et coton)
           le **Mini-jean**   le **Ranch-jean**
chaussettes   collants (*tights*): opaques   «sans plisser ni tomber»
                                      moulant (*tight-fitting*)   mouler
sous-vêtements:
              «slim-fit»
      pour les femmes: un soutien-gorge (*bra*)   une combinaison (*slip*)
                        un jupon (*half-slip*)   un slip (*brief*)   une gaine (*girdle*)

      pour les hommes: un slip (*man's brief*)   un caleçon (*shorts*)

VOITURES

                  «performance à grand spectacle!»
      la suspension   la carrosserie (*body*)
      l'habitacle (*seating space*)   «habitacle spacieux!»
      sièges-baquets (*bucket seats*)   sièges-couchettes   sièges réglables (*adjustable*)
      appuie-têtes   lève-vitres électrique   toit ouvrant à commande automatique
      moteur puissant   4/5 vitesses   démarrage en douceur (*smooth starting*)
      la tenue de route   «une grande routière!»

MONTRES

      instrument de haute précision   avec calendrier   antichocs
      étanche (*waterproof*)   cadran super-lisible

PROJECTEURS

      netteté, brillance des diapositives (*slides*)
      maniement facile   mise au point automatique (*automatic focusing*)

STYLOBILLES

      un stylobille = un stylo à bille = un bille (*ballpoint pen*)
      capuchon (*hood*) hermétique   «acier massif satiné»

CIGARETTES

      extra-longues   mentholées   goût américain = tabac blond
      bout filtré   riche saveur

RÉSIDENCES

                  «une nouvelle forme de vie!»

      quartier bien desservi (nombreux moyens de transport pour y arriver)
      (appartement) bien aménagé: bien conçu, bien équipé
      insonorisé (*soundproof*)   matériaux de marque

108

moquette (*carpeting*)   une gamme (*vast range*) de coloris
climatiseur (*air-conditioner*)   la climatisation
salle d'eau: sens moderne = salle de bains   adoucisseur d'eau (*water softener*)
reprise: sens moderne = revente   appartement-témoin: qu'on peut visiter

« Enfoncez-vous bien cela dans la tête! »

Nous avons rédigé deux annonces publicitaires telles qu'on pourrait en lire couramment dans les journaux français:

La Résidence Symphonia

Vous pourrez «prendre le vert» à la RÉSIDENCE SYMPHONIA à Saint-Cloud, une banlieue bien desservie: Paris et le centre des affaires sont à proximité. Habiter Saint-Cloud, c'est être chic et pratique. SYMPHONIA vous offrira des kilomètres carrés d'espace vert, votre terrain de tennis, votre piscine grand luxe et le prestigieux parc de Saint-Cloud tout près.

34 appartements de 5 ou 6 pièces, avec orientation splendide, larges balcons, loggias et terrasses. De la moquette partout (tapisom super 700; vous disposez de 54 options pour les coloris), les salles de bains dernier modèle, les halls d'entrée luxeux (sol en marbre) créent une atmosphère euphorisante qui ne manquera pas de vous séduire.

Pour tous renseignements s'adresser à:
Réalisations Acapulco
Avenue de l'Opéra
Paris, Ier
TÉL: OPÉ-54-23

Cannes: les Terrasses de Cléopâtre

La Côte d'Azur ne sera plus un rêve! Visitez les TERRASSES DE CLÉOPÂTRE: site extraordinaire dominant la baie de Cannes.

Dès l'entrée vous êtes accueilli par le marbre, l'aluminium, le bois exotique. Dans les cuisines et les salles de bains entièrement équipées, le sol et les murs sont recouverts de céramique — une réussite du design contemporain; les lavabos sont encastrés dans une plaque de marbre. D'immenses terrasses ensoleillées ont donné leur nom à la résidence. Enfin, l'isolation thermique a été particulièrement étudiée. Si Cléopâtre avait habité là, Antoine ne serait jamais parti.

Écrire à:
Compagnie Double Soleil
Bvd. Montfleury
Cannes

Voici maintenant quelques slogans publicitaires recueillis dans différents magazines français:

«Avec ....., retrouvez la bouche de vos 20 ans! Une seule application et votre dentier fera vraiment corps avec vos gencives!»

«En attendant un monde sans vêtements, ... vous offre un monde sans transpiration!»

«....., le premier déodorant intelligent: dès que vous transpirez, il entre en action!»

«Retour aux sources: ..... slip et libre-gorge!»

«....., les sous-vêtements des maris gâtés!» «....., les sous-vêtements qui feront de lui un homme nouveau!»

«..... tee shirt en tissu léger, décontracté!»

«....., chaussettes follement gaies
pour les pieds qui s'ennuyaient!»

«.....: L'Américaine mentholée pour ceux qui ont le cool!»

(cigarettes) «prenez votre temps, elles vous en disent long!»

«Vous redécouvrez le reflet de la mer sur les murs de votre salle de bains avec le Vinyl-émail .....: un nouvel art de vivre!»

«Les cravates .....: un de ces petits riens qui rendent cette terre habitable!»

«Roulez confort! Roulez sécurité! Roulez sport!: avec une .....: la maxi-évasion!»

«Lorsque nos Boeing 747 se rempliront
Nos cœurs de joie déborderont.»

Exercices d'application

A. *A votre tour, recherchez des réclames dans des magazines français ou américains; vous expliquerez pourquoi elles ont particulièrement retenu votre attention.*

B. *Votre propre message, votre propre publicité: vous imaginez que vous avez à présenter une réclame à la radio ou à la télévision ou dans un magazine (avec illustrations).*

C. *Voici une liste de noms: essayez de trouver de quels articles il s'agit:*

a) Miss Stop
b) Pal 1er choix
c) Feudor
d) Rêvhalène
e) Babygro

f) Moit-Stop
g) Condor
h) Rasoline
i) Frimatic
j) Hom

D. *Devinez — d'après les slogans publicitaires qui suivent — de quel produit il s'agit:*

1. «Un matériau racé, très doux à vos doigts, si doux que vous ne vous lassez jamais de le tenir entre les doigts!»
2. «Il allume la flamme de votre amour!»
3. «N'étouffez plus votre personnalité, ne vous mettez plus la corde au cou!»
4. «Il fera chanter vos cheveux!»
5. «Elles possèdent le Color Power qui donne à votre démarche plus de persuasion!»
6. «Il vous permet de vivre tout en fraîcheur ... c'est une certaine façon de vivre!»
7. «Et qui peut aider un homme à devenir beau, si ce n'est sa femme?»
8. «Sa ligne fastback laisse deviner la petite bête agressive!»
9. «Il fait briller les yeux des femmes!»
10. «Brune, fraîche, nouvelle!»

(Solution des exercices C. et D.: à la page 272)

C La machine publicitaire[1]

« M. Publiman »

Né de l'imagination de Ludovic Morateur — héros du dernier roman de P. Daninos et maître horloger de profession — Rex A. Publiman (surnom que Ludovic lui a donné) est devenu un être vivant et réel. C'est «une espèce de robot pensant, mi-Superman, mi-James Bond, un être supérieur, magnétique, radioactif, attractif». Le passage que nous avons choisi montre comment cet homme «toujours dans le ton, toujours dans le temps», associé à la publicité de L. Morateur, avec le titre officiel de «pace-setter», a succombé dans sa vie, son langage, ses vêtements, au délire perfectionniste de la machine publicitaire.

il = Ludovic Morateur

La veille encore, il avait croisé Rex dans la rue comme il sortait, étrangement seul, d'un grand ensemble. Très à l'aise dans son costume de dakronyl infroissable et sa chemise-prestige Textil O'Tex, M. Publiman respirait la joie de vivre:

— C'est fou, mon cher, ce que je peux me sentir invincible là-dedans! D'ailleurs, pour ne rien vous cacher, depuis que je porte le slip Majesty First, je me sens un autre homme. J'ai choisi le bien-être. Chaud l'hiver, frais l'été, rien de tel que les sous-vêtements Majesty First dont la chlorofibre assure une isolation thermique parfaite!

On sentait chez M. Publiman le grand standing. Comment en eût-il été autrement? Possesseur d'un des lumineux appartements de la Résidence Cléopâtre du Vésinet,[2] avec

---

[1] Ce chapitre ne comporte pas de **Vocabulaire utile**, étant donné que le vocabulaire du texte *M. Publiman* a déjà été donné et appliqué dans la section qui le précède.
[2] **Le Vésinet:** banlieue résidentielle de Paris

parquets en teck d'Asie à bâtons rompus,[3] réception à la Fouquet, colonnades à la Nabuchodonosor,[4] parc à la Le Nôtre, graduateurs d'ambiance[5] et possibilités de reprise foudroyante — il avait acquis un nouvel art de vivre.

— Je jouis, déclara-t-il à Ludovic, d'une isolation et d'une insonorisation parfaites grâce à des matériaux de marque sélectionnés. Mon isothermie est poussée au maximum...

Il devait y avoir quelque chose de plus: Rex rayonnait.

— D'abord il faut vous dire que je n'utilise plus, pour me raser, que la crème Haute Performance 204 H. Elle s'insinue à la base du poil, l'attendrit à la racine et donne une finesse d'émulsion exceptionnelle. Me raser est ainsi devenu un tel plaisir que si l'arôme de mon café lyophilisé soluble 100 % ne venait me chatouiller l'odorat, ma salle d'eau à l'italienne deviendrait salle de séjour. Et puis... je viens de permettre à ma femme de faire le premier pas vers une vie nouvelle.

— Diable... Un enfant de plus?

— Non. La vaisselle. Je l'ai libérée de toute vaisselle. Avec la dernière Sunrose turbo-jet 100 % efficace!

Il pleuvait à torrents, mais M. Publiman riait à la pluie, à la vie, aux soucis. Et ses enfants rayonnaient comme lui sous la pluie, car ils étaient protégés par le super-imper Tornado King, des chaussures en cuir noble et une assurance indexée: Papa était un Chef.

— Ce soir, je leur ferai revivre les vacances avec mon projecteur Mogteglück 77, le véritable complice de nos souvenirs! Le seul vraiment capable de restituer impeccablement la haute brillance et la netteté des diapositives les plus précieuses. Et d'un maniement si facile!

Sans doute M. Publiman ignorait-il encore que ses enfants lui avaient déjà commandé pour Noël le nouveau Mogteglück 78 avec mise au point automatique par télémètre électronique. Quelle surprise!

— Je vous emmène? demanda Rex Publiman à Ludovic. J'ai la nouvelle Harley à direction télescopique. Sobre et racée!

---

[3] **à bâtons rompus:** a) **parquets à bâtons rompus** = *herring-bone floors*; b) jeu de mots sur l'expression usuelle: (parler) **à bâtons rompus** = d'une manière peu suivie

[4] **Nabuchodonosor** (*Nebuchadnezzar*): roi de Babylone de 605 à 562 avant J. C.; embellit Babylone (voir aussi p. 211)

[5] **graduateurs d'ambiance:** expression extravagante pour **thermostat** (M. Publiman en a un dans chaque pièce.)

Ayant choisi entre dix pompes fascinantes celle qu'il aimait, M. Publiman mit un tigre dans son moteur. La voiture ne fit qu'un bond, car un encombrement l'immobilisa aussitôt. Son propriétaire en profita pour vanter son confort:

— N'est-ce pas, dit-il dans son langage suractivé garanti *sic*, l'exacerbation du confort britannique? Voyez ce tableau de bord en loupe de noyer *super-special veneer!* J'ai une garantie de trois ans sur quatre continents et cinq vitesses entièrement synchrones! Avec ça, non seulement je me faufile à l'anglaise,[6] mais je peux narguer les plus grosses voitures! 187 chrono![7] C'est vraiment une grande routière!

Comme ils dépassaient, à 35 km/h,[8] une Ferrari médusée, M. Morateur ne put s'empêcher de crier *Bravo l'Harley!* Cependant, le temps passant encore plus vite dans les encombrements, Ludovic fit observer à M. Publiman qu'en arrivant au bureau il allait être débordé.

— Jamais débordé avec ça! répondit Rex Publiman qui,

loupe (*f*) *burr*
noyer (*m*) *walnut (wood)*

narguer braver, défier avec insolence

médusée très étonnée, pétrifiée

débordé submergé de travail

---

[6] **se faufiler à l'anglaise:** L'auteur fait un jeu de mots sur l'expression: «filer à l'anglaise» (= partir adroitement sans être vu); **se faufiler** = glisser entre
[7] **187 chrono** = **187** km chronométrés (*timed*)
[8] **35 km/h** = **35** kilomètres à l'heure (environ *19 miles*)

décontracté au maxi, ne put réfréner un minirire en extrayant
de la boîte à gants une Lilliput 4000 enregistreuse à laquelle
il dicta deux notes de service. Puis il corrigea un rapport à
l'aide d'un Xylograph 480:

— C'est vraiment le stylobille idéal de l'homme moderne...
Vous voyez cette ravissante enveloppe de galalithe existant
dans toute la gamme des coloris mode? Eh bien, là-dessous
se livre un furieux combat: virevoltant à une allure folle,
l'implacable bille Xylos ferait éclater son logement et ouvri-
rait les vannes de l'encre si les ingénieurs ne l'avaient sertie
dans une pointe en acier inoxydable... Et savez-vous combien
j'ai de garantie devant moi? 50 kilomètres d'écriture sans
bavure!

Au bureau de M. Publiman, une ravissante secrétaire l'ac-
cueillit avec le sourire, et juste ce qu'il faut de strict dans
le chemisier à col blanc et les lunettes à monture noire. Elle
avait, comme Britt,[9] la lumineuse fraîcheur du teint scandinave, car elle utilisait la crème Dickinson qui travaille en
profondeur et affermit le tissu sous-jacent.

— Longtemps, confia M. Publiman, elle a cherché à savoir
pourquoi les hommes se détournaient d'elle lorsqu'elle arrivait à proximité. Rêvhalène l'a sauvée. Elle a enfin trouvé
la joie de vivre sans empoisonner les autres!

La secrétaire, qui avait eu le tact de s'éloigner pour ne pas
être là, revint avec son sourire à la chlorophylle et des
dossiers multicolores:

— Une surprise pour vous, Patron! s'écria-t-elle avec de
la joie pour cent mille secrétaires. La programmation avance
à pas de géant et l'implantation s'accélère. Grâce à la nouvelle Queen Computer II avec additionneuse émettrice
connectable au perforateur de bande, j'ai mis à jour 3 000
circulaires et notes en une heure! Quel plaisir de facturer!
Ah! je voulais vous rappeler, Monsieur, que vous avez un
petit sommet à 11 heures... Pour demain, je vous ai retenu
un pullman au champagne dans le super-insonojet de la
K.B.K., la ligne qui pétille! Trois services nouveaux pour
New York! Volez insonojet, c'est tellement mieux! Et...
plus sûr!

— Je ne voudrais pas vous retarder pour votre petit
sommet de 11 heures, dit M. Morateur à Rex Publiman, qui

---

réfréner retenir, contenir

notes de service memos

virevolter tourner rapidement sur soi

vanne (f) lit = floodgate,
valve
sertir to set

bavure (f) smudge

monture frame

mettre à jour bring up to
date
circulaires (f) memoranda
facturer to invoice

pétiller to sparkle

---

[9] **Britt:** l'amie suédoise de Ludovic Morateur

avait tenu à l'accompagner lui-même jusqu'à la sortie du building.

— Jamais en retard avec ça! s'exclama le *pace-setter* en montrant son Chronoflex 2007. Et il tendit le chronomètre à la pluie pour en éprouver l'étanchéité-absolue, garantie par l'Office des Eaux Suisse. Pour la première fois de sa vie, M. Morateur, s'étant aperçu qu'il avait oublié sa montre, demanda:

— A propos, quelle heure est-il?

Consultant son Chronoflex 2007 perlé d'eau, Rex Publiman indiqua aussitôt, au dixième de seconde, l'heure de Pékin, de New York et de Calcutta, la pression atmosphérique et la date de la prochaine éclipse.

Il en avait oublié l'heure locale.

PIERRE DANINOS (*Ludovic Morateur*)

Questions / conversations

1. Faites le commentaire de: a) «Il sortait étrangement seul, d'un grand ensemble» b) du nom du pace-setter: Rex A. Publiman.
2. Qui étaient Fouquet et le Nôtre? Comment l'appartement de M. Publiman contribue-t-il à son grand standing?
3. Cet appartement est-il de bon goût? Quels contrastes offre-t-il?
4. Comment imaginez-vous une «salle d'eau à l'italienne»? Expliquez la remarque de Publiman: «Me raser est ainsi devenu un tel plaisir que si l'arôme de mon café lyophilisé soluble 100% ne venait me chatouiller l'odorat, ma salle d'eau à l'italienne deviendrait ma salle de séjour.''
5. Énumérez les facteurs de contentement total des Publiman (père, mère, enfants).
6. Que veut dire «son langage suractivé garanti sic»?
7. Pourquoi la Ferrari était-elle «médusée»? En quoi l'épisode de la voiture est-il à la fois: a) humoristique? b) un triste et véridique exemple de la vie moderne?
8. Comment la secrétaire est-elle, comme son patron, un exemple de perfection? Comment a-t-elle trouvé la joie de vivre? Expliquez «sourire à la chlorophylle».
9. Qu'y a-t-il d'incongru dans l'expression «pullman au champagne»? Sur quoi est construit le slogan «la K.B.K., la ligne qui pétille»?
10. Voyez-vous maintenant pourquoi M. Morateur a nommé Rex Publiman «pace-setter»?
11. Qu'est-ce qui indique que M. Publiman est, en fait, absent de la vie réelle?

12. Relevez dans le texte des exemples:
   a) de nouveau langage (franglais, jargon, mots transformés, slogans publicitaires).
   b) de la «folie mathématique» (manie des chiffres) de notre époque.
   c) d'exagération du langage (langage emphatique).
   d) de mots et expressions qui évoquent la joie du «mieux-vivre».
13. Publiman et le nouvel art de vivre. Publiman est-il le citoyen idéal? un robot? une victime?
14. Sous l'humour de ce texte, quelle vision apocalyptique d'une nouvelle société voyez-vous prendre forme?

Discussions / compositions[1]

A. La publicité en France et aux États-Unis. Comparaison:

En France: attrait irrésistible des termes et produits étrangers, surtout anglo-saxons; aux États-Unis: publicité parlée (radio, T.V.); en France: importance et nombre des affiches (ex.: dans le métro, sur les taxis, etc.)

B. Le rire et la publicité:

Il faut à tout prix accrocher l'imagination et le regard; les moyens audio-visuels nous communiquent sans cesse des messages de bonheur, de joie de vivre. Donnez-en des exemples. Cette avalanche de slogans trop optimistes, trop prometteurs ne peut-elle être une source de dangers?

C. L'érotisme et la publicité:

Dans les réclames, le tabac rend viril, ce parfum est aphrodisiaque, le moteur est un tigre, etc. Donnez d'autres exemples. Étudiez: 1) ce qui motive la présence d'Éros dans la publicité. 2) les limites de la publicité érotique.

D. Que faut-il pour créer une bonne publicité?

Situation

Interview de Mme Publiman et des enfants Publiman, présentée comme un programme de télévision. Ou:

Mr. and *Mrs.* Publiman interviewés par un commentateur célèbre de la T.V. américaine.

---

[1] Pour chacun de ces sujets (s'ils se font par discussion) il serait bon de diviser la classe en petits groupes et essentiel d'apporter de nombreux exemples, pris dans différents magazines ou journaux.

2 Le Mieux-vivre

A Le couple et le mieux-vivre

Vocabulaire utile

Le mieux-vivre

« L'économique les dévorait tout entiers. »

Perec

TERMES GÉNÉRAUX:

les «hommes nouveaux»   les technocrates[1]

les cadres (m): employés exerçant une fonction de direction (les cadres supérieurs, les cadres moyens)

la société technocratique

le niveau social   la position sociale   les différences d'ordre économique

L'AFFLUENCE = LA RICHESSE = L'AISANCE

l'argent = (argot) le fric   le pouvoir d'achat

l'économique* (*finances, money-matters*)

acquérir

la propriété = les biens matériels = les possessions

le confort   le luxe   un train de vie (*style of living*)

une situation brillante   une situation privilégiée

traitement* (m) = salaire (attaché à une profession d'une certaine importance sociale)

parvenir aux plus hauts postes

avoir un rang dans la société

le succès   la réussite   la chasse au bonheur

LA GÊNE = L'ÉTROITESSE

la gêne ≠ l'aisance

(être) démuni d'argent = à court d'argent

(être) fauché (*fam*) = sans argent = (argot) raide = sans un

mal loti (*badly off*)   un gagne-petit: celui qui gagne peu

un raté ≠ quelqu'un qui a réussi   une vie étroite = une vie rétrécie

une place temporaire ≠ une place fixe (*permanent job*)

tirer le diable par la queue (*to be hard up*)

---

[1] En France, le concept de la technocratie est très fort. Les technocrates sont un groupe d'élite, des experts qui possèdent de hautes connaissances techniques et voient le contrôle d'un pays sous l'angle technique. Leur force provient non seulement du rôle important que joue l'État dans l'industrie, mais aussi du prestige des Grandes Écoles d'où ils sortent pour la plupart.

vivre au jour le jour (*to live from hand to mouth*)
acheter à crédit   emprunter — *borrow*
se tourmenter = se faire du souci — *to make yourself anxious*
les horizons bouchés: horizons fermés, sans avenir
étouffer: ressentir une impression d'oppression
se sentir pris au piège (*to feel trapped*)
to loath haïr *to hate*   envier *to envy*
la hargne = la colère = l'agressivité (*f*)   la rancœur   la honte
la convoitise (de biens matériels) — *anger*   *shame*

LE COUPLE MODERNE

(être) à la page = dans le vent ("*in*", "*with it*")
être dans le coup (*pop*): être au courant de tout: être évolué
être de son temps (en avoir les idées, les mœurs)
ne pas être dupe (*not to be taken in*)
to relax
décontracté   non-conformiste   le non-conformisme

la vie mondaine:
sorties (*f*)   soirées (*f*)   réceptions (*f*)
une ronde de dîners
un tourbillon (*whirl*)

«*Posséder est peu de chose; c'est jouir qui rend heureux.*»
Beaumarchais (1732-1799)

Exercices d'application

A. *Donnez le mot (ou expression) qui correspond à la définition :*

1. le degré de l'échelle sociale
2. défavorisé par le sort
3. amertume que l'on garde après une désillusion ou une injustice
4. suivre la dernière mode
5. avoir la possibilité de dépenser beaucoup

B. *Donnez une définition des mots ou expressions suivants :*

1. tirer le diable par la queue
2. la vie mondaine
3. acheter à crédit
4. l'économique
5. se sentir pris au piège

C. *Complétez par une suite de mots convenable :*

1. ____ pour parvenir aux plus hauts postes.
2. Quand on est fauché ____.
3. Dans une société technocratique ____.
4. ____ parce qu'ils sont dans la gêne.
5. Son traitement ____.

D. *Dites d'une autre façon:*

1. Les dépenses qu'ils font pour vivre sont extravagantes.
2. Il n'a pas réussi dans la vie.
3. J'ai demandé à un ami de me prêter de l'argent.
4. Ils se sentaient oppressés.
5. Elle a une situation qui ne doit durer que peu de temps.

« *Les hommes nouveaux* »

percé *cut through*

lorgner vers *avoir des vues sur, convoiter*

négociants drapiers *textile manufacturers*
cossue *riche, opulente*
immeubles *(m) real estate*
titres *(m) securities*
orfèvrerie *(f) silverware, jewelry*

cadre *(m) décor (m)*

ponceau *rouge vif foncé (couleur de coquelicot)*

pieds *legs (furniture)*

faux bois de cerf *imitation staghorn*

ordures *(f pl) garbage*
« allés au lait » = *allés acheter le lait*
claquer *to slam*

Ils étaient des « hommes nouveaux », des jeunes cadres n'ayant pas encore percé toutes leurs dents,[1] des technocrates à mi-chemin de la réussite. Ils venaient, presque tous, de la petite-bourgeoisie, et ses valeurs, pensaient-ils, ne leur suffisaient plus: ils lorgnaient avec envie, avec désespoir, vers le confort évident, le luxe, la perfection des grands bourgeois. Ils n'avaient pas de passé, pas de tradition. Ils n'attendaient pas d'héritage. Parmi tous les amis de Jérôme et de Sylvie, un seul venait d'une famille riche et solide: des négociants drapiers du Nord; une fortune cossue et compacte; des immeubles à Lille,[2] des titres, une gentilhommière[3] aux environs de Beauvais,[4] de l'orfèvrerie, des bijoux, des pièces entières de meubles centenaires. Pour tous les autres, l'enfance avait eu pour cadre des salles à manger et des chambres à coucher façon Chippendale ou façon rustique normand, telles qu'on commençait à les concevoir à l'aube des années 30: des lits de milieu[5] recouverts de taffetas ponceau, des armoires à trois portes agrémentées de glaces et de dorures, des tables effroyablement carrées, aux pieds tournés, des porte-manteaux en faux bois de cerf. Là, le soir, sous la lampe familiale, ils avaient fait leurs devoirs. Ils avaient descendu les ordures, ils étaient « allés au lait », ils étaient sortis en claquant la porte. Leurs souvenirs d'enfance se

[1] **n'ayant pas encore percé toutes leurs dents:** encore jeunes et inexpérimentés
[2] **Lille:** ville industrielle du Nord
[3] **gentilhommière:** petit château à la campagne
[4] **Beauvais:** également dans le Nord (dans une région plus agricole); ville célèbre pour sa cathédrale
[5] **lits de milieu:** lits placés au milieu de la pièce, loin des murs latéraux

ressemblaient, comme étaient presque identiques les chemins qu'ils avaient suivis, leur lente émergence hors du milieu familial, les perspectives qu'ils semblaient s'être choisies.

Ils étaient donc de leur temps. Ils étaient bien dans leur peau. Ils n'étaient pas, disaient-ils, tout à fait dupes. Ils savaient garder leurs distances. Ils étaient décontractés, ou du moins tentaient de l'être. Ils avaient de l'humour. Ils étaient loin d'être bêtes.

GEORGES PEREC (*Les Choses*)

Questions / conversations

1. Relevez tout ce qui montre que les négociants drapiers étaient très riches.
2. Dans cet extrait, indiquez tous les éléments descriptifs:
   a) des années 30
   b) de la petite-bourgeoisie
3. Expliquez pourquoi «ils étaient sortis en claquant la porte».
4. En quoi étaient-ils des «hommes nouveaux»? Qu'avaient-ils tous en commun (enfance, milieu, rêves)?
5. Les dangers d'une société composée en majeure partie de technocrates.
6. Que signifie «être de son temps» à différentes époques (les années 30? 50? 70? par exemple) aux États-Unis?

«Le mieux-vivre et l'amour»

Ils auraient voulu que leur histoire soit l'histoire du bonheur; elle n'était, trop souvent, que celle d'un bonheur menacé. Ils étaient encore jeunes, mais le temps passait vite. Un vieil étudiant, c'est quelque chose de sinistre; un raté, un médiocre, c'est plus sinistre encore. Ils avaient peur.

Ils avaient du temps libre; mais le temps travaillait aussi contre eux. Il fallait payer le gaz, l'électricité, le téléphone. Il fallait manger, chaque jour. Il fallait s'habiller, il fallait repeindre les murs, changer les draps, donner le linge à laver, faire repasser les chemises, acheter les chaussures, prendre le train, acheter les meubles.

L'économique, parfois, les dévorait tout entiers. Ils ne cessaient pas d'y penser. Leur vie affective même, dans une large mesure, en dépendait étroitement. Tout donnait à penser que, quand ils étaient un peu riches, quand ils avaient un peu d'avance, leur bonheur commun était indestructible; nulle contrainte ne semblait limiter leur amour. Leurs goûts, leur fantaisie, leur invention, leurs appétits se confondaient dans une liberté identique. Mais ces moments étaient privilégiés; il leur fallait plus souvent lutter: aux premiers signes de déficit, il n'était pas rare qu'ils se dressent l'un contre l'autre. Ils s'affrontaient pour un rien, pour cent francs gaspillés, pour une paire de bas, pour une vaisselle pas faite. Alors, pendant de longues heures, pendant des journées entières, ils ne se parlaient plus. Ils mangeaient l'un en face de l'autre, rapidement, chacun pour soi, sans se regarder. Ils s'asseyaient chacun dans un coin du divan, se tournant à moitié le dos. L'un ou l'autre faisait d'interminables réussites.

Entre eux se dressait l'argent. C'était un mur, une espèce de butoir qu'ils venaient heurter à chaque instant. C'était quelque chose de pire que la misère: la gêne, l'étroitesse, la minceur. Ils vivaient le monde clos de leur vie close, sans avenir, sans autres ouvertures que des miracles impossibles, des rêves imbéciles qui ne tenaient pas debout. Ils étouffaient. Ils se sentaient sombrer.

Ils pouvaient certes parler d'autre chose, d'un livre récemment paru, d'un metteur en scène, de la guerre, ou des autres, mais il leur semblait parfois que leurs seules *vraies* conversations concernaient l'argent, le confort, le bonheur. Alors le ton montait, la tension devenait plus grande. Ils parlaient, et, tout en parlant, ils ressentaient tout ce qu'il y avait en eux d'impossible, d'inaccessible, de misérable. Ils s'énervaient; ils étaient trop concernés; ils se sentaient mis en cause, implicitement, l'un par l'autre. Ils échafaudaient des projets de vacances, de voyages, d'appartement, et puis les détruisaient, rageusement: il leur semblait que leur vie la plus réelle apparaissait sous son vrai jour, comme quelque chose d'inconsistant, d'inexistant. Alors ils se taisaient, et leur silence était plein de rancœur; ils en voulaient à la vie, et, parfois, ils avaient la faiblesse de s'en vouloir l'un à l'autre; ils pensaient à leurs études gâchées,[1] à leurs vacances sans attrait, à leur vie médiocre, à leur appartement encombré, à leurs rêves impossibles. Ils se regardaient, ils se trouvaient laids, mal habillés, manquant d'aisance, renfrognés. A côté d'eux, dans les rues, les automobiles glissaient lentement. Sur les places, les affiches de néon s'allumaient tour à tour. Aux terrasses des cafés, les gens ressemblaient à des poissons satisfaits. Ils haïssaient le monde. Ils rentraient chez eux, à pied, fatigués. Ils se couchaient sans se dire un mot.

renfrognés ≠ aimables, gais

Il suffisait que quelque chose craque, un jour, qu'une agence ferme ses portes, ou qu'on les trouve trop vieux, ou trop irréguliers dans leur travail, ou que l'un d'eux tombe malade, pour que tout s'écroule. Ils n'avaient rien devant eux, rien derrière eux. Ils pensaient souvent à ce sujet d'angoisse. Ils y revenaient sans cesse, malgré eux. Ils se voyaient sans travail pendant des mois entiers, acceptant pour survivre des travaux dérisoires, empruntant, quémandant. Alors, ils avaient, parfois, des instants de désespoir intense: ils rêvaient de bureaux, de places fixes, de journées régulières, de statut défini. Mais ces images renversées les désespéraient peut-être davantage: ils ne parvenaient pas, leur semblait-il, à se reconnaître dans le visage, fût-il resplendissant, d'un sédentaire; ils décidaient qu'ils haïssaient les hiérarchies, et que les solutions, miraculeuses ou non, viendraient d'ailleurs, du monde, de l'Histoire. Ils continuaient leur vie cahotante: elle correspondait à leur pente naturelle. Dans un monde plein d'imperfections, elle n'était pas, ils s'en assuraient sans mal, la plus imparfaite. Ils vivaient au jour le jour; ils dépensaient en six heures ce qu'ils avaient mis trois jours à gagner; ils empruntaient souvent; ils mangeaient des frites infâmes, fumaient ensemble leur dernière cigarette, cherchaient parfois pendant deux heures un ticket de métro, portaient des chemises réformées, écoutaient des disques usés, voyageaient en stop, et restaient, encore assez fréquemment, cinq ou six semaines sans changer de draps. Ils n'étaient pas loin de penser que, somme toute, cette vie avait son charme.

s'écrouler to collapse

dérisoires ridicules
quémander mendier (to beg)

cahotante avec des hauts et des bas
leur pente leur inclination

infâmes ici = très mauvaises

réformées litt discharged = discarded

somme toute après tout

Georges Perec (*Les Choses*)

[1] **leurs études gâchées** = leurs études abandonnées (en réalité, ils les avaient volontairement interrompues)

Questions

1. Quelles étaient les causes de la peur, de la hantise du couple?
2. Quels soucis matériels composaient la réalité de la vie du jeune couple démuni?
3. Quand étaient-ils heureux? Montrez comment leur bonheur de couple était étroitement lié à l'argent.
4. En quoi l'argent était-il pour eux «une espèce de butoir»?
5. Étaient-ils vraiment pauvres? Comment leur situation était-elle «pire que la misère»?
6. En quoi consistaient leurs conversations (les «vraies» et les autres)?
7. Expliquez: «Ils avaient la faiblesse de s'en vouloir l'un à l'autre».
8. Pourquoi n'arrivaient-ils pas à se parler sans se disputer?
9. Comment voyaient-ils le monde extérieur?
10. Quel était leur plus profond sujet d'angoisse? Quelles visions désespérantes avaient-ils?
11. A quoi rêvaient-ils alors?
12. Résumez leur vie cahotante.
13. Pourquoi, malgré tout, ne changeaient-ils pas de vie?

Discussions / compositions

A. «Dans le monde qui était le leur, il était presque de règle de désirer toujours plus qu'on ne pouvait acquérir. Ce n'était pas eux qui l'avaient décrété; c'était une loi de la civilisation, une donnée de fait dont la publicité en général, les magazines, l'art des étalages, le spectacle de la rue, et même, sous un certain aspect, l'ensemble des productions communément appelées culturelles, étaient les expressions les plus conformes» dit Perec en parlant du jeune couple.
   a) Commentez ou discutez.
   b) Un jeune couple peut-il jouir de la vie sans succomber au désir du mieux-vivre?

B. «L'argent ne fait pas le bonheur.» Commentez ce proverbe français.

C. En mai 68, les étudiants de Paris écrivirent sur les murs de nombreux graffiti politiques, parmi lesquels: «La marchandise est l'opium du peuple.» et «Consommez plus pour vivre moins.» Expliquez et discutez.

D. Un journaliste français a dit que la société d'abondance (ou «d'opulence») était une utopie, sauf aux États-Unis. Discutez.

Situation

En vous inspirant du passage (tiré de: «Le mieux-vivre et l'amour»): «Il leur semblait parfois que leurs vraies conversations … alors ils se taisaient.», imitez les deux protagonistes dans leurs conversations.

«Un jeune couple à la page»

Le mari de Petite Madame[1] est dans les affaires, ou la haute administration, les cadres supérieurs. Le quart environ de son traitement sert à payer le loyer d'un appartement de luxe dans un quartier résidentiel. Tout le reste est absorbé, dans l'ordre décroissant d'importance, par les réceptions et les sorties, l'entretien ménager, les deux voitures, la garde-robe de Petite Madame, les enfants, les soins de beauté de Petite Madame, la garde-robe de Monsieur, la bonne espagnole, les disques et les livres. Petite Madame et son mari sont des consommateurs inconditionnels. On achète beaucoup à crédit. Les fins de mois sont souvent difficiles.

l'entretien ménager dépenses pour la maison

inconditionnels qui dépensent sans compter

L'appartement est meublé moderne, mais on rêve d'authentique mobilier d'époque. Petite Madame a acquis deux ou trois tableaux abstraits, d'un sien cousin,[2] peintre encore peu coté mais que l'on croit destiné à un grand avenir. La délectation artistique n'est pas compromise, au contraire, par la pensée d'un placement avantageux. Dans ses rares loisirs, Monsieur, adroit bricoleur, fabrique à l'aide de fils de fer et de plaques de zinc, un mobile inspiré de Calder.

mobilier d'époque period furniture

peu coté sans réputation

placement investissement (m)
bricoleur handyman, putterer

La vie mondaine est très active. Petite Madame a fini par persuader Monsieur, et il a fini par admettre qu'après huit heures de bureau, la sortie ou la réception du soir lui étaient une détente nécessaire. A peine rentré chez lui, Monsieur doit donc prendre une douche, changer de vêtements, absorber une pilule antifatigue pour se préparer à la longue soirée.

absorber prendre, avaler

[1] **Petite Madame**: surnom que le mari de Véronique (voir p. 32) a donné à l'héroïne d'une histoire qu'il écrit; il a, en réalité, dépeint sa propre femme.
[2] **d'un sien cousin** = d'un cousin à elle, d'un de ses cousins

Petite Madame, elle, s'y prépare depuis cinq heures de l'après-midi. Une ronde de dîners en ville amène le couple successivement chez d'autres couples, puis ceux-ci à leur tour chez le premier. Le programme, rigide et saisonnier comme un cérémonial de cour, prévoit en outre une visite bimensuelle, en groupe de deux ou trois couples, dans un cabaret à la mode. L'uniformité du dîner en ville s'étend à tous ses aspects: le menu, la décoration florale de la table, les robes des femmes et la conversation. Toutefois, des variantes minuscules, rendues perceptibles par l'habitude, différencient les dîners aux yeux des convives: ainsi n'ont-ils pas trop l'impression d'être des chevaux dans un manège. C'est surtout au cours de la soirée au cabaret que Monsieur et Petite Madame, ainsi que leurs amis, se contemplent dans l'acte de jouer le rôle du jeune couple à la page. Ce spectacle leur est une satisfaction vive: le sentiment mimé finit par engendrer un sentiment vrai, ou presque, en sorte que les couples sont bientôt soudés par une sensation collective de camaraderie. Une certaine rivalité, toutefois, subsiste, ou un certain esprit de compétition: ici aussi, des différences mineures entre les couples (et d'abord, différences d'ordre économique: les situations des maris sont plus ou moins brillantes) entretiennent chez chacun d'eux l'illusion de l'originalité individuelle. Petite Madame, par exemple, lit la presse bourgeoise hebdomadaire avec plus d'assiduité et d'attention que ses compagnes, elle est mieux informée des plus récents succès en librairie, au cinéma et au théâtre. Elle passe pour l'intellectuelle du groupe. De même, elle seule a l'honneur de tutoyer le tenancier d'un club de Saint-Germain-des-Prés et d'être tutoyée par lui. La familiarité avec un tenancier de club, un «animateur», est tenue, dans le milieu de Petite Madame, pour flatteuse. Peu importe que cet homme ait une tête de souteneur et un casier judiciaire point net.[2] Au contraire, ces marques d'une existence un peu douteuse sont considérées comme pittoresques, elles ont le piment de non-conformisme et d'aventure.

JEAN-LOUIS CURTIS (*Un jeune couple*)

---

[2] **casier judiciaire point net:** *he probably has a record*; **casier judiciaire:** résumé écrit des condamnations prononcées contre un citoyen; **casier judiciaire vierge** = sans condamnations; **casier judiciaire point net** = sur lequel il y a quelques condamnations

en outre en plus

convives invités

soudés par unis étroitement par

brillantes prospères

tutoyer dire «tu» à quelqu'un
tenancier d'un club: qui tient (= dirige) un club
tenue... pour considérée... comme

souteneur *pimp*

douteuse suspecte, équivoque
piment *spice*

1. Comment ce couple représente-t-il une parfaite illustration du mieux-vivre ? Comment son budget est-il réparti ?
2. Qu'apprend-on sur ce couple ? (situation, train de vie, goûts, talents)
3. Comment l'auteur réussit-il à vous donner une image peu flatteuse de la femme moderne ?
4. En quoi la préparation de Monsieur et Petite Madame (pour la sortie) est-elle différente ?
5. Pourquoi leurs sorties ressemblent-elles généralement à des rites ?
6. Comment évitent-ils l'impression d'« être des chevaux dans un manège » ?
7. Dans quelles circonstances le jeune couple joue-t-il le mieux son rôle ? Expliquez les raisons de leur satisfaction.
8. Qu'est-ce qui ressort de ces sorties en commun et flatte les illusions de chacun ?
9. Expliquez pourquoi Petite Madame passe à la fois pour l'intellectuelle et la non-conformiste du groupe.
10. Pourquoi le tenancier du club attire-t-il tellement Petite Madame et ses amis ? (plusieurs raisons)

Discussions / compositions

A. Le conformisme de notre époque, tel que l'auteur l'évoque et le critique.

B. « Le libertinage (ou l'érotisme) sont deux symboles de statut intellectuel et social » a écrit J. L. Curtis à propos de ceux qu'il appelle les « oies gavées » (*force-fed geese*) de la société d'abondance. Commentez et discutez.

C. Pour ce couple et ses amis, tutoyer un tenancier de boîte est un trait d'élégance aristocratique. Étudiez : 1) cette forme particulière de snobisme. 2) le vide d'une vie gouvernée par le snobisme et le désir d'être à tout prix « à la page ».

Situation

Notre jeune couple français et un jeune couple américain également « à la page » évoquent leur vie (train de vie, occupations, loisirs, sorties, etc.).

B La femme moderne

Vocabulaire utile

La femme moderne

«L'Amazone de la civilisation des loisirs»

J.-L. Curtis

L'OISIVE — *lazy. unemployed* → *unemployed*

oisive = inoccupée = désœuvrée — *unemployed*
privilégiée   libérée des soucis ménagers   *Free from domestic worries*
insatisfaite   frustrée
            l'angoisse du vide, de la solitude

Préoccupations, occupations:
la peur de vieillir

       paraître jeune, rester jeune   *Stay slim*   garder sa ligne: rester mince
       suivre* un régime → *system or diet*

      la culture physique = la gymnastique   le yoga
      un Institut de Beauté   la chirurgie esthétique   *plastic surgery*
      une cure de rajeunissement   rajeunir ≠ vieillir
      a cure of rejuvenation

      la garde-robe   les couturiers, les boutiques à la mode
closet, wardrobe
      le bavardage au téléphone   *lady's tailor*
      gossip   remercier *to thank*   commenter
      papoter: parler beaucoup de choses insignifiantes
      le papotage   les commérages (*gossipings*)

la lecture des journaux, des magazines (livres qu'«il faut avoir lus»)

les sorties (dîners, cocktails)   les expositions
les spectacles (films, pièces qu'«il faut avoir vus»)

LA FEMME ENGAGÉE

le féminisme   le Mouvement de libération des femmes (M.l.f.)
«les femmes en colère»   «toutes griffes (*claws*) dehors»
les meneuses   les fanatiques   le fanatisme
les manifestations (*f*)   un défilé = une parade   *complain*   *protest*
    demonstrations   militer   → se plaindre   réclamer
revendiquer: réclamer, demander avec force (une chose à laquelle on
a droit) *to insist on*
se libérer   rechercher son identité   se réaliser
       «exister enfin!»
       to finally be!

to sew = coudre

REPROCHES

la discrimination socio-économique   l'exploitation (f) des femmes
l'inégalité des salaires, des professions   l'ostracisme (m) — to throw outside of the group
les humiliations (f)   «la femme-objet»

L'oppression masculine:
le chauvinisme du mâle   l'autorité maritale   la société patriarcale
«le possédant-mâle»   «l'homme-tyran»

imagerie des hommes (parlant des femmes): «le sexe faible»

fofolles = un peu folles   mégères (shrews)
les bonnes femmes (argot) = les femmes
bobonnes (péj) = les femmes, les épouses

Les responsabilités familiales:
prisonnières (esclaves) des travaux ménagers
les corvées (f) (chores): cirer les parquets, laver les vitres, etc.

REVENDICATIONS ~ claims
l'émancipation (f)
l'égalité civique, juridique, économique
la maternité volontaire   l'avortement (abortion) libre et gratuit
crèches (day-care centers) gratuites
l'abolition du travail servile (domestique et familial)
le libre contrôle de leur reproduction, de leur travail, de leur vie
le statut égal avec l'homme   (être) l'égale de l'homme
distribution des rôles entre femmes et hommes
fondre (to blend) les rôles de l'homme et de la femme
un bouleversement (= changement radical) de la famille, l'éducation, la société

«On ne naît pas femme, on le devient.»

Simone de Beauvoir

Exercices d'application

A. *Dites d'une autre façon:*
1. Elle suit un régime pour **ne pas grossir.**
2. C'est **une femme qui dispose de nombreux loisirs.**
3. Les féministes disent que les travaux ménagers sont des **tâches pénibles.**
4. Les femmes exigent **les mêmes droits de citoyen que ceux des hommes.**
5. Elles se plaignent de **ne pas gagner autant que les hommes.**

B. *Complétez par une suite de mots convenable:*
1. ___ le libre contrôle de ___   maternité
2. Seule, la chirurgie esthétique ___
3. ___ «le sexe faible».
4. Les fanatiques ___
5. Quand les rôles ___   égaux
6. ___ dans un Institut de Beauté.

C. *Décrivez la journée d'une «oisive» et la journée d'une «femme engagée».*

D. Occupations traditionnelles des femmes maintenant remplies par les hommes; occupations traditionnelles des hommes maintenant remplies par les femmes.

E. Le mouvement féministe aux États-Unis (ses meneuses, ses revendications ou: compte-rendu de: *La Mystique féminine* (B. Friedan) ou *La Politique du Mâle* (*Sexual Politics*) (K. Millett).

«Petite Madame»

se livrer (à) se consacrer (à)

Une autre activité sociale de Petite Madame, à quoi elle ne manque pas de se livrer tous les matins après le départ de son mari pour le bureau et des enfants pour l'école, est le téléphone. Entre dix heures et midi, elle «appelle» toutes ses amies, ou est appelée par elles. Il s'agit de remercier celle qui a donné une soirée la veille, puis de commenter cette soirée avec chacune des autres invitées. Cet aspect de la vie sociale est l'équivalent occidental de la «palabre»[1] chère aux peuples primitifs, ou peut-être le vestige méconnaissable de quelque rite préhistorique, au cours duquel les hommes des cavernes, encore peu habitués à la fraîcheur du langage qu'ils venaient d'inventer, s'entraînaient à balbutier n'importe quoi, pour la seule ivresse mentale d'utiliser la parole. Rien ne donne plus à Petite Madame, que ce bavardage matinal au téléphone, le sentiment d'être vivante, moderne, liée à sa génération et au monde; et à ce titre, cet acte tout à fait gratuit a sa vertu, qui est d'exorciser la solitude. Car, malgré mari et enfants, Petite Madame redoute l'angoisse du vide.

Certains journaux ont une rubrique sur les livres qu'il faut avoir lus, les spectacles qu'il faut avoir vus, les expositions qu'il faut avoir visitées. Ces rubriques aident puissamment à constituer la vie intellectuelle de Petite Madame. Elle

la fraîcheur ici = la nouveauté

à ce titre pour cette raison

puissamment fortement, énormément

---

[1] **palabre:** long discours qui accompagnait la remise des présents; sens moderne: longue discussion inutile

se plie avec docilité à leurs injonctions. Il lui arrive de dire
à ses amies, en employant une locution américaine (car elle
a souvent recours au langage bâtard qu'un savant professeur
a baptisé, tout en essayant de l'étouffer au berceau, le
«franglais»): «Vous n'avez pas vu ce film? Allez vite le voir,
c'est un *must*.» La règle d'or, pour elle, est d'être farouchement, exclusivement portée par la nouvelle vague — ou
le dernier bateau. La règle est relativement simple à suivre;
et Petite Madame aime mieux se fier aux décrets de la presse
qu'à la réaction spontanée de son propre jugement, lequel
pourtant existe, et n'est pas mauvais. Petit exemple: voici
dix ans, Petite Madame appréciait, ou croyait apprécier,
Albert Camus. Elle l'a répudié aujourd'hui, car, dans l'intervalle, un des journaux dont elle prend les mots d'ordre a
fait une «mise au point» assez amoindrissante de cet auteur.
Petite Madame a aussitôt flairé que Camus allait cesser d'être
un grand écrivain, sauf peut-être pour les Éclaireurs de
France[2]; et elle l'a renié, plus de trois fois. En revanche, elle
porte aux nues Jean Genet, bien qu'elle ne puisse se défendre
d'éprouver une secrète répulsion pour la matière même de
ses ouvrages.

JEAN-LOUIS CURTIS (*Un jeune couple*)

se plier (à) obéir (à), suivre

étouffer ici = supprimer,
détruire
au berceau à sa naissance
farouchement violemment

bateau (*fig* et *fam*) histoire
fantastique, plaisanterie
se fier (à) croire

«mise au point» *re-evalu-
ation*
amoindrissante peu flatteuse, qui rabaissait
flairer sentir, deviner
renier rejeter, répudier

porter aux nues admirer,
louer avec enthousiasme

Questions

1. En quoi consiste généralement la conversation téléphonique de Petite
   Madame?
2. Quels sont les points communs de la «palabre» et de la conversation téléphonique moderne?
3. Pourquoi Petite Madame recherche-t-elle cette occasion de communiquer?
   Quels bénéfices en tire-t-elle?
4. Pourquoi a-t-elle tellement recours aux journaux?
5. Que savez-vous maintenant du «langage bâtard» dont parle l'auteur?
   Donnez-en des exemples; connaissez-vous le nom du «savant professeur»
   dont il s'agit?
6. Pourquoi Petite Madame préfère-t-elle se reporter à la presse plutôt que de
   se fier à son propre jugement?

[2] **Éclaireurs de France**: membres de certaines associations du scoutisme
de France

7. Expliquez le sarcasme de l'auteur quand il dit: «son jugement pourtant, existe, et n'est pas mauvais».
8. Donnez des exemples du snobisme de la jeune femme.
9. Que savez-vous d'A. Camus? Selon vous, pourquoi a-t-elle pu l'apprécier?
10. Comprenez-vous pourquoi, en dépit de son admiration récente pour Jean Genet, Petite Madame a une «secrète répulsion» pour la matière des ouvrages de cet auteur?

Discussions / compositions

A. La vie (sociale et intellec tuelle) stéréotypée d'une jeune femme «à la page».

B. Quels aspects de la vie moderne J. L. Curtis critique-t-il ici?

C. Débat:

Le Procès de J. L. Curtis: un étudiant représente l'auteur et son concept de la femme moderne; deux ou trois jeunes filles lui répondent en prenant la défense de celle-ci.

Situation

Une conversation téléphonique de Petite Madame avec différentes amies.

«La femme future ???»

Cécile, jeune fille très émancipée, présente ici à son père — le milliardaire Fabre-Simmons — et à sa mère ses idées sur la condition féminine.

(Conversation avec le père)

— J'estime que la femme est au moins l'égale de l'homme.
— Vraiment?
— Oui! dit Cécile en secouant la tête, ce qui ramena ses

longs cheveux noirs sur son visage. Vous savez,[1] Papa, je ne me marierai jamais. Les femmes passent devant les hommes, pour entrer dans un salon ou pour monter dans les voitures, mais sur vos cartes de visite vous faites inscrire: Monsieur et Madame Fabre-Simmons. «Monsieur», d'abord... Pourquoi? On a besoin d'une autorisation ou d'une procuration maritale[2] pour la démarche la plus anodine. Certain article du Code pénal punit de prison la femme convaincue d'adultère — et le mari n'est passible d'une amende que s'il entretient une concubine au domicile conjugal!... Voulez-vous m'expliquer pourquoi? Je ne supporterai jamais ces humiliations perpétuelles. Et puis, regardez la vie de Maman...

carte de visite (f) calling card

démarche step, move
anodine insignifiante, sans importance
convaincue de: reconnue coupable de
passible d'une amende liable to a fine
entretenir to support

... Oui, la vie de Maman est suspendue à la vôtre d'une manière... d'une manière que vous devriez vous-même trouver inconvenante! Sous prétexte que vous êtes un grand caïd dans vos affaires, vous agissez comme un petit satrape à la maison. Vous est-il arrivé une seule fois de changer un projet à cause de Maman, pour faire plaisir à Maman? Je vous réponds tout de suite: *jamais*.

inconvenante ≠ convenable, décente
caïd (mot arabe) (pop) = chef

(Conversation avec la mère)

Je sais ce que je veux, et ce que je ne veux pas. Ce que je ne veux pas, c'est vous ressembler...

... Je refuse votre manière de vivre. Naturellement, je trouve agréable d'avoir du fric et de pouvoir dépenser ce que je veux avec les copains... Dites, à propos, ma Cooper fait de l'huile: vous seriez sympa de me prêter la Fiat... C'est d'accord? Vous êtes sympa... Oui, j'ai besoin d'argent, comme tout le monde, et ça m'embêterait bien d'être fauchée... Je crois d'ailleurs qu'il ne me reste plus grand-chose pour finir le mois. Je voulais demander à Roland, mais il est complètement à sec et il n'ose pas le dire à Papa. Lui, c'est la politique et le syndicalisme qui le bouffent jusqu'à l'os... De toute façon, on va vendre le petit truc de Rubens

fait de l'huile leaks oil
sympa sympathique

à sec fauché, sans un sou
bouffer (pop) jusqu'à l'os dévorer
truc (fam) chose

[1] **vous savez, Papa:** habituellement, les enfants tutoient leurs parents. Le «vous» dont Cécile se sert pour s'adresser à son père (et, dans le texte suivant, à sa mère) reste en usage dans certaines familles de l'aristocratie ou de la haute bourgeoisie, bien que les parents tutoient leurs enfants.
[2] **procuration maritale:** *a notarized authorization signed by the husband*

que Grand-Mamy nous a légué à tous les deux — mais j'ai peur que ça ne nous mène pas aussi loin qu'on croyait... Pour en revenir à vous, je ne voudrais pas me trouver dans votre peau, oh non! La femme du grand homme, la servante-maîtresse, l'esclave à la chaîne de diamant — et Papa, je vous jure, avec son style de seigneur arabe, non merci! Remarquez bien que je n'ai rien contre Papa, sinon que j'arrive à lui faire faire tout ce que je veux — et ça... Mais vous, pour qui et pour quoi vivez-vous? Pour Papa? Si oui, vous êtes vachement volée, car Papa est de plus en plus mangé, avalé par ses affaires. Les affaires sont sa vie! Alors, pour les femmes, de deux choses l'une: ou bien vous épousez un caïd, et vous n'êtes jamais qu'un bibelot de luxe dans sa maison. Ou bien vous épousez un minus, et vous êtes bonne pour cuire le bifteck-frites, faire le ménage, laver les caleçons et torcher les gosses! Non, merci... Moi, je veux me réaliser pleinement, jouir de moi-même. Et des autres, bien sûr... Je pense qu'il y a donc une troisième solution: *ne pas se marier*. Je pourrais devenir un grand avocat, par exemple, en faisant gaffe à ne pas me surcharger de travail! Et je me taperais tous les types que je voudrais.

vachement (*très fam*) très, beaucoup, rudement

de deux choses l'une deux possibilités

minus abréviation de: minus habens = idiot, imbécile
torcher (*pop*) essuyer

faire gaffe (*pop*) faire attention
se taper (*vulg*) s'envoyer, prendre
type (*m*) guy

MICHEL DE SAINT-PIERRE (*Le Milliardaire*)

Questions

Conversation avec le père:

1. Comment Cécile attaque-t-elle la conversation avec son père?
2. Quelles sont les injustices et incongruités du mariage, selon Cécile?
3. Comment touche-t-elle son père au point sensible et quels reproches lui fait-elle?
4. Commentez: «grand caïd», «petit satrape»; comment s'esquisse le portrait du père?

Conversation avec la mère:

5. Quels traits du caractère de Cécile ressortent: a) de ce début de conversation avec sa mère? b) de la digression qu'elle fait?
6. A quoi le frère dépense-t-il son argent? et elle?
7. Comment, malgré elle, apparaît sa satisfaction d'être riche?
8. Quelle vision a-t-elle de sa mère en tant qu'épouse? Comment se manifeste son mépris pour le rôle que joue cette dernière?

Perspectives

9. Tracez le portrait du père tel que Cécile le complète.
10. Comment ressort l'égoïsme de la jeune fille et sa dureté envers sa mère tout au long de son discours?
11. Relevez dans le langage de Cécile les traces d'un certain snobisme, et les marques de familiarité, de vulgarité.
12. De quel ton parle-t-elle à son père et à sa mère? Qui vous semble-t-elle préférer?
13. Cécile et sa conception du mariage.

Discussions / compositions

A. Mariage, célibat, ou union libre?

B. «Quand sera brisé l'infini servage de la femme, quand elle vivra pour elle et par elle, ... elle sera poète, elle aussi». Commentez cette citation de Rimbaud.

C. «Puisque la femme a voulu l'égalité, qu'elle l'ait, mais entièrement!» Stephen Hecquet.

   Discutez: la femme est-elle, doit-elle être l'égale de l'homme?

D. Selon les observateurs, la majorité des Françaises ont encore peu de goût pour «la guerre des sexes», ou peu de raisons d'y prendre part. Comment peut s'expliquer cette attitude (d'après ce que vous savez — ou avez lu — sur la France et les hommes français)?

Situation

Jouez les deux textes sous forme de dialogue; les parents interrompent Cécile pour se défendre et lui répondre.

3 Le progrès et ses problèmes

A Environnement, pollution

Vocabulaire utile

Pollution — environnement

> *«La forêt précède l'homme, le désert le suit.»* (inscription sur un mur de Paris, mai 68)

LA POLLUTION DE L'AIR

les responsables:

les complexes industriels   les cheminées d'usine
   la fumée   les gaz nocifs (*toxic*)

les voitures
   les gaz d'échappement (*exhaust*)   les gaz polluants
   le moteur à explosion (*internal combustion engine*)

les conséquences:

une atmosphère irrespirable   réduction de l'espace respirable
asphyxié = étouffé   empoisonné

LA POLLUTION DES PLAGES, DES OCÉANS

les causes:

le pétrole (*oil*)   le goudron (*tar*)   les déchets chimiques
le mazoutage (*oil spillage*)

les résultats:

le littoral menacé   souillé
la «marée noire» (*litt. black tide*): causée par le mazoutage, le nettoyage des réservoirs de bateaux
les plages sont des «cloaques» (*cesspools*)
conséquences de la pollution de l'eau de mer:
     la conjonctivite   la sinusite   l'otite (*f*)
     l'hépatite (*f*)   la paratyphoïde (*f*)   la dermatose (= maladie de la peau)

«DEMAIN SANS OISEAUX»

les causes:

la guerre chimique   les produits nocifs (le D.d.t. et autres insecticides)
les chasses abusives   les hécatombes = les carnages

les conséquences:

espèces en voie de disparition (en France):
     le faucon pèlerin (*peregrine falcon*)   l'aigle royal   la fauvette (*warbler*)
     la mésange (*tomtit*)
     les cigognes (*storks*) ne viennent plus en Alsace
cris d'alarme des ornithologues

DOMMAGES CAUSÉS A L'ENVIRONNEMENT

le paysage dénaturé   l'horizon obstrué   les côtes défigurées

                              stériliser   ronger (*eat away*) la nature

autoroutes qui se construisent aux dépens du paysage

concentrations humaines qui augmentent

destructions des sites (conflit avec les plans de l'urbanisme)

EFFORTS D'AMÉLIORATION

l'écologie (*f*)   les écologues

appel aux industriels, aux constructeurs, aux consommateurs

l'entrée en guerre des plages (surveillance minutieuse)

la planète aquatique (= l'océan) réservoir biologique

l'univers sous-marin

                           installer des stations océanographiques

                           respecter la vie, les forêts

                           protéger les nids   sauvegarder la vie animale

réserves forestières   refuges   aménagements

«cultures à gibier»: espaces spécialement réservés pour produire la nourriture favorite des animaux

                           réglementer la chasse

                           régler les carburateurs des voitures

essence anti-pollution

moteurs non polluants (voitures à vapeur, voitures électriques sans échappement)

réduire l'usage des produits nocifs (les détergents, le D.d.t. etc.)

ASSOCIATIONS POUR LA SAUVEGARDE

L'Aménagement du Territoire[1]

La Fédération française des Sociétés de la protection de la nature

L'Office national des Forêts

Ligue pour la protection des oiseaux

         Slogan: «Pleins gaz contre la pollution»: (pleins gaz = *lit. Step on it.*)

                France has started '' an all-out war against pollution.''

                     «*Retour aux sources.*»

Exercices d'application

A. *Faire une phrase à propos de* **la pollution de l'air et de l'eau** *avec:*

1. l'hépatite   4. une atmosphère irrespirable
2. asphyxié   5. le mazoutage
3. contaminer

---

[1] **L'Aménagement du Territoire:** (*Regional development*) *came to birth after the Second World War. Its objective is to arrive at a better distribution of manpower in the light of natural resources and economic activities.*

B. *Faire une phrase à propos de* **la destruction de l'environnement naturel** *avec:*

1. hécatombe (*f*)
2. ronger
3. saccagé
4. produits nocifs
5. cigognes

C. *Faire une phrase à propos de* **la guerre contre la pollution** *avec:*

1. l'écologie
2. sauvegarder
3. réservoir biologique (*m*)
4. réglementer
5. purifier

D. *Compléter par* une suite de mots convenable:

1. Défigurer les côtes ____
2. Un monde souillé ____
3. En France, l'Office national des forêts ____
4. ____ pousser des cris d'alarme ____
5. ____ de véritables cloaques ____

Discussions / compositions

A. Les problèmes posés par le développement rapide des industries. Comment «stopper le progrès» dans la vie moderne? Comment améliorer la vie d'aujourd'hui en préparant celle de demain?

B. Les dommages causés à notre environnement proviennent à la fois des entreprises industrielles et de l'individu. Examinez:

a) les devoirs de l'industriel
b) les devoirs de l'individu et du consommateur
c) les devoirs de l'État
d) les devoirs du citoyen (élections, vote)

C. Il ne faut pas que l'environnement reste une mode mais devienne une politique (*policy*). Expliquez, et discutez.

D. Discutez cette boutade (*quip*): «L'enfer, c'est les autres.» (Sartre), et les autres, désormais, sont partout.

Situation

Procès des industriels (avec réponses justificatives de ceux-ci, promesses d'amélioration future, etc.)

B Urbanisation

Vocabulaire utile

Urbanisation — grands ensembles

«La termitière future m'épouvante.»

A. de Saint-Exupéry

URBANISATION

l'habitat urbain ≠ l'habitat rural   la banlieue
l'urbanisation (f): concentration croissante de la population dans les agglomérations urbaines

l'essor (m) = le développement rapide
l'accroissement (m) = l'augmentation (de la population)
la ruée démographique = l'explosion des naissances
                  l'ère des mégalopolis

LES GRANDS ENSEMBLES

les grands ensembles (de moyen, de petit, de grand standing)
                  exemples de noms de ces grands ensembles: «Cité de la Joie»
           «Cité des Anges»   «Cité de la Providence»
les cités suburbaines
Résidences H.L.M. = Habitations à loyer modéré (*low-cost housing*): grands immeubles comprenant des centaines d'appartements
Logecos = Logements Économiques   Lopofas = Logements populaires familiaux

un gratte-ciel   les tours
tours de verre   tours futuristes   tours en hauteur (*high-rise buildings*)
blocs[1] (*cubes*) de béton alignés   perpendiculaires   parallèles
le bitume = l'asphalte (f)   les terrains vagues (*empty lots, waste lands*)

AVANTAGES

le soulagement matériel
           fuir «le petit»
les appareils électriques (machine à laver, séchoir, réfrigérateur, etc.)
le vide-ordures (*garbage disposal*)
les centres commerciaux (*shopping centers*)

---

[1] les «blocs»: Ce mot désigne aussi les différents bâtiments d'habitation (exemples: «bloc Z», «bloc H», «bloc B» etc.). Pour remédier à l'impersonnalité de ces désignations, un effort a été fait qui ajoute une note humaine à ces grands ensembles, et on trouve aussi: «allée Paul Valéry», «allée Marcel Proust», par exemple.

les terrains de jeux   les piscines   les espaces verts   les pelouses

INCONVÉNIENTS

l'acoustique (f)   les cloisons (*partitions*) minces
les bruits: robinets (*faucets*), les conduites d'eau (*water pipes*), les radios
l'ascenseur   en panne: qui ne marche pas

le va-et-vient (*commuting*)   faire le va-et-vient
                trains de banlieue bondés
                autoroutes encombrées (*jammed*)
                embouteillages (*m*), bouchons (*m*) (*bottlenecks*)
«cités-dortoirs»:
                surnom que l'on donne à ces grands ensembles parce que les habitants —
                à cause du temps qu'ils passent à faire le va-et-vient — n'y rentrent
                souvent, en fait, que pour dormir

PROBLÈMES

la vie de famille écourtée   les foyers ravagés par l'absence
problèmes d'adaptation à la vie en commun
la psychologie de l'habitat concentré
se sentir enfermé   en prison
syndromes dépressifs   une dépression   troubles mentaux   suicides
désirs d'évasion (à la campagne)   une résidence secondaire = maison de campagne
retourner à la ville

        «On n'est guère ensemble dans ces grands ensembles.»
            Roger Bordier: homme de lettres (1905-)

Exercices d'application

A. *Remplacez le mot (ou expression) qui ne convient pas:*

    1. Les grands ensembles sont situés à la campagne.
    2. Il a jeté les restes de viande dans le séchoir.
    3. Elle a trouvé le bitume très vert et idéal pour se reposer.
    4. On entend les odeurs des robinets et des conduites d'eau.
    5. Ils font l'aller et venir tout les jours.

B. *Dites d'une autre façon:*

    1. Il habite dans un **immeuble de trente étages.**
    2. Les enfants jouent dans **de grands espaces vides.**
    3. Les trains de banlieue sont **remplis de monde.**
    4. Sur l'autoroute **les autos ne pouvaient plus avancer.**
    5. Trop de bébés naissent.

C. *Complétez par une suite de mots convenable:*

    1. ＿＿ ＿＿ rêvent souvent ＿＿ ＿＿

2. ___ ___ la vie de famille est écourtée.
3. L'horrible sentiment d'être en prison ___ ___
4. Les habitants des grands ensembles ___ ___
5. Malgré les avantages des grands ensembles ___ ___

« Les grands ensembles »

Il s'agit d'une composition écrite par une petite fille sur le sujet : Ma maison.

Je suis née au vingt-deuxième étage d'un grand ensemble, un samedi après-midi, pendant que ma maman était allée au supermarché acheter de la laine pour me tricoter une layette.

Le premier animal poilu que j'ai vu après mon grand-père c'est Nounours, les premiers mots que j'ai su dire c'étaient « petit pois », « compteur bleu » et puis « mangez des pommes » et « souscrivez pour l'acier ».[1] J'ai aussi appris à lire sur l'écran de la télévision.

Nounours terme enfantin pour : *ours (teddy bear)*

On habitait la tour centrale du bloc H. J'étais très fière d'être au vingt-deuxième étage. Aucun de mes petits camarades n'habitait si haut.

Avant, mes parents habitaient une pièce-cuisine dans Paris. Avec mon frère aîné, ils couchaient dans la même chambre, moi aussi. Maintenant, mon frère a sa chambre, moi aussi. Il n'y a que maman, la pauvre, qui est toujours obligée de dormir avec papa.

une pièce-cuisine appartement consistant en **une pièce** et **une cuisine**

Dans la tour, on n'avait pas de fenêtres, ce qui est inutile et fait des courants d'air, disait papa, et un vide-ordures dans l'entrée, ce qui est le vrai confort, disait maman. Et

courant d'air (m) *draft*

[1] « petits pois », « compteur bleu », « mangez des pommes », « souscrivez pour l'acier » : en plus de quelques réclames commerciales, il existe à la télévision française une certaine forme de publicité à moitié déguisée qui exhorte le public à boire plus de jus de fruits, à manger des petits pois, par exemple.
Le compteur (*meter*) **bleu** est une réclame pour l'Électricité et Gaz de France, industrie nationalisée. Pour pouvoir utiliser des appareils électriques puissants, il faut avoir un compteur spécial (le **compteur bleu**).

puis un jour elle a pris le vide-ordures pour le tiroir du meuble à côté. Elle y a mis son porte-monnaie qui a été brûlé avec les ordures. Alors elle s'est aperçue que ça donnait des odeurs et elle a voulu qu'on change d'appartement. Mais papa a dit que c'était pas le moment de faire encore des frais.

Si on n'avait pas de fenêtres, on avait de grandes vitres qu'on pouvait faire glisser quand elles n'étaient pas rouillées. Deux fois par mois des hommes venaient les laver du dehors. Ils nous arrosaient en chantant et en faisant des grimaces. C'était très rigolo. Maman disait que c'était pas convenable d'avoir des hommes qui viennent comme ça vous regarder du dehors à n'importe quel moment, sans prévenir. Papa disait qu'il faut bien que tout le monde vive.

Le soir on voyait toutes les lumières de la ville très loin et le jour les gens en bas avaient l'air de petites mouches.

A quatre ans, je savais faire marcher le moulin à légumes électrique, la machine à laver et la batteuse pour les sauces. J'étais déjà une parfaite petite ménagère, disait maman. Mais j'ai dû attendre d'avoir cinq ans pour pouvoir descendre toute seule dans la rue et dix ans pour remonter, parce que je n'arrivais pas à attraper le bouton de l'ascenseur...

... On avait souvent des fuites qui venaient des étages du dessus, ça coulait sur les murs de la cuisine et du couloir: de l'eau de vaisselle, du café, du vin, même parfois de la confiture, ça dépendait de ce que les gens avaient renversé. Ça faisait de jolis dessins sur les murs. J'aimais beaucoup. Maman n'aimait pas. Elle criait que les gens étaient des cochons. Papa disait que c'était la maison qui était une cochonnerie. Le gérant syndiqué[2] disait que c'étaient les joints du préfabriqué qui joignaient mal, que c'était l'inconvénient du préfabriqué, qu'on n'y pouvait rien, que d'ailleurs, sans préfabriqué, on n'aurait pas de maison, qu'on serait dehors et qu'on aurait encore plus de fuites. Cet homme a raison, disait papa. On profite du progrès, on doit payer la rançon. Alors maman haussait les épaules, elle allait laver la cuisine à grande eau et elle disait: comme ça les voisins du dessous aussi vont profiter du progrès.

Ce que j'aimais bien dans la tour, c'est qu'on entendait tous les bruits des autres. Surtout la nuit. Il y avait des

porte-monnaie *coin purse*

faire des frais *dépenser de l'argent*

rouillé *rusty*

arroser *to spray*
faire des grimaces *to make faces*
rigolo *(fam) amusant, drôle*

moulin à légumes *vegetable grinder*

fuite *(f) leak*

cochonnerie *(fam) mal propreté, chose mal faite*
inconvénient *(m) désavantage (m)*

payer la rançon *pay for it*

à grande eau *avec beaucoup d'eau*

---

[2] **le gérant** (*manager*) **syndiqué**: choisi par les locataires pour les représenter

craquements, des gémissements. Je pensais que c'étaient des fantômes. J'avais un peu peur au début, puis je me suis habituée. Je les imaginais en train de danser sur les lits pendant que les gens dormaient.

Et puis il y avait les robinets et les conduites d'eau qui faisaient du tapage toute la nuit, surtout le samedi. J'ai vite compris que ce sont les divinités des eaux que vénéraient nos ancêtres, les Gaulois, qui se sont réfugiées dans les canalisations des grandes villes et qui veillent sur le sommeil des habitants...

... Il y avait souvent des pannes d'ascenseur. J'en profitais pour rester en bas avec les autres enfants. Le docteur avait dit que j'avais un souffle, qu'il ne fallait pas que je me fatigue dans les escaliers. On s'asseyait dans l'entrée près de la porte de l'ascenseur pour voir la tête des gens quand ils voyaient que c'était en panne. C'était rigolo. Un jour, Pierre, un copain, a eu l'idée de mettre du savon sur les marches de l'escalier, et nous on écoutait les gens qui montaient chargés de paquets et on comptait ceux qui tombaient. Sa mère, à Pierre, y est passée aussi, elle s'est cassé une jambe. Son père à Pierre a su que c'était lui. Qu'est-ce qu'il lui a passé![3]

Je me suis bien amusée pendant que j'étais petite dans le grand ensemble...

... Et puis papa a changé de travail. On s'est retiré à la campagne à côté d'ici, dans une vieille maison en vieilles pierres toutes sales qui n'a qu'un étage, au milieu d'un jardin avec de l'herbe qui vous monte jusqu'au ventre et qui est mouillée tous les matins.

Il y a plein de petites bêtes qui marchent et qui volent dans la maison et dans le jardin. Dans les champs, tout autour, il y a de grosses bêtes qui me font peur. Je n'aime pas cet endroit. Papa dit que c'est bon pour la santé, moi je m'ennuie.

J'ai hâte de me marier. Je ne sais pas si ce sera avec un de mes petits copains du dimanche ou un autre que je rencontrerai autre part. N'importe qui pourvu que ce soit un homme, comme dit maman quand elle parle avec la voisine. Mais moi je veux que ce soit un homme qui m'emmène habiter dans une tour, avec au moins six ascenseurs pour qu'il y en ait toujours un qui marche. J'aurai des enfants, sept ou huit si j'ai assez de place, qui grandiront

gémissement (m) *moaning*

robinet (m) *faucet*
tapage *grand bruit*
vénérer *adorer, révérer*

veiller sur *protéger*

un souffle = **un souffle au cœur** (*rheumatic fever*)

petites bêtes *ici* = *insectes*

---

[3] **Qu'est-ce qu'il lui a passé!** *Boy! did he let him have it!*

très vite parce que l'air est sain et fortifiant dans les tours.

Quand je serai vieille, je n'irai pas à la campagne, c'est trop triste. J'habiterai, comme les vieux de la ville, une maison de quatre étages avec de vraies fenêtres et pas d'ascenseur, une vraie maison de vieux.

HENRI KUBNIK (*Les délices des grands ensembles*)

Questions

1. Comment sait-on, dès les premières lignes, que l'enfant a été élevée dans un grand ensemble? (plusieurs raisons)
2. De quoi l'enfant était-elle fière? Aspect comique et envers (*other side*) triste de ce début.
3. Énumérez les avantages de la tour en comparaison de l'appartement que la famille occupait avant.
4. Quelle mésaventure a fait changer d'avis à la maman?
5. Pourquoi la fillette était-elle, à 4 ans, une «parfaite petite ménagère»? En quoi est-elle un bon produit de la «société presse-bouton»?
6. Quelle variété existait dans les fuites? Pourquoi plaisaient-elles à l'enfant? Quelles étaient les réactions de la mère? du gérant? du père?
7. Qu'est-ce que la fillette aimait particulièrement dans sa tour? Comment travaillait son imagination?
8. Pourquoi la fillette ne devait-elle pas utiliser les escaliers et quel double avantage tirait-elle des pannes d'ascenseur?
9. Quelle idée Pierre a-t-il eue pour distraire les enfants et quels en ont été les résultats?
10. Pourquoi la famille a-t-elle quitté la tour? Comment cette petite citadine (*city girl*) voit-elle la maison de campagne et la campagne?
11. Décrivez les rêves de la gosse.
12. Quelle image du père et de la mère se dégage du texte?
13. a) Relevez tous les détails comiques de cette description de la vie dans les grands ensembles. b) Relevez les détails qui contribuent à faire de ce récit une description réaliste, sous son aspect hilarant.

Discussions / compositions

A. Il est triste de constater que cette petite fille, élevée à la ville, ne sait pas apprécier la campagne et une vie plus naturelle. Faites une comparaison entre l'enfant élevé à la ville et l'enfant élevé à la campagne.

B. L'enfant de l'urbanisation, parce qu'il ne peut ni s'extérioriser, ni exercer son agressivité instinctive, peut devenir une source de violence. Expliquez et discutez.

C. Débat: Discussion entre deux groupes (ou deux personnes): l'un adore la ville, l'autre, la campagne.

Situation

Le point de vue du père et de la mère:
La mère et le père racontent à leurs voisins de la campagne leur vie dans «le bloc H».

« La famille et l'urbanisation»

Les sondages les plus sérieux montrent tous que le désir matrimonial est plus fort que jamais chez les jeunes de la société de consommation. La famille est peut-être en crise, mais pas en crise de recrutement!

    Derrière ces apparences, comment aller plus profondément? Comment «saisir» ces millions de familles secrètes qui vivent autour de nous?

    Il existe sans doute plusieurs méthodes, mais aucune ne peut donner plus que des indications. Choisissons donc arbitrairement l'une d'elles: celle qui consiste à consulter les miroirs.

    Les miroirs? Ce sont ces contemporains (médecins, psychologues, professeurs, etc.) qui entourent les familles et en reflètent les traits.

sondage (*m*) *poll*

L'une des images que renvoient les miroirs avec le plus d'insistance est celle d'un groupe d'adultes et d'enfants entourés de cuisinières électriques, de machines à laver, de «mixers». Derrière, à travers une baie vitrée, on aperçoit un paysage peuplé de tours de verre et de béton.

La famille est, par la force des choses, de plus en plus urbaine. Les mêmes cités poussent en France, de Lille à Marseilles, de Rennes à Strasbourg. Les odeurs propres au Midi flottant dans les cages d'ascenseur mises à part, la vie s'organise partout de la même manière.

Nos contemporains ne doutent pas que leur urbanisation va s'étendre encore, et cela ne semble point leur déplaire.

Et les enfants de ces familles urbaines?

L'Aménagement du territoire publie dans son bulletin **2000** une enquête exécutée auprès de mille élèves. Par une composition française, nos fils et nos filles étaient invités à dire comment ils voyaient le cadre de la vie en l'an 2000.

Unanimement, ils ont estimé que l'avenir provoquerait un accroissement énorme de l'urbanisation.

Parfois, on le devine, les réponses furent assez pittoresques.

«Les logements, écrit par exemple un petit Parisien, seront très modernes. Des ascenseurs électriques monteront dans les appartements (il y en aura un par pièce), les sièges avanceront grâce à de petites fusées fixées à leurs pieds. Le matin, à l'heure du lever, les lits expulseront leurs occupants sur le sol grâce à un système de ressorts.

«Il existera aussi des pantoufles à roulettes[1] et des brosses à dents qui brosseront toutes seules...»

Et, qui sait, des martinets automatiques télécommandés qui simplifieront l'un des problèmes fondamentaux des familles. Dans les tours les plus «futuristes», en effet, l'éternel humain ne tarde pas à reprendre ses droits.

Les tours!... Les familles des tours, des grands ensembles... Voilà que nous touchons le point le plus sensible de la vie urbaine.

Le ciel est gris et il fait froid le jour où je me rends dans ce grand ensemble de la banlieue nord. Un courant d'air glacé semble circuler en permanence dans le réseau de

baie vitrée *bay-window*

par la force des choses par nécessité

propres au Midi particulières au Sud de la France
cages d'ascenseur *elevator shafts*

ressort *(m) spring*

le réseau *network, web*

---

[1] **pantoufles à roulettes:** *roller-slippers* (jeu de mots sur: **patins à roulettes** (*roller-skates*)

passages, d'escaliers, de cours et de jardins morts. Au centre, la tour habituelle, flanquée de sa cheminée, domine des alignements de bâtiments froids, et l'église, qui ressemble à une usine et inspire la piété à peu près autant qu'un atelier de chaudronnerie.

atelier de chaudronnerie *coppersmith's workshop*

Il pouvait être quinze heures. A cette heure-là, tout était dépeuplé. Aucune silhouette n'apparaissait derrière les innombrables fenêtres...

quinze heures 3 h. de l'après-midi

Le soir, les trains allaient vomir, par grappes, les hommes et les femmes; les ascenseurs ronronner, les téléviseurs donner de l'image...

grappes *clusters*
ronronner *to hum*

Du premier au vingtième étage commenceraient alors les soirées familiales, les disputes familiales...

Combien durent ces soirées? Deux heures, guère plus. Les sondages de la télévision indiquent une chute vertigineuse de l'écoute dès vingt-deux heures. C'est que, le lendemain, il faut se lever à cinq heures...

chute vertigineuse *fantastic drop*
vingt-deux heures 10 h. du soir

Pour des millions de Français, la longueur du temps de transport écourte dangereusement celui qui revient à la famille. La «journée continue»,[2] hélas, se heurte toujours à des problèmes et à des réticences.

Que la femme dispose de l'argent de la famille n'est pas sans danger. Elle se trouve fréquemment sollicitée. D'innombrables démarcheurs venant proposer des «affaires» sont comme une tentation permanente. Une visite inattendue brise l'état de solitude. Ces visiteurs, qui agacent tant d'entre nous et que nous refusons, sont pour beaucoup de femmes des ensembles l'occasion de parler. Ces femmes solitaires ne résistent pas au «baratin». Elles vont tirer du haut de l'armoire les billets pliés dans une enveloppe et conservés pour la fin du mois.

démarcheur *door to door salesman*
«affaires» *bargains*
agacer énerver, irriter

«baratin» *spiel, pitch*

On imagine mal les ravages causés par la vente à domicile dans de nombreux foyers. A bien des médecins qui ont l'expérience de la vie réelle, le tiercé[3] n'apparaît pas non plus comme une plaisante distraction du dimanche. Combien de foyers se trouvent le lundi dans la gêne! Combien d'enfants sont privés de chaussures, parce que le père a risqué les allocations familiales!

Ayant ainsi dilapidé l'argent du ménage, trop souvent ces

allocations familiales: voir **vocabulaire utile** p. 159
dilapider gaspiller, dépenser inutilement

[2] la «journée continue»: sans interruption pour rentrer chez soi à l'heure du déjeuner
[3] tiercé = pari (bet) sur trois chevaux à la fois, dans une course

Le Progrès et ses Problèmes

femmes faibles sont prises de panique. Comment avouer l'imprudence au mari? Et surtout, comment nourrir tout le monde sans argent? Que faire? Alors... alors elles s'abandonnent. Sans atteindre la proportion considérable que certains sociologues ont voulu trouver, la prostitution des fins de mois existe dans les cités de banlieue. A Paris, la police note même les lundis affluence de prostituées «non professionnelles».

L'argent... L'argent avant tout; pour payer la voiture à crédit, les appareils ménagers, les meubles... On n'en sort pas.

— Je connais un couple, me dit ce médecin, qui ne vit que

pavillon petite maison de banlieue
retraite retirement

pour acheter le pavillon de sa retraite. Il a trente ans. Elle, un peu moins. Lui est ouvrier boulanger; elle, secrétaire à Paris. Lorsqu'il se couche à cinq heures du matin, elle se hâte pour aller prendre son train. Ils n'ont même pas en

veilleur de nuit night watchman
femme de ménage cleaning woman
généraliste general practitioner
se relayer se remplacer l'un l'autre

commun un jour de congé... C'est l'histoire vraie du veilleur de nuit et de la femme de ménage.

Un groupe de généralistes veille sur la santé des quelque huit mille personnes habitant la cité. Ils se relaient jour et nuit. On les considère comme de véritables confesseurs. Les hommes, les femmes, les jeunes confient leurs problèmes les plus intimes au médecin avec une touchante et invraisemblable spontanéité. Ils pénètrent dans tous les foyers où on les accueille avec confiance et respect. Un tel cabinet est donc un poste d'observation idéal.

— Notre clientèle, me dit l'un des médecins, est composée de cadres et d'ouvriers spécialisés. La grande majorité

rarissime extrêmement rare

des couples est mariée. L'union libre est, au fond, rarissime et, quand elle existe, elle est honteuse. Les couples irréguliers font tout pour passer pour des couples légaux.

Le poste d'observation est idéal, certes, mais le spectacle que l'on a de ses fenêtres est bien déprimant.

— Nous observons beaucoup de drames. Le plus fréquent, dans le grand ensemble, est celui de la dépression des épouses et des mères. Les suicides ne sont pas rares. Bien des gens ont vu, ici, passer un corps de femme devant leur fenêtre tombant des étages... Nous constatons de très nombreux syndromes dépressifs chez celles qui ne travaillent pas...

Selon certaines études récentes, 36 pour 100 des femmes dites d'intérieur et vivant dans les grands ensembles souffrent de troubles mentaux.

— ... Sans compter celles qui n'en sont pas loin! L'ennui,

lorsque les enfants sont à l'école et que la femme se trouve enfermée dans une cellule entre ciel et terre, face à ces machines dont on n'a pas encore payé la dernière traite, est effroyable! Mais l'état dépressif n'atteint pas seulement la femme d'intérieur: il touche aussi les femmes qui travaillent. Souvent même, la condition de cette dernière est pire. Son travail ménager s'ajoute à celui de la journée et intervient après une heure et demie de transport.

traite paiement (quand on achète à crédit)

Les clubs, les centres culturels, les bibliothèques se créent, mais demeurent insuffisants. Alors, dans les cuisines brillantes, on chimère,[4] on dévore les magazines-photos, on échafaude des projets qui avortent.

Les appareils ménagers ont apporté un soulagement matériel, par conséquent plus de loisirs à meubler.

Si l'on en croit les statistiques le niveau de vie s'est suffisamment élevé depuis une dizaine d'années pour que l'équipement des familles soit devenu satisfaisant. 86 pour 100 des ménages français ont la radio, 69 pour 100 un réfrigérateur, 59 pour 100 la télévision.

Cette télévision, dont beaucoup de pères et de mères de famille ne veulent entendre parler, est cependant, de l'avis de bien des observateurs, un élément positif pour la majorité des foyers. Pour ceux de la campagne, c'est un moyen d'être en prise directe sur le monde. Combien d'adultes et de jeunes qui, n'ayant rien, strictement rien à se dire, se trouvent retenus au foyer par le petit écran, partageant les mêmes joies, les mêmes découvertes. Et puis elle éveille des curiosités, provoque des vocations. Le plus grand remède pour la stabilité de beaucoup de foyers, affirment les psychologues, est la passion de ses membres pour des activités extra-professionnelles. La télévision en révèle. Enfin, elle tue l'ennui. Plus bénéfique encore serait-elle si l'on orientait les programmes dans le sens de la promotion culturelle et familiale.

en prise en contact

— Le mariage, m'a déclaré un médecin, si je me fie aux confidences de mes malades, est pour beaucoup, aujourd'hui, une association dans le but d'échanger des plaisirs, de gagner de l'argent, d'obtenir une certaine sécurité. Rarement, on envisage de se marier pour avoir des enfants. Dans le grand ensemble dont je m'occupe, il faut bien compter un avorte-

[4] **chimérer:** verbe créé par l'auteur, formé sur: **chimère** (f) = rêve, illusion, utopie

ment par jour.

Lorsqu'un jeune couple vient trouver ce médecin pour lui dire: «Docteur, donnez-nous la pilule, nous ne voulons pas d'enfants avant d'avoir payé les meubles de la cuisine», il leur répond: «Les enfants ne se font pas en fonction de vos moyens, mais de votre amour...»

Jean Prasteau

Questions

1. Qu'y a-t-il de surprenant dans les sondages effectués auprès des jeunes de la société de consommation?
2. Comment peut-on se faire une idée de la vie des familles actuelles? Quelle est l'image qui revient le plus souvent?
3. Quels traits unissent les familles contemporaines? Par quoi se distinguent les familles du Midi? Commentez.
4. Quelle réponse unanime ont donnée mille élèves interrogés sur la vie en l'an 2000? Donnez des exemples de leurs réponses; qu'est-ce qui les caractérise toutes?
5. Quel est le point sensible de la vie urbaine? Décrivez le grand ensemble que visite l'auteur. Quelles impressions dominent?
6. Quel contraste existe entre sa vision de l'après-midi et celle qu'il imagine pour le soir? Commentez: «les trains allaient vomir, par grappes, les hommes et les femmes».

7. Comment se passent les soirées pour les familles des grands ensembles? Pour quelles raisons sont-elles toujours écourtées?

8. Pourquoi les généralistes sont-ils la meilleure source d'information sur ces cités? De qui se compose leur clientèle? Comment s'explique le statut marital des clients en question?

9. Quels sont les plus graves dangers qui guettent les épouses et les mères qui restent à la maison? Comment s'expliquent-ils?

10. Pourquoi les autres, celles qui travaillent au dehors, n'en sont-elles pas exemptes?

11. A quelles sollicitations et tentations les ménagères sont-elles exposées? Expliquez pourquoi il leur est facile de succomber.

12. Quelle est la tentation du dimanche pour les maris? Comment toutes ces dépenses affectent-elles la vie du foyer? A quelle solution désespérée la femme a-t-elle parfois recours?

13. Quel élément gouverne tout dans une famille de grand ensemble? Expliquez.

14. Comment le niveau de vie des familles s'est-il récemment amélioré?

15. En quoi la télévision peut-elle être un élément positif pour les foyers de la ville aussi bien que pour ceux de la campagne?

16. En général, comment considère-t-on le mariage aujourd'hui?

Discussions / compositions

A. Expliquez et discutez ce qui vous paraît essentiellement français dans ce texte.

B. Aujourd'hui, en France, on se marie plus, et plus jeune; pour les étudiants, la crèche (*day-care center*) devient souvent l'annexe de l'université. Vous examinerez:

a) les raisons, b) les avantages, c) les inconvénients de ces mariages précoces (sont-ils, comme on le prétend, responsables de la fréquence des divorces?).

C. Comparez la vie dans un grand ensemble de banlieue en France avec la vie suburbaine aux États-Unis (logement, vie de famille, transports, la femme qui reste à la maison, etc.).

Situations

1. Dialogue entre une (ou plusieurs) ménagère(s) et le démarcheur qui lui (leur) fait du «baratin» et essaie de lui (leur) vendre différents appareils ou produits ménagers.

2. Imaginez les «confessions» que font les habitants des grands ensembles (hommes, femmes et jeunes) aux généralistes et jouez la scène sous forme de tragédie ou de comédie.

4 Le déséquilibre social

Vocabulaire utile

Les déshérités — la vieillesse

LES DÉSHÉRITÉS

«Je suis de ceux qui pensent et qui affirment qu'on peut détruire la misère.»

V. Hugo

les déshérités (*the underprivileged*)   les opprimés   les exploités (sens social)

la pauvreté = l'indigence (*f*) = la misère
les nécessiteux = les indigents = les pauvres

les abus (*m*) = les injustices (*f*) = les scandales (*m*)

les taudis (*m*) (*slums*)   immeubles vétustes (= vieux)
logements insalubres = logements malsains (qui ne sont pas bons pour la santé)
bidonvilles: agglomérations de baraques (*shacks*) sans hygiène où vit la population
la plus misérable
milieu névrosant = qui donne des névroses (*neuroses*)

SOLUTIONS

lutte contre les taudis (*slum-clearance campaign*)
H.L.M. (Habitations à loyer modéré): voir **Vocabulaire utile**, p. 143
les allocations familiales: indemnité que tous les salariés reçoivent du gouvernement; cette
somme, destinée à subvenir aux besoins des enfants, augmente avec le nombre d'enfants. Il
existe aussi des allocations prénatales et des allocations de maternité.

services d'aide sociale   une assistante sociale (*social worker*)
les vacances de plein air   les colonies de vacances (centres de vacances)
les «marées roses»: trains d'enfants (des écoles maternelles) qu'on emmène à la mer

LA VIEILLESSE

«Cette lisière indéterminée entre le fini et le rien qui s'appelle la vieillesse»

F. Mauriac

la vieillesse = le grand âge = le dernier âge
les personnes âgées = les vieux = les vieillards

Problèmes du grand âge (voir note des auteurs à la fin du **Vocabulaire utile**)

LE REVENU

le revenu (*income*) moyen annuel   la retraite (1: *retirement*, 2: *pension*)
un retraité, une retraitée: qui est à la retraite, qui touche* une retraite
une pension   les pensionnés   une rente* (des rentes*) (*private income*)
un rentier, une rentière: personne qui vit de ses rentes   les «petits rentiers»
les «économiquement faibles»: personnes qui disposent de ressources insuffisantes sans être
véritablement indigentes

les épargnants: ceux qui économisent

se préparer une vieillesse

cotiser: payer des cotisations (*premiums*)

une caisse de retraite (*pension fund*)   être affilié à (une caisse de retraite)

le risque-vieillesse: assurance (*insurance*) contre la vieillesse

LE LOGEMENT

les maisons de repos   les maisons de retraite   cités pour vieillards

villages de retraite (plutôt luxueux)

hospices (*m*): établissements publics destinés à recevoir, en particulier, les vieillards indigents

AUTRES PROBLÈMES

les infirmités (*f*)   la déchéance = la décrépitude = la dégradation

se faire vieux = vieillir

prendre un coup de vieux: subir un brusque

vieillissement

tenir le coup: résister (à la vieillesse)

se cramponner (*to hang on*) à la vie

la sénilité   sénile

la maladie   affaibli   usé = décrépit = détérioré

l'inactivité (*f*)   l'ennui (*m*)   l'hébétude (*f*)

la solitude   le cafard = la dépression   l'angoisse (*f*)

le problème de la réadaptation   une charge pour la famille

rejeté par la société   le temps de l'amertume   l'angoisse de la mort

SOLUTIONS

la gérontologie: étude (sociologique, médicale) de la vieillesse

occuper le psychisme (lecture, radio, etc.)

avancer, reculer l'âge de la retraite

se recaser: trouver un autre (petit) emploi

«*Ce qu'il faut, avant tout, c'est éviter d'user un homme à tel point qu'à soixante ans*
il soit déjà bon à jeter au rebut.»

S. de Beauvoir

Les personnes âgées sont, parmi les Français, celles qui ont les ressources les plus faibles, et ceci, pour de multiples raisons: entre autres, depuis 1960, le nombre des personnes de cette catégorie a beaucoup augmenté; d'autre part, la loi accorde une aide importante aux familles nombreuses (allocations familiales) et il ne reste pas beaucoup à distribuer aux vieillards.

Presque tous les Français sont affiliés à une caisse de retraite et tous les salariés cotisent d'ailleurs au «risque vieillesse» de la Sécurité sociale. Ils peuvent prendre leur retraite à partir de 60 ans et leur retraite augmente s'ils continuent de travailler après 60 ans. Un système d'allocations spéciales, peu élevées (Retraite des Vieux Travailleurs), existe pour ceux qui n'ont pas contribué au «risque vieillesse» de la Sécurité sociale. On peut dire que les cadres, les fonctionnaires et les employés des services publics, ont des retraites avantageuses; ces derniers (fonctionnaires et employés des services publics) peuvent prendre leur retraite dès l'âge de 50 ans, s'ils le souhaitent, et peuvent toucher jusqu'à 75 % de leur traitement de fin de carrière.

De plus, on commence à créer en France des «organismes de préparation à la retraite» (comment organiser sa vie en pratiquant la gymnastique, les travaux manuels, en faisant des voyages et des excursions, etc.). Une commission gouvernementale propose une division de l'existence en 4 âges au lieu de 3, le troisième âge commencerait à 45 ou 50 ans (travail moins pénible, salaire égal). Le quatrième âge, celui de la retraite, se situerait plus tôt ou plus tard, selon l'état de santé et les aspirations de chacun.

Exercices d'application

A. *Faites une phrase à propos de* **la situation générale des déshérités dans le monde** *avec :*

1. l'indigence
2. insalubre
3. services d'aide sociale
4. les hospices
5. les scandales

B. *Faites une phrase à propos des* **problèmes du grand âge** *avec :*

1. l'ennui
2. avancer l'âge de la retraite
3. se recaser
4. cités pour vieillards
5. le risque-vieillesse

C. *Dites* d'une autre façon :

1. Il ne travaille plus et n'a qu'une petite pension.
2. Ils habitent **des logements misérables et insalubres.**
3. Ce sont des **personnes désavantagées par la nature, les circonstances.**
4. C'est **un groupe d'enfants de la ville que l'on fait séjourner à la campagne.**
5. Elle ne dispose que **d'une petite somme d'argent chaque mois.**

D. *Complétez par* une suite de mots convenable :

1. Aller dans une maison de repos ____
2. Le temps de l'amertume ____
3. ____ rejeté par la société
4. ____ milieu névrosant
5. Tous les opprimés ____

$\overset{A}{}$ Les déshérités

« *Embrasse-moi* »

C'était dans un quartier de la ville Lumière   **la ville Lumière** = Paris
Où il fait toujours noir où il n'y a jamais d'air
Et l'hiver comme l'été là c'est toujours l'hiver
Elle était dans l'escalier
Lui à côté d'elle elle à côté de lui
C'était la nuit
Ça sentait le soufre   **soufre** *sulphur*
Car on avait tué des punaises dans l'après-midi   **punaise** (*f*) *bedbug*
Et elle lui disait
Ici il fait noir
Il n'y a pas d'air
L'hiver comme l'été c'est toujours l'hiver
Le soleil du bon Dieu ne brill' pas de notr' côté
Il a bien trop à faire dans les riches quartiers
Serre-moi dans tes bras   **serre-moi** *hold me tight*
Embrasse-moi
Embrasse-moi longtemps
Embrasse-moi
Plus tard il sera trop tard
Notre vie c'est maintenant
Ici on crèv' de tout   **crèv'** = crève (**crever** *pop*
De chaud de froid   = mourir)
On gèle on étouffe   **étouffer** ici = suffoquer de
On n'a pas d'air   chaleur
Si tu cessais de m'embrasser
Il me semble que j'mourrais étouffée
T'as quinze ans j'ai quinze ans   **t'as** (*pop*) = tu as
A nous deux on a trente
A trente ans on n'est plus des enfants

Le Déséquilibre Social   **161**

On a bien l'âge de travailler
On a bien celui de s'embrasser
Plus tard il sera trop tard
Notre vie c'est maintenant
Embrasse-moi!

JACQUES PRÉVERT (Histoires)

Questions

1. Quel contraste ironique existe dans la première description du quartier?
2. Pourquoi l'auteur ne nomme-t-il pas ses personnages autrement que par «elle», «lui»?
3. Comment donne-t-il l'idée qu'ils sont seuls au monde et qu'ils n'ont nulle part où aller?
4. Commentez: «Le soleil du bon Dieu ne brill' pas de notr' côté».
5. Relevez tous les exemples de parler populaire.
6. Relevez tous les détails qui montrent qu'il s'agit d'un quartier sordide, où règne la misère.
7. Expliquez: «Plus tard il sera trop tard. Notre vie c'est maintenant».
8. Étudiez le pathétique de la situation de ces adolescents.

Discussion / composition

L'universalité de la situation dépeinte dans ce poème. La misère effroyable des taudis, des bas quartiers dans les grandes villes du monde entier.

«Le canard sauvage et les enfants du Bon Dieu»[1]

sable oreiller sable très doux, comme un **oreiller** (*pillow*)
crissant *crunchy*

Il y a, en août, la France des plages, du soleil, et du sable oreiller crissant sous les doigts. Mais l'autre France demeure: celle du béton, de la rue, des terrains vagues et des préaux[2] fermés.

La famille Campanini est du pays qui reste; elle appartient

[1] **les enfants du Bon Dieu**: on appelle «les enfants du Bon Dieu» ceux qui n'ont pas été désirés (quelquefois les enfants naturels, les vrais déshérités)
[2] **préau**: partie couverte de la cour de récréation dans une école

à ces 57 % de Français, qui, selon les statistiques de l'Insee,[3] ne conjuguent jamais le verbe « partir » aux temps chauds.

La famille Campanini habite le deuxième étage d'une H.I.M., à Bagnolet, dans la banlieue parisienne. Le matin du 10 août, au deuxième étage, ce fut le Niagara: surprise par l'écoulement d'eau dans l'escalier, la locataire du dessous prévient le concierge, qui ferme le compteur et alerte les pompiers: « Sur le palier, on entendait les enfants patauger dans l'eau. Ils pleuraient, ils avaient peur, ils n'ouvraient pas. Police-secours[4] a dû forcer la porte. »

Police-secours a trouvé, serrés les uns contre les autres, dans un appartement où flottaient bouteilles et pots de chambre sur 6 cm d'eau, les cinq enfants Campanini: Sophie, 7 ans, Sylvie, 6 ans, Jean-José, 4 ans, David, 2 ans, et Robert, 6 mois. M. Robert Campanini est déménageur et vit rarement chez lui; Mme Micheline Campanini, elle, était partie la veille: « Ce n'est pas la première fois qu'elle abandonne ses enfants, affirme la concierge. Elle leur avait laissé des pâtes dans une assiette et une boîte de conserves qui baignaient dans l'eau. Elle boit, vous savez, et alors il lui arrive de devenir violente. »

Que s'est-il passé? Il semble que la petite Sophie faisait la lessive: le robinet de la baignoire s'est cassé, et elle n'a pu arrêter l'écoulement. Les cinq enfants ont été emmenés à l'hôpital Trousseau. Y seront-ils plus malheureux qu'au fond d'une H.I.m., sans terrain de jeu, sans gymnase ni stade, fermés durant le mois d'août? Ils attendaient leurs parents dans un appartement sans paysage. Ils ne pouvaient aller à la mer: l'eau est venue à eux et les a terrifiés, car soleil et plage n'ont jamais été prévus dans les H.I.m.

Tarzan, seul ami des enfants Campanini, un canard sauvage apprivoisé, était heureux: il a pu barboter pendant trois heures.

Puis on l'a mis en cage. Comme les enfants du Bon Dieu.

(Article de *L'Express*)

compteur *water meter*
patauger *to paddle, dabble*

déménageur *mover (furniture)*

apprivoisé ≠ sauvage
barboter *patauger*

---

[3] **Insee:** Institut National des Statistiques et des Études Économiques
[4] **Police-secours:** police chargée de porter secours dans les cas d'urgence

Questions

1. Comment la France se divise-t-elle au mois d'août? Quelles visions évoquent pour vous: «soleil et sable», «béton et terrains vagues»? Qu'est-ce que «préaux fermés» implique?
2. Que savez-vous des Campanini (situation de famille, habitation, etc.)?
3. Que s'est-il passé le matin du 10 août?
4. Comment les enfants ont-ils pu être sauvés?
5. Dans quel état la police a-t-elle trouvé l'appartement et les enfants? Pourquoi les enfants étaient-ils seuls?
6. Donnez tous les détails qui rendent la situation de ces enfants particulièrement pathétique et tragique.
7. Comment l'accident était-il arrivé? Quelle en était la triste ironie?
8. En quoi la H.L.M. où habitent les enfants est-elle peut-être une prison pire que l'hôpital Trousseau?
9. Pourquoi Tarzan était-il le seul à être heureux?
10. Commentez la dernière phrase: «Puis on l'a mis en cage, comme les enfants du bon Dieu».

Discussions / compositions

A. Comment rendre les H.L.M. «vivables» pour les jeunes enfants? la question des vacances, parents irresponsables, etc. Solutions possibles.

B. Les enfants déshérités livrés à eux-mêmes. Connaissez-vous des cas semblables à ceux de la petite Sophie? Existe-t-il encore des enfants martyrs?

C. Discutez cette phrase de Léon-Paul Fargue (poète: 1876–1947): «On ne guérit pas de sa jeunesse».

Situation

Au tribunal:

On veut mettre les enfants Campanini à l'Assistance Publique (établissements de l'État qui s'occupent des enfants orphelins ou abandonnés).

1. Le témoin à charge. 2. Le père qui essaie de se défendre et veut reprendre les enfants. 3. Le juge.

B La vieillesse

« Misère »

Un matin, avenue de l'Opéra, au milieu du public remuant et joyeux, que le soleil de mai grisait, j'ai vu passer soudain un être innommable, une vieille courbée en deux, vêtue de loques qui furent des robes, coiffée d'un chapeau de paille noir, tout dépouillé de ses ornements anciens, rubans et fleurs disparus depuis des temps indéfinis. Et elle allait, traînant ses pieds si péniblement que je ressentais au cœur, autant qu'elle-même, plus qu'elle-même, la douleur de tous ses pas. Deux cannes la soutenaient. Elle passait sans voir personne, indifférente à tout, au bruit, aux gens, aux voitures, au soleil! Où allait-elle? Vers quel taudis? Elle portait dans un papier qui pendait au bout d'une ficelle quelque chose. Quoi? du pain? Oui, sans doute. Personne, aucun voisin n'ayant pu ou voulu faire pour elle cette course, elle avait entrepris, elle, ce voyage horrible, de sa mansarde au boulanger. Deux heures de route au moins pour aller et venir. Et quelle route douloureuse! Quel chemin de la croix plus effroyable que celui du Christ!

Je levai les yeux vers les toits des maisons immenses. Elle allait là-haut! Quand y serait-elle? Combien de repos haletants sur les marches, dans le petit escalier noir et tortueux?

Tout le monde se retournait pour la regarder! On murmurait: «Pauvre femme!» puis on passait. Sa jupe, son haillon de jupe, traînait sur le trottoir, à peine attachée sur son débris de corps. Et il y avait une pensée là-dedans! Une pensée? Non, mais une souffrance épouvantable, incessante, harcelante! Oh! la misère des vieux sans pain, des vieux sans espoir, sans enfants, sans argent, sans rien autre chose[1] que

remuant en mouvement
griser to intoxicate
courbée en deux bent double
loques (f) rags and tatters
dépouillé stripped

traîner to drag

mansarde garret

haletants panting (= during which she would be panting)
tortueux winding

haillon (m) loque

harcelante harrying, harassing

---

[1] Sans rien autre chose (arch) = sans rien d'autre

la mort devant eux, y pensons-nous? Y pensons-nous, aux vieux affamés des mansardes? Pensons-nous aux larmes de ces yeux ternes, qui furent brillants, émus et joyeux, jadis?

affamés qui souffrent de la faim
ternes ≠ brillants

GUY DE MAUPASSANT (*Sur l'eau*)

Questions

1. Quelle est la première impression créée par Maupassant dans cette apparition? Quel contraste remarquez-vous dans le tableau?
2. La description de la vieille; étudiez: a) la décrépitude b) la misère matérielle et la souffrance de vivre, c) la ténacité, le courage (quasi) surhumain.
3. Caractérisez les réactions de la foule.
4. Comment Maupassant a-t-il encore accentué la déchéance physique de l'être qu'il décrit?

Discussions / compositions

A. La solitude des vieux, l'oubli (ou le rejet inconscient) dont ils sont l'objet.

B. Étudiez le pathétique et le tragique de ces situations. Avez-vous rencontré des cas semblables devant lesquels vous avez ressenti pitié, horreur, et impuissance à soulager? Décrivez vos réactions.

« Les vieux »

qui ont fait leur temps qui ne peuvent plus servir

soupir sec *short sigh*

craquement bruit sec

Maintenant ils étaient vieux, ils étaient tout usés, «comme de vieux meubles qui ont beaucoup servi, qui ont fait leur temps et accompli leur tâche», et ils poussaient parfois (c'était leur coquetterie) une sorte de soupir sec, plein de résignation, de soulagement, qui ressemblait à un craquement.

Par les soirs doux de printemps, ils allaient se promener

ensemble, «maintenant que la jeunesse était passée, maintenant que les passions étaient finies», ils allaient se promener tranquillement, «prendre un peu le frais avant d'aller se coucher», s'asseoir dans un café, passer quelques instants en bavardant.

le frais *a breath of fresh air*

Ils choisissaient avec beaucoup de précautions un coin bien abrité («pas ici: c'est dans le courant d'air, ni là: juste à côté des lavabos»), ils s'asseyaient — «Ah! ces vieux os, on se fait vieux. Ah! Ah!» — et ils faisaient entendre leur craquement.

abrité *protected*
lavabos (m) *toilettes (f)*
leur craquement = leur «soupir sec»

La salle avait un éclat souillé et froid, les garçons circulaient trop vite, d'un air un peu brutal, indifférent, les glaces reflétaient durement des visages fripés et des yeux clignotants.

fripés *ridés et fanés*
clignotants *blinking*

Mais ils ne demandaient rien de plus, c'était cela, ils le savaient, il ne fallait rien attendre, rien demander, c'était ainsi, il n'y avait rien de plus, c'était cela, «la vie».

Rien d'autre, rien de plus, ici ou là, ils le savaient maintenant.

Il ne fallait pas se révolter, rêver, attendre, faire des efforts, s'enfuir, il fallait juste choisir attentivement (le garçon attendait), serait-ce une grenadine ou un café? crème ou nature? en acceptant modestement de vivre — ici ou là — et de laisser passer le temps.

(café) crème = avec de la crème
(café) nature = sans crème

NATHALIE SARRAUTE (*Tropismes*)

Questions

1. Relevez les expressions simplistes et banales, les phrases toutes faites de la conversation.
2. Quel drame, quel pathétique se révèlent sous la banalité de cette conversation?
3. Comment se marque l'indifférence du monde extérieur?
4. Dans ce tableau rapide, mais éloquent, comment l'auteur réussit-elle à évoquer:
   a) la vieillesse?
   b) la résignation et le fatalisme?
   c) l'importance de chaque instant (dans ce peu de temps qui reste à vivre)?

Discussions / compositions

A. «La vieillesse est une comédie continuelle que joue un homme pour faire illusion aux autres et à lui-même et qui est comique par cela surtout qu'il joue mal». Commentez cette citation de Faguet (critique du 19ᵉ siècle).

B. «Retraite est le mot le plus répugnant de la langue» a dit Hemingway. Discutez.

«Ces fins de vie désolées»

fléau *plague*
prise *grasp*

S'il conserve de la santé et de la lucidité, le retraité n'en est pas moins la proie de ce terrible fléau: l'ennui. Privé de sa prise sur le monde, il est incapable d'en retrouver une parce qu'en dehors de son travail ses loisirs étaient aliénés. L'ouvrier manuel ne réussit même pas à tuer le temps. Son oisiveté morose aboutit à une apathie qui compromet ce qui lui reste d'équilibre physique et moral.

Le dommage qu'il a subi au cours de son existence est plus radical encore. Si le retraité est désespéré par le non-sens de sa vie présente, c'est que de tout temps le sens de son existence lui a été volé. Une loi, aussi implacable que la *loi d'airain*,[1] lui a permis seulement de reproduire sa vie et lui a refusé la possibilité d'en inventer des justifications. Quand il échappe aux contraintes de sa profession, il n'aperçoit plus autour de lui qu'un désert; il ne lui a pas été donné de s'engager dans des projets qui auraient peuplé le monde de buts, de valeurs, de raisons d'être.

C'est là le crime de notre société. Sa «politique de la vieillesse» est scandaleuse. Mais plus scandaleux encore est le traitement qu'elle inflige à la majorité des hommes au temps de leur jeunesse et de leur maturité. Elle préfabrique la condition mutilée et misérable qui est leur lot dans leur dernier âge. C'est par sa faute que la déchéance sénile commence prématurément, qu'elle est rapide, physiquement douloureuse, moralement affreuse parce qu'ils l'abordent les mains vides. Des individus exploités, aliénés, quand leur force

aborder arriver à, atteindre

[1] **la loi d'airain:** nom donné par Lassalle (socialiste allemand: 1825-1864) à la loi qui réduit, en régime capitaliste, le salaire de l'ouvrier au minimum vital

les quittent, deviennent fatalement des «rebuts», des «déchets»...

rebuts = déchets (ce qu'on a rejeté)

... Pour que la vieillesse ne soit pas une dérisoire parodie de notre existence antérieure, il n'y a qu'une solution, c'est de continuer à poursuivre des fins qui donnent un sens à notre vie: dévouement à des individus, des collectivités, des causes, travail social ou politique, intellectuel, créateur. Contrairement à ce que conseillent les moralistes, il faut souhaiter conserver dans le grand âge des passions assez fortes pour qu'elles nous évitent de faire un retour sur nous. La vie garde un prix tant qu'on en accorde à celle des autres, à travers l'amour, l'amitié, l'indignation, la compassion. Alors demeurent des raisons d'agir ou de parler. On conseille souvent aux gens de «préparer» leur vieillesse. Mais s'il s'agit seulement de mettre de l'argent de côté, de choisir l'endroit de sa retraite, de se ménager des *hobbies*, on ne sera, le jour venu, guère avancé.[2] Mieux vaut ne pas trop y penser mais vivre une vie d'homme assez engagée, assez justifiée, pour qu'on continue à y adhérer même toutes illusions perdues et l'ardeur vitale refroidie...

faire un retour sur soi-même réfléchir sur sa vie passée

se ménager ici = se préparer

... On l'a vu: l'âge où commence la déchéance sénile a toujours dépendu de la classe à laquelle on appartient. Aujourd'hui, un mineur est à 50 ans un homme fini tandis que parmi les privilégiés beaucoup portent allégrement leurs 80 ans. Amorcé plus tôt, le déclin du travailleur sera aussi beaucoup plus rapide. Pendant ses années de «survie», son corps délabré sera en proie aux maladies, aux infirmités. Tandis qu'un vieillard qui a eu la chance de ménager sa santé peut la conserver à peu près intacte jusqu'à sa mort.

allégrement gaiement

amorcé commencé

délabré ≠ robuste, solide

Vieillis, les exploités sont condamnés sinon à la misère, du moins à une grande pauvreté, à des logements incommodes, à la solitude, ce qui entraîne chez eux un sentiment de déchéance et une anxiété généralisée. Ils sombrent dans une hébétude qui se répercute dans l'organisme; même les maladies mentales qui les affectent sont en grande partie le produit du système.

hébétude stupeur (*f*), abrutissement (*m*)

SIMONE DE BEAUVOIR (*La vieillesse*)

---

[2] **on ne sera guère avancé**: tout ce qu'on aura fait ne nous aura servi de rien

Questions

1. Comment peut-on donner un sens à sa vieillesse sans parodier sa vie passée? (Donnez plusieurs exemples.)
2. Pourquoi les passions sont-elles nécessaires même dans le grand âge?
3. En quoi consiste aujourd'hui «préparer sa vieillesse»? Selon S. de Beauvoir, comment vaudrait-il mieux s'y préparer et pourquoi est-ce difficile à réaliser?
4. Expliquez pourquoi la déchéance sénile est une question de classe.
5. A quel sort (physique, moral, mental) doivent s'attendre ceux que S. de Beauvoir appelle les «exploités»?
6. En quoi l'ennui est-il le plus grand fléau des retraités?
7. De quelle manière le non-sens de la vie du retraité est-il lié au non-sens de sa vie de travail?
8. Comment l'auteur explique-t-elle le fait que la plupart des vieillards deviennent des «rebuts»?

Discussions / compositions

A. L'inactivité imposée aux vieillards:
   Faut-il avancer ou reculer l'âge de la retraite? Examinez la portée humaine et pratique des deux alternatives dans un pays comme la France où la proportion des vieillards a doublé depuis le 18e siècle.

B. Une retraite graduelle serait-elle préférable à une «retraite guillotine»? Discutez, après avoir donné votre interprétation de ce dernier terme.

C. Influence de l'habitat:
   a) L'écrivain J. L. Curtis parle des «villages de retraités» comme de «camps de concentration dotés de tout le confort moderne». Commentez. Est-il bon pour les gens âgés de vivre uniquement entre eux?
   b) Les rapports des vieillards avec les autres gens.
   c) Il est reconnu que l'entrée en hospice produit un choc psychologique. Plus de la moitié des vieillards meurent la première année de leur admission. Si les hospices sont inévitables, comment en améliorer les conditions?

D. Dans la conclusion de son livre, *La Vieillesse*, S. de Beauvoir pose la question suivante: «Que devrait être une société pour que dans sa vieillesse un homme demeure un homme»? Répondez-y en offrant votre propre solution. (Il serait bon de lire celle que l'auteur propose: *La Vieillesse:* Éditions Gallimard pp. 568–570)

5 Déshumanisation[1]

[1] Ce chapitre ne comporte pas de **Vocabulaire utile** étant donné que les textes et exercices sont une illustration du vocabulaire donné et appliqué précédemment.

«Nous vivons dans une civilisation où la petite enfance est dénommée préscolarité; les loisirs des écoliers, tiers temps pédagogique, et un groupe de maisons, complexe pavillonnaire. Sans parler du niveau qui est remplacé par le plan. Tout le monde est au plan de quelque chose, aujourd'hui. Les gouvernants, au plan européen; les sportifs, au plan de la régate; les syndicalistes, au plan sectoriel. Il y a longtemps que le niveau est dépassé. J'ai tout de même entendu, sur les ondes d'un poste périphérique, un des promoteurs de la nouvelle Citroën-Maserati défendre le côté national de la grande marque du quai de Javel, en soulignant: «Au niveau de la suspension, tout est français et bien français!»

INTERVIEW AVEC DANINOS

Ce que Daninos veut nous dire par cela, c'est que le langage et les accessoires changent et, qu'en conséquence, la déshumanisation s'accélère. L'auteur de Ludovic Morateur *trouve ce phénomène triste et déprimant; toutefois, en bon humoriste qu'il est, Daninos réussit à le rendre comique, en particulier dans le texte suivant où il fait la satire du voyage en groupe qui symbolise pour lui la déshumanisation de notre époque.*

«Les brochettes»

La troupe comportait des unités allemandes, hollandaises, anglo-saxonnes et françaises. Elle était commandée par un dragon apparemment sans sexe, mais en qui, malgré le casque colonial, les knicker-bockers et l'alpenstock,[1] on subodorait une Germanique *ttes langues*.[2]

subodorer deviner, soupçonner

C'est en effet en trois langues que cette Walkyrie[3] du tourisme imposa silence (deux coups d'alpenstock) à ses recrues recrues.

recrue (*f*) recruit
recrues épuisées, extrêmement fatiguées
rapatrié qu'on fait rentrer dans son pays

M. Morateur comprit que le bataillon allait être rapatrié par bateau après une dure campagne. Son commandant lui faisait ses adieux avant de reprendre en main des troupes fraîches. De son speech trilingue il ressortait que, si ses soldats lui avaient donné du fil à retordre,[4] notamment à

---

[1] **alpenstock** (mot allemand): bâton des Alpes (utilisé pour l'alpinisme)
[2] **ttes langues** = (parlant) **toutes langues**: Daninos se moque de l'exagération contenue dans ce genre de publicité et des tendances modernes à employer des abréviations
[3] **Walkyrie**: une des trois déesses de la mythologie scandinave; pour un Français, une Walkyrie représente une femme très robuste
[4] **donner du fil à retordre**: créer de grosses difficultés

Sparte, il (elle) ne les quitterait pas sans regret, telle une bête rétive enfin domptée. On ne savait pas encore son Péloponnèse[5] sur le bout du doigt, mais on pouvait regagner ses foyers la tête haute: on avait beaucoup vu, on avait beaucoup *fait*.

La chéfesse[6] distribua quelques croix de guerre avec palme, entre autres à Fräulein Sturm, de Heidelberg, et à Miss McKane, de Glasgow, très utiles dans les rassemblements difficiles, en particulier à Sparte (qu'est-ce qui avait bien pu se passer à Sparte?), remercia le Dr Pauphilet, de Dijon, pour ses soins diligents (une entorse à l'Acropole, une aphonie à Delphes), et, passant aux blâmes, rappela que la dispersion prolongée de certaines Françaises dans les magasins de Mytilène[7] (*Schon wieder kleine Fanfreluches, na?*[8] avait fait rater au groupe le coucher du soleil en trapèze, spécialité de Molyvos[9] garantie avec rayon vert sans supplt.[10]

Sur quoi le dragon dit que l'on pouvait manger. Ludovic et Britt, lui bouche bée, elle *paff*, se surprirent à obéir et continuèrent leur repas. Le menu de la troupe offrait une option entre deux itinéraires: l'un menant du melon aux *frouta* par le poisson, l'autre par la brochette d'agneau. Le choix se fit assez vite chez les Anglais, les Allemands et les Hollandais, mais il y eut un certain flottement chez les Français: «Une brochette me dirait bien, mais je ne sais pas après tout si je ne vais pas me laisser tenter par le poisson, dis, Gaston, qu'est-ce que tu crois? Oh! et puis non, tiens, une brochette allez c'est décidé!»

En trois coups d'alpenstock,[11] le mentor ramena ces incorrigibles aux réalités horlogères et, découvrant soudain le seul moyen d'en sortir, cria:

— Les brochettes, levez la main!

Pour la première fois de sa vie, M. Morateur vit des brochettes lever la main. Preuve, s'il en était besoin, que le XXe siècle avait fait du touriste un agneau. Lui-même ne

---

rétive (rétif) difficile, rebelle
domptée tamed

la tête haute fièrement

palme: décoration militaire

entorse sprained ankle

rater manquer

Ludovic, Britt: voir pages 112, 115
bouche bée: la bouche ouverte (d'étonnement)
paff = paf (prononcé à la suédoise) = très surprise (*pop*)
frouta fruits (prononciation française du mot grec)

flottement (m) hésitation (f), indécision (f)
me dirait bien me tenterait, me plairait

le mentor ici: guide

horlogères (f pl) = de l'horloge = de l'heure

---

[5] **Péloponnèse:** presqu'île au sud de la Grèce
[6] **chéfesse:** féminin de **chef**, créé par Daninos
[7] **Mytilène:** île grecque (encore appelée Lesbos); aussi: nom d'une ville de cette île
[8] «Encore pour des petites fanfreluches, hein?»
[9] **Molyvos:** dans l'île de Mytilène
[10] **sans supplt** = **sans supplément** (no extra charge); Daninos se moque encore de la manie des abréviations
[11] **en trois coups d'alpenstock:** jeu de mots de Daninos = très rapidement, et aussi = la chéfesse frappe trois coups de son bâton

---

Déshumanisation

sidéré stupéfait

guidesse féminin inventé par
Daninos
courroucé très fâché
ne lui disait rien ici = elle
ne le reconnaissait pas

ferrée = au bout de fer
(ironshod)

s'était-il pas laissé domestiquer un instant?

Sidéré par le spectacle, il en était resté assis[12] — seul devant son café, Britt s'étant absentée un instant — quand la guidesse, ayant alpenstocké l'heure du départ, jeta sur lui un regard courroucé. Ce visage-là ne lui disait rien, mais elle en voyait tellement! Elle ne pouvait pas toujours avoir toutes les têtes dans la sienne.[13] C'est donc d'instinct qu'elle pointa sa canne ferrée vers M. Morateur, seul à être encore attablé. *Noch ein Franzose,*[14] sûrement, qui allait mettre tout le monde en retard...

— *Wo bleiben Sie nur? Wir haben schon Verspätung!*[15] Pourquoi êtes-vous encore là! Nous sommes en retard! Vite, vite! *Schnell! We are late! Hurry up!*

M. Morateur se sentit obligé de justifier sa situation assise:

— Pardon, Madame... mais... je ne fais pas partie du groupe...

— *Ach so! Na... Dann, gute Reise...*[16] Bon voyage, mein Herr! s'écria la Walkyrie, considérant avec curiosité cet individu bizarrement individuel. *Entschuldigung, bitte...* Excusez s'il vous plaît... *Auf Wiedersehen!*[17]

PIERRE DANINOS (*Ludovic Morateur*)

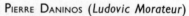

[12] **en rester assis:** l'expression est employée dans le sens littéral et dans le sens de **stupéfait**
[13] **avoir toutes les têtes dans la sienne** = se rappeler tout le monde
[14] **Noch ein Franzose:** Encore un Français!
[15] **Wo bleiben Sie nur? Wir haben schon Verspätung!:** Eh bien, vous venez? Nous sommes déjà en retard!
[16] **Ach so! Na... Dann, gute Reise...:** Ah!!!... tiens!... eh bien, bon voyage!
[17] **Entschuldigung, bitte... Auf Wiedersehen!:** Excusez-moi, s'il vous plaît... au revoir...

Questions

1. Relevez tous les détails qui contribuent à nous donner, immédiatement, une impression d'enrégimentation.
2. Faites un portrait de la «chéfesse».
3. Quelles sont les différentes nationalités des voyageurs et à quel moment du voyage en sont-ils?
4. Quels sentiments mêlés leur exprime le guide dans son discours d'adieu?
5. Par quelle cérémonie se termine le discours? Qui reçoit des distinctions spéciales et pourquoi?
6. Pourquoi les Françaises se sont-elles fait critiquer?
7. En quoi consistaient les deux menus? Que remarquez-vous sur le caractère des Français et autres nationalités présentes, à ce moment critique?
8. Comment la «chéfesse» a-t-elle rappelé à sa troupe l'heure du départ?
9. Expliquez la stupéfaction de L. Morateur et la phrase: «Lui-même ne s'était-il pas laissé domestiquer un instant»?
10. Qu'est-ce qui a provoqué la colère de la chéfesse envers Ludovic Morateur et de quelles façons a-t-elle manifesté son mécontement?
11. En quoi consiste l'humour de la dernière scène?
12. L'humour de Daninos: Comment Daninos se montre-t-il un observateur amusé et amusant? Relevez les termes militaires (de bataille, de guerre) du texte, les jeux de mots, les mots et expressions à double sens.

Situation

Imaginez un voyage avec un autre guide de nationalité différente (ses vêtements, son attitude, etc.) et des voyageurs américains.

Voici un exemple de programme de voyage **très** *organisé:*

Trois jours organisés à Paris

Pas de mauvaise surprise! tout ce que vous avez à faire, c'est choisir votre programme, payer d'avance, et votre agent de voyages s'occupe de tout!

Programme pour Mr. and Mrs. Smith

Ier jour: Départ à 9 h. Tour du Paris historique: l'Arc de Triomphe du Carrousel, le Palais Royal et les jardins des Tuileries; visite du musée de l'Orangerie. Déjeuner au restaurant du 3ème étage de la Tour Eiffel; Visite de St-Germain-l'Auxerrois, la Tour St-Jacques, l'Hôtel de Ville.
Dîner et soirée libres.

2ème jour: Départ à 9 h. Croisière sur la Seine en bateau-mouche: les 17 ponts de Paris: le pont des Arts, le pont Neuf, etc. Déjeuner libre.

L'après-midi: Notre-Dame, la Sainte-Chapelle, la place Dauphine (la plus vieille place de Paris, datant d'Henri IV), la Conciergerie. 18 h.: Montmartre: visite du Sacré-Cœur; place du Tertre et ses artistes; Dîner-dansant.

3ème jour: Départ à 8 h. 30. Place de l'Étoile, visite de l'Arc de Triomphe; Place de la Concorde: visite des égouts (sewers) de Paris. Les quais de la Seine et les bouquinistes; le Faubourg St-Germain, ses antiquaires, ses cafés. Apéritif au Flore (l'ex-chapelle des existentialistes!) déjeuner libre. Rassemblement à 14 h. — le musée de Cluny, le Panthéon et les jardins du Luxembourg. Retour à l'hôtel. A 19 h. 30: Paris-by-Night! Clichy, Pigalle, 6 cabarets (avec dégustation de champagne). Dîner et spectacle au Lido (Champs-Élysées).

A votre tour, faites un programme de voyage en groupe et un itinéraire journalier dans le pays ou la ville de votre choix; ou: des amis français viennent aux États-Unis: vous leur dites ce qu'il faut visiter à tout prix.

Pour Daninos, l'ordre donné par le guide: «Les brochettes, levez la main»! symbolise le voyage en groupe. Le cauchemar de son héros, Ludovic Morateur, est le tourisme «de force», le «Loisirama». Voici un «anti-guide»[1] du tourisme («non-emploi du temps»)[1]:

Anti-guide de Paris pour touristes libres

Si vous n'avez que 3 jours à passer à Paris, passez-les librement; ne réservez aucune chambre, couchez sous les ponts si besoin. Ne faites aucun prix d'avance pour une visite en taxi de Paris-by-night: le chauffeur qui vous en a fait un au départ ne s'en souviendra plus à l'arrivée. Ne vous excitez pas en pensant au château de Versailles, vous en auriez des syndromes nerveux. Tâchez de passer les 3/4 de votre journée à ne rien faire, et si possible, le dernier quart; faites de même pour les deux autres journées. Ne prenez pas de bateau-mouche pour voir les rives de la Seine; asseyez-vous sur les quais et contemplez les ponts et le paysage sans payer. Remettez toujours à demain la visite des musées (ils sont tous pareils) et les églises, c'est très fatigant, et si vous connaissez Notre-Dame, ça suffit bien! Organisez — ou n'organisez pas!! — de petites promenades inutiles, sans but, au Bois de Boulogne. Ne montez pas au dernier étage de la Tour Eiffel, la vue est splendide mais vous en auriez le vertige et pourriez avoir envie de vous suicider. Évitez également le Panthéon, tout le monde y est mort, c'est déprimant. Enfin, ayez bien soin de ne pas voir 7 cabarets en 2 heures, vous économiserez votre argent et votre santé. Perdez votre temps avec volupté.

A votre tour, rédigez un anti-guide pour les pays, le pays, ou la ville de votre choix.

[1] **«anti-guide»**, **«non-emploi du temps»**: mots inventés par M. Daninos

Discussions / compositions

A. Parlant de son dernier roman, *Ludovic Morateur*, Daninos déclare que «toute notre civilisation est en proie au délire perfectionniste ... ce perfectionnisme étant aussi bien électronique que ménager, scientifique que touristique». Commentez et discutez.

B. Comment les voyages en groupes illustrent-ils la déshumanisation de notre époque?

C. «Je n'ai pas peur, mais je me demande si nous n'allons pas au devant d'un monde qui va devenir ennuyeux, une sorte de grisaille (*dullness*) où l'individu sera de plus en plus numéroté, étiqueté, catalogué, un monde ... où l'ennui naîtra de la sécurité, de ce souci de sécurité absolue. Un monde où l'on hésitera à naître si l'on ne nous garantit pas au départ que les oreillons (*mumps*) sont remboursés par la Sécurité sociale.»
Commentez. Où la déshumanisation s'arrêtera-t-elle?

Ou: Répondez à M. Daninos sous forme de débat. Un groupe d'étudiants prendra le point de vue de l'auteur, un autre groupe prendra un point de vue plus optimiste et confiant en l'avenir.

6 Évasion

Vocabulaire utile

Les stupéfiants

«les paradis artificiels »

Baudelaire (1821–1867)

stupéfiant* (m) = narcotique (m) = drogue (f) = (argot) came (f)
les trafiquants*: ceux qui font le trafic de la drogue
les distributeurs (dealers)   les rabatteurs = les pourvoyeurs (pushers)

un intoxiqué* = un drogué = un toxicomane (addict) = (argot) un camé (junkie)
un opiomane, un morphinomane, etc.
un «piqué» (à la cocaïne, etc.)

une pilule	un comprimé (tablet)	une piqûre = (argot) un shoot
	fumer	une bouffée (puff, drag)
	se piquer = se faire une piqûre =	
	s'injecter (les veines) = (argot) se fixer, se shooter	
une seringue	les cicatrices (scars) des piqûres	
	s'adonner à = s'accoutumer à (to be addicted to)	
l'accoutumance (f)	les drogues à accoutumance	

Effets

les paradis artificiels: les plaisirs des narcotiques
un voyage, une planète: le monde où vous emporte l'extase des drogues
décupler = augmenter beaucoup ≠ diminuer
la torpeur   l'euphorie (f)   l'hébétude (f)
la fièvre   le délire   une crise   des convulsions (f)
se ruiner (= se détruire) la santé
les lendemains de terreur   le déséquilibre mental
une calamité   un désastre

Conséquences et solutions

la loi   les lois répressives   le plan «antidrogue»
la répression du trafic des stupéfiants
licite = légal ≠ illicite, illégal, clandestin
un délit = une infraction, une faute
les «coups de filet» (crackdowns) de la police
«à l'ombre» (argot) = en prison
soigner   assister   aider
centres de soins   un traitement
une cure de désintoxication   une rechute

Drogues les plus utilisées

OPIACÉS

l'opium (m)
la morphine
l'héroïne (f) = (argot) cheval (m)

HALLUCINOGÈNES

        la marijuana (ou: marihuana) = (*argot*) l'herbe (*f*), la Marie,
        la Mariejeanne
        le haschisch (ou: hachisch) = (*argot*) le H
        le chanvre indien = le cannabis
        la mescaline   le Peyotl
        le L.S.D. = (*argot*) l'acide, le Di

STIMULANTS

        la cocaïne = (*argot*) la coco, la coca
        les amphétamines

DÉPRESSEURS

        les barbituriques
        les tranquillisants   les somnifères

L'ÉTHER

        «*La drogue tue!*» (slogan)

Exercice

Recherchez: a) les origines b) les dangers c) les usages scientifiques des drogues mentionnées ci-dessus.

«*Éther*»

Guy de Maupassant (1850-1893): Très tôt, il est la proie de graves souffrances. Il avait commencé à s'adonner aux stupéfiants (haschisch, opium, morphine). Pour apaiser ses migraines, il prend de l'éther dont il décrit les effets dans le passage suivant.

A dix heures nous étions revenus à bord du yacht, et les deux hommes radieux m'annoncèrent que notre pêche pesait onze kilos.

    Mais j'allais payer ma nuit sans sommeil! La migraine, l'horrible mal, la migraine qui torture comme aucun supplice ne l'a pu faire, qui broie la tête, rend fou, égare les idées et disperse la mémoire ainsi qu'une poussière au vent, la

notre pêche = les poissons pêchés

broyer écraser (*to pound*)
égarer faire perdre

couchette bunk

bourdonnement (m) buzz-
ing

déchirement torture (f),
douleur affreuse

fondus disparus

je veillais j'étais éveillé

décuplement: de décupler
= rendre 10 fois plus grand

arbre de science tree of
knowledge

sous l'empire (de) sous la
forte influence (de), sous
le pouvoir (de)

migraine m'avait saisi, et je dus m'étendre dans ma couchette, un flacon d'éther sous les narines.

Au bout de quelques minutes, je crus entendre un murmure vague qui devint bientôt une espèce de bourdonnement, et il me semblait que tout l'intérieur de mon corps
devenait léger, léger comme de l'air, qu'il se vaporisait.

Puis ce fut une sorte de torpeur de l'âme, de bien-être
somnolent, malgré les douleurs qui persistaient, mais qui
cessaient cependant d'être pénibles. C'était une de ces
souffrances qu'on consent à supporter, et non plus ces
déchirements affreux contre lesquels tout notre corps
torturé proteste.

Bientôt l'étrange et charmante sensation de vide que
j'avais dans la poitrine s'étendit, gagna les membres qui
devinrent à leur tour légers, légers comme si la chair et les
os se fussent[1] fondus et que la peau seule fût[1] restée, la
peau nécessaire pour me faire percevoir la douceur de vivre,
d'être couché dans ce bien-être. Je m'aperçus alors que je
ne souffrais plus. La douleur s'en était allée, fondue aussi,
évaporée. Et j'entendis des voix, quatre voix, deux dialogues,
sans rien comprendre des paroles. Tantôt ce n'étaient que
des sons indistincts, tantôt un mot me parvenait. Mais je
reconnus que c'étaient là simplement les bourdonnements
accentués de mes oreilles. Je ne dormais pas, je veillais, je
comprenais, je sentais, je raisonnais avec une netteté, une
profondeur, une puissance extraordinaires, et une joie
d'esprit, une ivresse étrange venue de ce décuplement de
mes facultés mentales.

Ce n'était pas du rêve comme avec du haschich, ce n'étaient
pas les visions un peu maladives de l'opium; c'étaient une
acuité prodigieuse de raisonnement, une manière nouvelle
de voir, de juger, d'apprécier les choses et la vie, avec la
certitude, la conscience absolue que cette manière était la
vraie.

Et la vieille image de l'Écriture m'est revenue soudain à
la pensée. Il me semblait que j'avais goûté à l'arbre de
science, que tous les mystères se dévoilaient, tant je me trouvais sous l'empire d'une logique nouvelle, étrange, irréfu-
table. Et des arguments, des raisonnements, des preuves me
venaient en foule, renversés immédiatement par une preuve,

---

[1] **fussent, fût:** imparfaits du subjonctif de: **être**

182

un raisonnement, un argument plus forts. Ma tête était devenue le champ de lutte des idées. J'étais un être supérieur, armé d'une intelligence invincible, et je goûtais une jouissance prodigieuse à la constatation de ma puissance...

Cela dura longtemps, longtemps. Je respirais toujours l'orifice de mon flacon d'éther. Soudain, je m'aperçus qu'il était vide. Et la douleur recommença.

Pendant dix heures, je dus endurer ce supplice contre lequel il n'est point de remèdes, puis je dormis, et le lendemain, alerte comme après une convalescence, ayant écrit ces quelques pages, je partis pour Saint-Raphaël.[2]

GUY DE MAUPASSANT *(Sur l'eau)*

Questions

1. Pourquoi Maupassant prenait-il de l'éther?
2. Quels sont les effets de la migraine chez lui?
3. Décrivez les premiers effets de l'éther. La douleur disparaît-elle tout de suite?
4. Décrivez les différents stades par lesquels passe le narrateur.
5. Quelles perceptions se développent sous l'effet de l'éther?
6. L'expérience en valait-elle la peine?

Les auteurs du « voyage »

D'autres écrivains ont éprouvé le besoin de se droguer pour surexciter leur puissance créatrice ou pour d'autres raisons (expérimentales, scientifiques...). Nous citons ici quelques-uns de ces auteurs du «voyage»:

Samuel Taylor Coleridge (1772-1834): Gravement malade, prend de l'opium pour calmer ses souffrances. A écrit son célèbre poème *Kubla Khan* directement sous l'influence de la drogue.

Théophile Gautier (1811-1872): S'initie au hachisch; publie sur cette drogue un article dans «La Presse» du 10 juillet 1843; s'en détourne après quelques expériences.

Charles Baudelaire (1821-1867): Commence par prendre du dawamesk, friandise (*sweets*) au cannabis du Moyen ou Proche Orient. A partir de 1850, il s'adonne à l'opium et au haschisch; en étudie les effets dans *Les Paradis artificiels*.

[2] Saint-Raphaël: ville dans le Midi, sur la Rivièra française.

Roger Vailland (1907-1963): Marié à une morphinomane, s'adonne à la morphine; plusieurs cures de désintoxication dont il parle dans *Boroboudour*.

Faites vous-mêmes une petite recherche sur d'autres auteurs du «voyage»: leur drogue favorite, les raisons pour lesquelles ils s'y adonnèrent, etc. et, dans la mesure du possible, le livre où ils en parlent. Quels effets néfastes ces drogues ont-elles eus sur eux? sur leur famille ou entourage?

«*Les confessions d'un enfant du siècle*»

chandail gros tricot

expédié d'autorité envoyé de force

faire le mur sortir, s'échapper sans permission
ordonnance prescription d'un médecin

renfrogné = maussade (*sullen, gloomy*)

il n'y tient plus il ne peut plus résister, attendre

qu'à cela ne tienne peu importe, cela n'a pas d'importance
s'appliquer faire de son mieux

maison de redressement *reform school*

Appelons-le Marcel, puisqu'il ne s'appelle pas Marcel. Marcel a dix-sept ans, les cheveux trop longs, enfin longs, les bras trop longs, ou les manches de son chandail sont trop courtes. Bref, un garçon comme tout le monde. Les yeux un peu brillants peut-être, ou est-ce un effet de mon imagination? Marcel est sorti ce soir avec une permission spéciale de l'hôpital de X... où il poursuit sa deuxième cure de désintoxication. La première fois, la police l'y avait expédié d'autorité. Cette fois, il y est revenu volontairement. Ce qui ne l'a pas empêché, la veille au soir, de faire le mur pour aller se procurer des amphétamines avec une ordonnance volée. Il s'est fait une piqûre en début d'après-midi, mais l'effet est apparemment dissipé. Marcel est renfrogné, maussade, laconique. Au bout d'une heure de conversation pénible, il n'y tient plus et descend aux toilettes. Il en remonte détendu, volubile, les yeux cette fois incontestablement brillants. Première chose qu'il dit en revenant: «Vous savez, je ne me suis pas piqué.» Mais non, voyons.

Dans l'euphorie, Marcel me dit même: «Je suis sûr que vous ne répèterez pas tout ce que j'ai dit; moi, je sais bien comment je ferais l'article, à votre place.» Qu'à cela ne tienne, et, pendant une heure, Marcel s'applique et me donne enfin le résultat: c'est le texte qu'on va lire ci-dessous.

Quelques précisions encore. Marcel, comme il le dit, a fumé sa première cigarette de haschich à onze ans. Il s'est sauvé trois fois de chez lui, a déjà connu deux fois l'hôpital, deux fois la maison de redressement, deux fois la prison. Il est devenu très vite un grand toxicomane: lorsqu'il écrit que, pendant six mois, il a arrêté, cela signifie que pendant six mois il ne s'est piqué qu'une fois par jour contre une douzaine en temps normal. Marcel a quitté le lycée en cinquième: son père l'a mis au travail, mais ça n'a pas marché.

Marcel a tout essayé: H, héroïne, cocaïne, morphine (il n'aime pas), mescaline, peyotl, psylocibine, LSD 6, LSD 25 (je ne sais plus lequel est le meilleur), STP, MDT, barbituriques, amphétamines, etc. On remarquera dans son texte, si je peux dire, l'absence de toute préoccupation politique, métaphysique, sociale. Je lui en ai fait l'observation. Ça ne l'intéresse pas.

Marcel veut sincèrement guérir. Réussira-t-il?

«Ma première cigarette, je l'ai fumée à l'âge de onze ans. J'ai été intrigué par l'odeur et la grosseur de la cigarette; deux ans plus tard, dans un club où, attiré par ce milieu, j'ai eu ma première piqûre, de l'héroïne, deux jours avant mon anniversaire. Puis, pensant que je serais plus brillant au lycée, j'ai commencé à prendre des shoots de «Maxiton fort». A la suite d'une maladie du sang, je me suis arrêté pendant six mois. Je devais avoir un peu plus de quatorze ans lorsque, au Bus Paladium,[1] j'ai recommencé au LSD. J'ai dû m'injecter environ trois cents à quatre cents microgrammes. La mésentente continuelle qui existait avec mes parents, et les «amis» aidant, j'ai fugué[2] de chez moi, j'ai repris énormément de «Maxiton fort». Ensuite, je me suis mis à travailler en continuant à prendre des amphétamines pour «tenir le coup». Lorsque mes parents se sont rendu compte que j'étais intoxiqué, c'était pendant une fugue. Ils ont prévenu la police et c'est de là que je me suis réellement introduit dans le milieu des camés. Après, arrêté deux fois, je suis d'abord allé dans un centre, d'où j'ai de nouveau fugué, et repris l'on m'a mis en désintoxication à ...»

«tenir le coup» résister

D. J. — Et maintenant, voudriez-vous arrêter?

D. J. = le docteur Jamet

— J'arrêterai certainement de me piquer, mais je pense prendre, comme une personne normale prendrait une cuite, du LSD, et plus souvent du H.

prendre une cuite (*pop*) = boire trop, se saouler

[1] **Bus Paladium:** *in Paris, dance-hall for teenagers*
[2] **fuguer:** *coined on:* **fugue** (*escapade*); **j'ai fugué de chez moi** *I ran away from (skipped) home*

D. J. — Où habitez-vous ?

— Dans une cité de la ... où règnent la vulgarité et la loi du plus fort, les ascenseurs sentent la pisse, et où des gamins de dix à onze ans ont le droit de sortir la nuit et volent des voitures, font des casses, généralement entraînés par les plus vieux.

> **la loi du plus fort** c'est le plus fort qui gagne
>
> **casses** (*argot*) = cambriolages
> **entraînés** influencés, menés

D. J. — **Couchiez-vous, lorsque vous étiez chez vous, dans une chambre seul ?**

— Non, je dormais dans la salle à manger.

D. J. — **Vous m'avez parlé de la mésentente qui existe entre vous et votre famille.**

— Je n'ai jamais pu accepter de me laisser frapper, humilier devant mes amis par mon père, même si c'est lui qui me nourrissait. Ensuite, ma mère, plutôt que de perdre son ménage, a fini, rapidement d'ailleurs, par se mettre de son côté.

> **nourrir** *to support*

D. J. — **Mais qu'est-ce qui amenait ces disputes. N'étaient-elles pas justifiées ?**

— Mon père avait simplement l'envie de passer ses nerfs. Qui condamner ? A qui la faute ? Je ne puis me permettre de le faire. A vous d'essayer.

> **passer ses nerfs** s'en prendre (à), passer sa mauvaise humeur (sur)

Questions

1. Quel souvenir littéraire évoque le titre « Les confessions d'un enfant du siècle » ?
2. Marcel: son âge, son physique, ses vêtements.
3. Où vit-il ? Pourquoi lui a-t-on donné une permission spéciale ce soir ?
4. Quels changements y a-t-il entre le Marcel du début de l'interview et celui qui remonte des toilettes ? Qu'insinue l'auteur/docteur ?
5. Qu'apprend-on sur Marcel, sa vie, dans le bref résumé qu'en fait l'auteur ?
6. Quelles différences existent dans le récit de Marcel ? Quels renseignements supplémentaires Marcel nous donne-t-il sur lui-même, sur ses parents (y compris les détails de la fin de l'interview) qui nous permettent de comprendre pourquoi il est devenu « camé » ?
7. De quelle façon s'est-il intoxiqué ?
8. Quels sont ses projets ?

9. Pensez-vous que Marcel ait une chance de guérir vraiment? (Examinez sa propre attitude, le milieu où il vit maintenant et l'opinion qu'il en a).

10. Au cours de cette interview, que remarquez-vous sur le ton de l'auteur? Ce dernier vous semble-t-il impartial? (Justifiez votre réponse.) Son attitude peut-elle se comprendre?

Discussions / compositions

A. Le désir de la drogue et les jeunes (curiosité — influence des copains — le milieu familial — les rabatteurs).

B. Drogue? Alcool? Tous les deux tuent. «Celui qui commence au haschisch à seize ans a de fortes chances, s'il poursuit l'escalade, d'être clochard (*bum*) ou mort à trente ans, tandis que l'alcool peut permettre une vie sociale à peu près normale une cinquantaine d'années». (un médecin spécialiste). Discutez.

C. L'attrait du fruit défendu:

«Si le chanvre indien était autorisé» explique un médecin français (de l'hôpital psychiatrique de Villejuif)», il cesserait du même coup d'être cette drogue fascinante qui attire tant de jeunes, et ceux-ci iraient tout droit à l'héroïne. Discutez.

D. La lutte contre la drogue:

Examinez successivement les possibilités; laquelle vous semble la plus efficace:

—Détruire les champs de pavots (*opium poppies*) dans le monde en fournissant une aide financière aux pays qui les cultivent?

—La drogue est maintenant un fait de civilisation; augmenter les centres de désintoxication? Traiter le drogué comme un malade, non comme un criminel?

—Poursuivre sans pitié les trafiquants et les pourvoyeurs?

Situation

Dialogue entre le père de Marcel et le Dr. Jamet. Celui-ci lui explique le point de vue de Marcel, et ce qu'il faudrait faire; le père accepte ou rejette les conseils.

LA JEUNESSE
DANS
LA VIE MODERNE

1 Les Révoltés paisibles: les hippies

Vocabulaire utile

Les hippies

«Fuir! là-bas fuir!»

Mallarmé (1842-1898)

TERMES GÉNÉRAUX

le «hippisme»   les hippies   les révoltés paisibles
les fugitifs de la société d'abondance
le Yoga: philosophie, art de vivre   les Yogis   les Gurus (ou: gourous)
les rêveurs   les chevelus
la veste indienne   un bandeau (head-band)   un collier

Manières de vivre

LA HANTISE DU VOYAGE

la vie de bohème   les errants (wanderers)   pas de domicile fixe
le sac au dos   la guitare
faire de l'auto-stop
les festivals de musique «pop»   paix, musique, amour
nomades: hippies, gitans (gypsies)
le Katmandou français des hippies: les Stes-Maries-de-la-Mer (dans la Camargue), lieu saint
des gitans
antagonisme gitans-hippies

LES COMMUNAUTÉS

«manifeste pour une civilisation expérimentale»
recherche d'un nouveau style de vie
réinventer son existence
retrouver les métiers antiques
les communautés   se rallier à (to join)
la vie communautaire:
seul lien: goût et mode de vie
la fraternité   la solidarité   la communion
la pauvreté   la liberté   la paix
le régime macrobiotique
l'agriculture biologique: ni engrais chimique, ni alimentation industrielle des animaux
rejeter le tracteur (symbole de l'aliénation industrielle)
un nouveau type de relations humaines   détruire le couple traditionnel
la contre-culture
se sentir frustré
ne pas avouer l'échec
un mirage   une utopie

AU NOM DE QUOI?

le non-conformisme   le songe artificiel   l'évasion (f)
révolte contre la société «gangrenée»
cri de guerre contre la société industrielle

fuir:
        la société moderne, technologique, société qui «programme» la vie
        l'ordre établi
        l'obsession du confort
        le mythe du travail sacré et de la richesse
régression vers l'inorganisé
retour au non-attachement
retour à la non-violence   contestation en douceur
        répudier l'usage des armes nucléaires
refus de la politique   refus de la pensée de l'Occident

        vivre libre
        s'évader

«On ne veut plus mourir abrutis.»
(inscription sur un mur de la Rue Buffon à Paris, mai 68)

Exercices d'application

A. *A l'aide du* **vocabulaire utile**, *décrivez la vie des Hippies.*

B. *Complétez par une suite de mots convenable :*

  1. ____ sont essentielles à la vie communautaire.

  2. Beaucoup de jeunes hésitent à ____

  3. Pour fuir le monde ____

  4. Après avoir refusé d'utiliser le tracteur, le groupe ____

  5. Au nom de la non-violence ____

«*Hippies: parias ou prophètes?*»

I[1]

Tout l'été, le touriste français a côtoyé, observé ces divers fugitifs de la société d'abondance: faisant de l'auto-stop sur

côtoyer marcher à côté de

---

[1] Pour faciliter l'étude de ce texte (qui est assez long), nous l'avons divisé, ainsi que les questions, en deux parties.

les routes; quêtant, guitare en bandoulière, aux terrasses des cafés, ou griffonnant des fresques à la craie sur les trottoirs; s'assemblant autour d'Aix-en-Provence ou de Biot,[2] où des promoteurs imprudents tentèrent vainement de traduire pop music en français. Comme il serait vain de traduire «hippie», ce mot d'origine américaine («to be hip») qui exprime on ne sait quel état de savoir, tout à la fois mystique et désabusé.

Expérience. Ces errants chevelus croisés sur les grands chemins des vacances, le touriste, le plus souvent, les a considérés avec répulsion et fascination. Répulsion pour la crasse, le parfum de drogue que traîne le hippie avec lui, et même, bien à tort — depuis l'affaire Manson[3] — l'odeur de crime. Fascination pour ces révoltés paisibles qui nient la société sans la menacer et semblent croire encore au paradis perdu par l'homme moderne. Parias ou prophètes? C'est la question qu'il se pose aussitôt au spectacle de ces nouveaux hors-la-loi de la vie quotidienne.

Le plus souvent, d'ailleurs, ils ne sont ni parias ni prophètes, mais tout simplement jeunes snobs, ou étudiants d'une nouvelle basoche,[4] vacanciers débrouillards qui ne joueront qu'un seul été les pèlerins de la contestation placide: ces voyageurs-là, pour être sans bagage, ont néanmoins — s'il est nécessaire — le providentiel chèque de papa dans leur vareuse américaine.

Mais les véritables hippies, qui servent aux autres de modèles, gardent, eux, tout leur mystère. Sous leur non-conformisme aux formes banales se cachent sans doute une angoisse véritable, un pressentiment juste et une expérience radicalement nouvelle. Des centaines de milliers de jeunes redécouvrent, à travers le hippisme, l'antique mythologie du voyage: en même temps, ils tentent de créer, aux marches de la société industrielle, une esquisse d'univers de la fraternité, de la pauvreté et du rêve; enfin, leurs idées courtes et leurs modes longues viennent battre les murs de la civilisation d'aujourd'hui. Et, déjà, rien n'est plus tout à fait comme avant.

---

[2] **Biot:** ville de Haute-Savoie où fut organisé un festival de rock
[3] **Manson:** chef d'un culte; responsable de 6 assassinats commis par quatre jeunes femmes qu'il avait soi-disant **envoûtées** (*put under a spell*)
[4] **basoche** (*hist*): *body of clerks attached to the courts of justice;* (*mod*) = *legal fraternity*

Exotisme. Impossible, donc, de traiter le phénomène hippie par un haussement d'épaules ou un sarcasme: ce qui grouille sous les beaux quartiers de San Francisco, de Londres ou d'Amsterdam, ce qui ne remue presque plus sur les plages du Maroc, des Baléares[5] ou de Ceylan, ce ne sont pas quelques illuminés. Ce sont des milliers de jeunes dont le comportement constitue un phénomène de civilisation presque sans précédent dans l'histoire de l'Occident. Peut-être l'ébauche d'une révolution non violente mais radicale parce qu'elle cherche à toucher non plus les phénomènes de la propriété ou du pouvoir, mais ceux des manières de vivre. Un domaine immense que depuis des millénaires les religions avaient balisé d'une pancarte: «Domaine réservé».

Josh, 25 ans, natif de Kansas City, n'a pas besoin de chemise bariolée pour être reconnu. Il n'a pas d'argent, pas de domicile fixe. Il va donc être obligé de quitter Ibiza et les Baléares. Mais ce n'est pas seulement la Guardia civil[6] qui le chasse. C'est aussi une hantise en lui, vieille comme le monde, qui, des compagnons de Pierre l'Ermite[7] à Baudelaire, semble avoir taraudé les hommes: celle du voyage.

Il y a trois voyages, souvent confondus. Celui, artificiel, où vous emmène la drogue; celui, réel, et ascétique, qui va de San Francisco à Katmandou; celui, enfin, charnel et spirituel tout à la fois, qui surgit de la décision de renoncer au monde, à ses pompes et à ses œuvres,[8] de s'enfoncer collectivement dans l'univers de la pauvreté, de l'amitié et des songes, à la recherche du pays où l'homme enfin serait libre, immense et réconcilié avec son frère.

Comme Josh, ils sont désormais des dizaines de milliers d'Américains en rupture d'école et d'université plus que d'atelier.[9] Ils ont généralement de 18 à 25 ans, ils ont dit adieu — quelques-uns en pensant au revoir — à la famille, aux embouteillages, à la télévision et à la guerre au Vietnam. Ils prennent le départ au début de chaque printemps pour

grouiller *to swarm, teem*

illuminés *visionnaires*

baliser *set in the limelight, advertise*
pancarte *poster, sign*
domaine réservé *propriété privée*
bariolée *de toutes les couleurs*

hantise *obsession (f)*

tarauder *to harass*

s'enfoncer *se plonger*

---

[5] **Les Baléares:** *Balearic Islands (Majorca, Minorca, Ibiza, Formentera)*
[6] **la Guardia civil:** la garde nationale espagnole
[7] **Pierre l'Ermite:** (vers 1050-1115) religieux, ayant prêché la première croisade
[8] **renoncer au monde, à ses pompes, à ses œuvres:** imité de l'expression: «renoncer à Satan, à ses pompes et à ses œuvres» = renoncer aux vanités du monde
[9] **en rupture d'école et d'université:** *High-School and College dropouts.* En rupture d'école et d'université plus que d'atelier = *There are more High-School and College dropouts than workers (among them).*

Les Révoltés paisibles: les hippies

cette nouvelle quête du Graal[10] : la marche vers l'Orient. Pourquoi au printemps ? Parce qu'il est difficile de traverser la route de Mazar Sharif qui coupe l'Afghanistan du Nord en pleine neige hivernale — cela pour l'exotisme ; parce qu'il est plus facile de faire du stop l'été que l'hiver — cela pour le prosaïsme.

Exaltation. Mais le grand voyage de leurs ancêtres, ils le refont à l'envers, géographiquement et idéologiquement. Depuis deux cents ans, les émigrants ont quitté la Pologne, la Hongrie, la Suède pour la Nouvelle-Angleterre et le Kentucky, puis le Kentucky pour l'extrême Ouest, la Californie, d'abord dans les cales des navires, puis dans de grands chariots bâchés, à la recherche de «la terre verte et rouge», comme dira plus tard Claudel. Ce furent les colons d'un nouvel empire qu'on appellera les États-Unis, les conquérants d'une nouvelle société construite sur l'aventure économique, la création de nouveaux biens, la recherche et l'accumulation de la richesse. C'est justement cette société, l'or, le pétrole, les usines, les villes gigantesques et polluées, que fuient les antipionniers d'aujourd'hui. Proclamant que leurs parents ont été vaincus par leur victoire sur la matière, ils redécouvrent l'Orient, la pauvreté, les déserts. Ils marchent vers l'Himalaya, leur montagne et leur mirage.

Quatre raisons à leur départ : le monde est invivable ; il ne peut être changé par la politique ; d'ailleurs, le changer, c'est le reconstituer ; et, enfin, il n'y a de vérité qu'intérieure.

Erreur. La fausseté, elle, est politique. Christina, 24 ans, étudiante à l'université de Berkeley (Californie), donne les raisons de son désenchantement. C'est celui de toute une jeunesse universitaire américaine, laquelle rejoint aujourd'hui le radical refus de la politique que le mouvement hippie fut le premier à formuler. «Il y a eu la mort de Kennedy, celle de Martin Luther King, la débâcle de Chicago, l'élection de Nixon ; maintenant, c'est foutu. La politique, on en a marre.» Déclaration révélatrice. Pour les hippies, l'Histoire commence avec eux et tout doit être accompli durant leur passage sur terre. Là encore, à leur manière, les hippies ressemblent à leurs parents américains : ils sont pressés.

D'ailleurs, pour beaucoup d'entre eux, la politique est

---

[10] **quête du Graal** (*Grail quest*) : légende médiévale qui apparaît dans certains romans ; les Chevaliers du roi Arthur, en particulier, partirent à la recherche du Graal.

à l'envers *backwards, in reverse*

cale (*f*) *hold*
chariots bâchés *covered wagons*

la débâcle la retraite, le désastre
foutu (*pop*) fini
on en a marre (*argot*) = on en a assez

Perspectives

une erreur, une ultime illusion : «Pourquoi détruire cette société pour la remplacer par une autre tout aussi insupportable ?», déclare Max, peintre israélien de 35 ans, qui vit avec sa femme dans une maison isolée d'Ibiza. Et il ajoute : «Ce qui compte, c'est la découverte de soi.» Jason Nicols, ethnologue italo-américain, qui vit dans une grotte de Matala (Crète), précise : «Hier, j'ai brûlé mon calendrier. Le temps est une invention des technocrates.» A ce compte, on pourrait dire que le standing l'est aussi. Et, pourtant, les gens de Matala l'ont réinventé à leur manière. Les grottes, là-bas, sont à trois niveaux : les purs occupent celles du haut, les catéchumènes celles du niveau intermédiaire, les passants celles du bas. Ce qui s'y reconstitue, en fait, c'est la hiérarchie de l'univers religieux.

à ce compte de cette manière, d'après ce raisonnement

catéchumènes néophytes
les passants = ceux qui ne font que passer, qui ne restent pas

Exode. S'arracher au monde, abandonner l'argent et l'ambition du pouvoir, découvrir l'univers intérieur, ce sont d'ailleurs les vieux principes qui ont surgi il y a trois millénaires, quelque part dans un triangle dont les pointes sont sur la mer Noire, le long de l'Indus et du côté de Jéricho. Aujourd'hui, les hippies les font leurs et s'en servent pour réinventer le voyage. Immense tribu nomade, ils progressent à pied, et plus souvent en auto-stop ou en bus. Le Livre des Morts tibétain[11] leur tient lieu de Guide Bleu[12] et leur donne déjà le sentiment qu'ils ont atteint, au bout de leur exode, le sommet du monde et les sources de l'Histoire. Nouveaux croisés, ils bravent la faim, les hôtels sordides et les douaniers fouineurs. Il n'y a d'ailleurs pas que les douaniers. Toutes les polices du monde les pourchassent et souvent les arrêtent. Prétexte principal : la drogue.[13] Pour avoir voulu sortir de Turquie avec 2 kilos de hachisch, Hans Van der Aar, Allemand de 23 ans, passera trente ans de sa vie dans une prison d'Ankara. Une ex-cover-girl de «Playboy» vient de purger une peine de sept mois dans les prisons grecques. En Espagne comme en Indonésie, on tente de repousser les hippies pour une raison plus banale : ils gênent les touristes. Entre ceux qui apportent les devises et ceux qui font la manche, les gouvernements ont tôt fait de choisir.

pointe (*f*) extrémité (*f*)

croisés crusaders
braver faire face à, affronter
fouineurs from : **fouiner** (*to ferret, nose about*)

purger une peine to serve a sentence

devises (*f*) valeurs, monnaies étrangères
faire la manche (*argot*) to panhandle

[11] **Le Livre des Morts tibétain** (la Bhagavad-Gita) : texte d'histoire religieuse contenant des charmes et des prières
[12] **Guide Bleu :** célèbre guide touristique français
[13] **drogue :** pour le vocabulaire de la drogue, voir chapitre 6, **Vocabulaire utile**, p. 180

prend le relais le remplace

truc (m) (pop) chose

décoller (lit) take off, fly

Qu'importe! Lorsque le voyage physique est trop difficile, le voyage magique prend le relais. Marihuana, hachisch, «ces trucs inoffensifs» selon les hippies, permettent de «décoller» pour quelques heures. Le L.s.d. (dangereux? pas dangereux? les hippies n'ont pas fini d'en débattre) permet, lui, des voyages de huit à dix heures. Au-delà, c'est l'univers interdit. Celui des «junkies»; c'est-à-dire les drogues à base d'héroïne, qui mènent inévitablement à la mort.

aiguë acute

grignoter to nibble

Épreuve. Voilà le voyage. La drogue rend certains d'entre eux malades (hépatite aiguë). Ils attendent que cela passe, dorment au bord des routes, grignotent, puis repartent. Ou restent là. Sur mille Européens au départ, il n'y en a guère qu'une centaine qui atteignent Katmandou. Tous ignorent délibérément les appels téléphoniques angoissés des parents,

débordées submergées

transmis par les ambassades débordées. Ils avancent.

rampes de lancement launching pads

Suivant deux itinéraires principaux. Ibiza et Formentera constituent désormais les rampes de lancement. C'est là où l'on se regroupe, où l'on s'initie, où l'on discute interminablement du voyage et de ses dangers. Ceux qui sont déjà allés au Népal et qui savent convenablement utiliser le L.s.d. sont les grands prêtres. Nouveaux mages, ils mettent à l'épreuve les disciples et leurs révèlent quelques-uns des vagues secrets de la migration. Puis, c'est le départ. Pour les apprentis, c'est le «petit voyage» que l'on choisit. Par Marrakech via Tanger. Suffisamment d'exotisme et beaucoup de possibilités de revenir en auto-stop, voire en avion. Le pèlerinage, là, se confond un peu avec les grandes vacances.

voire et même

parvenir arriver

Pour les «grands», le chemin favori passe par la Grèce, puis Istanbul, l'Iran, l'Afghanistan, jusqu'au Népal. Une marche longue et difficile. Peu y parviennent. Un notable de Calcutta, qui regarde passer quelques survivants de cette immense randonnée, hoche la tête et dit: «Voici venus les premiers mendiants blancs de l'Asie.»

la randonnée le voyage
hocher la tête to shake one's head
mendiant beggar
errance (litt) = wandering

Toutes ces errances, à la fois solitaires et collectives, se nourrissent des informations et des adresses d'un formidable réseau, semi-clandestin, fait d'affiches murales et d'inscriptions localisées dans tous les restaurants et hôtels fréquentés: l'hôtel Gulhane et le restaurant Yener, à Ankara, où l'on peut trouver une couchette plus ou moins propre pour 35 centimes; quelque chose qu'on nomme un repas pour

2 Francs. L'hôtel Noor, à Kaboul,[14] où chaque arrivant reçoit une tasse de thé, un bol de riz, et la traditionnelle bouffée de chanvre indien — 10 centimes le gramme — sans laquelle il n'est pas de communion décente.

La solidarité demeure tout au long du voyage la vertu première. Ceux qui reçoivent des mandats nourrissent leurs compagnons. Selon Gérard Borg,[15] on peut vivre sur la route et fumer avec 1 dollar par jour. De quoi tenter tous les jeunes qui veulent jouer à la fois les Marco Polo et les Lanza del Vasto.[16]

mandat (m) money order

Esthétique. Comment trouver le dollar? Plusieurs moyens. En mendiant, d'abord. Sous la double invocation de saint François d'Assise et des Sadhus[17] indiens. «Vous êtes français, me dit une jeune fille à Formentera, alors passez-moi 100 balles.» On peut feindre d'«égarer» son carnet de travellers checks: l'American Express rembourse. Les chèques «égarés» seront vendus à bas prix. Bien entendu, quelqu'un, au bout de la chaîne, sera volé, et ce ne sera ni le hippie ni l'American Express. On vend aussi son passeport, ou son sang (90 Francs la pinte à Istanbul). Ou son corps enfin: c'est le moyen le plus banal. Certains tentent de rafler quelques sous en jouant de la guitare ou en dessinant à la craie sur les trottoirs. Mais le moyen le plus simple reste quand même le mandat en provenance des parents, des amis ou du frère.

100 balles (*fam*) = 100 francs
égarer perdre

rafler ici = gagner rapidement

Toute cette aventure serait pathétique ou dérisoire si, à travers ces raisons, cette redécouverte du pèlerinage, de ce mépris de l'argent, voire de la dignité, ne se dessinaient pas quelques éléments d'une morale et d'une esthétique dont la signification dépasse le monde hippie lui-même.

Une morale, d'abord. Les hippies chantent la paix, la liberté, l'amour. C'est, dans cet univers violent et compétitif, l'appel à un autre type de rapport entre les hommes. Un cri de guerre contre les règles de ce que la société industrielle appelle la réussite.

Tout s'ordonne ainsi autour du rêve d'une vie communautaire. Aux États-Unis, où le mouvement hippie a explosé

[14] **Kaboul:** capitale de l'Afghanistan
[15] **Gérard Borg:** auteur de « *Voyage à la Drogue* »
[16] **Lanza del Vasto** (1901-): écrivain italien d'expression française; disciple de Gandhi; animateur d'une communauté rurale et artisanale qui se réclame à la fois de Gandhi et de l'esprit du christianisme
[17] **Sadhus:** *Indu Holy man*

Les Révoltés paisibles: les hippies

en plusieurs milliers de communautés rurales ou urbaines, spécialement sur la côte ouest, personne n'est très loin du kibboutz. Mais un kibboutz qui ne cherche pas à vendre. Il s'agit, en réalité, d'une reconstitution de la tribu, sur fond de retour à la terre.[18] Trois mille communautés de dix à deux cents personnes, selon Benjamin Zablocki, professeur de sociologie à l'université de Californie, tentent de survivre aux États-Unis. Partout, les principes sont presque les mêmes. Pas de sens de la propriété, d'abord : tout est à tous. Pas de recherche de la rentabilité : la communauté vit de ce qu'elle produit, rien de plus. Pas de barrière entre les personnes : la notion de couple est abolie, la liberté sexuelle est de rigueur. Pas de hiérarchie : la psychothérapie de groupe fonctionne à plein. Le soir, on écoute de la musique, on chante, on parle de soi. Lorsque la tension entre les personnes se fait trop forte, la drogue est là pour gagner du temps et pour apaiser les angoisses.

Édens. Ce qu'il y a de naïf dans cette série d'expériences, les hippies majeurs ne le nient pas. Les communautés, par exemple, ne sont pas éternelles. Elles naissent, se développent, et puis meurent. S'il n'y a pas de hiérarchie officielle, il y a toujours un noyau central que l'on pourrait qualifier d'« animateur ». De la cohésion du noyau dépend la survie de l'ensemble. Enfin, la liberté sexuelle n'est jamais absolue, car des couples se forment, qui résistent à la règle du jeu. Tout cela crée des tensions qui souvent accélèrent la mort de la communauté. Il n'empêche. Ceux qui ont connu ce type de vie ne se comporteront plus tout à fait de la même manière dans les bureaux où, inévitablement, un grand nombre d'entre eux retourneront un jour. Ils resteront porteurs d'une parcelle de cette « gentillesse » ou de cette « tolérance » hippie qui constitue l'un des apports fondamentaux de la religion de la jeunesse.

A sa manière, le mouvement hippie porte aussi en lui les éléments d'une esthétique constituée d'un intéressant bric-à-brac planétaire, dont le principe est le retour aux édens d'avant l'industrie. Les hippies vivent ainsi dans un décor syncrétique d'objets où se mêlent inextricablement le Far West, le Mexique et l'Asie.

---

[18] **sur fond de retour à la terre :** avec l'idée générale d'un retour à la culture, aux activités agricoles

rentabilité *profit-making*

de rigueur *in order*

noyau *core, nucleus*

il n'empêche *peu importe (no matter)*

parcelle *fraction, fragment*
apport (*m*) *contribution* (*f*)

syncrétique *désordonné*

Le Far West: les clochettes, les bandeaux au front, les mocassins, les colliers, sont un emprunt direct aux Indiens d'Amérique, les premiers des nomades persécutés auxquels les beatniks, avant les hippies, ont commencé de rendre un insolite hommage.

insolite étrange

Le Mexique: de ce pays pour les Anglo-Saxons puritains et rationnels, les hippies ont rapporté les principaux véhicules de la transe, de la possession et de la connaissance par les gouffres. C'est là qu'ils ont découvert les hallucinogènes: mescaline, psylocybine, peyotl, cannabis.

gouffre abyss

L'Asie: pour les hippies, le vrai sentiment religieux tel qu'ils l'éprouvent n'existe que là-bas. Les saints de la tribu, à San Francisco comme à Amsterdam, se nomment Bouddha, Gandhi, ou Lao-Tseu.[19] Ils sont d'autant plus admirés qu'ils sont mal connus. L'Inde n'est d'ailleurs un modèle que parce que peu y parviennent, et que sa réalité a moins d'importance que son mythe.

Échec. Mais il n'y a pas de révolution sans victimes. Le mouvement hippie a les siennes. La grande question, à laquelle personne ne peut répondre aujourd'hui, est celle de savoir ce que deviennent les hippies après quatre ou cinq années de voyage. Certains reconnaissent leur échec. Précisément parmi ceux qui ont atteint l'Inde: «Nous sommes les cocus du voyage au long cours, a déclaré Geneviève, 23 ans, à Gérard Borg. A côté de l'effroyable misère des Indiens, la recherche mystique devient un alibi gênant.» C'est là l'un des drames hippies; dans leur innocence préservée, ils ne savent pas grand-chose et doivent aller en Inde pour découvrir qu'on y meurt au milieu des rues.

échec (m) ≠ réussite (f)

les cocus (fam) les trompés **voyage au long cours** (ocean voyage) ici = qui dure longtemps

Reste que, chez des milliers de jeunes, contestataires extrémistes ou rêveurs déçus, la révolution culturelle hippie a déferlé comme une tornade avec un seul mot d'ordre: vivre ici et maintenant. D'où l'extraordinaire diversité des comportements de cette nouvelle génération mondialiste qui cherche à survivre dans un monde qu'elle méprise, et surtout à jouer.

déferler to unfurl, spread

D'où la méfiance d'une bonne partie des adultes devant ces Martiens hirsutes qui soufflent en souriant sur le millénaire héritage: travail, famille, patrie. D'où les objections

[19] **Lao-Tseu:** philosophe chinois du VIe ou Ve siècle avant J.-C.; fonda la religion taoïste

incontestables: aucune société ne peut se bâtir sans tension, sans un effort prolongé et lucide. Même si une autre société peut et doit s'édifier en marge de celle qui existe, elle ne pourra naître d'une aventure spontanée et romantique. Là aussi, il faudra de la méthode et de l'obstination.

Espérance. Il reste que, comme le dit Stuart Hall,[20] «les hippies, dans leur rupture collective et totale d'avec les contraintes de la société actuelle, sont en train d'esquisser concrètement quelques-unes des solutions aux problèmes cruciaux que pose la société de demain». La secte hippie, dans sa pureté originelle, a déjà «explosé». Mais elle a réussi à imprégner bien des comportements du monde moderne.

brouillonne ici = vague

A travers leur espérance, leur naïveté et leurs cris, les hippies ont commencé de dessiner, sous les yeux stupéfaits des hommes du vieux monde, un univers inimaginable il y a dix ans: l'esquisse, encore brouillonne, de la société du XXIe siècle.

ANDRÉ BERCOFF

[20] **Stuart Hall:** auteur de *The Popular Arts* (1965), livre qui traite des moyens de communication de masse

Questions

Ière partie: «Tout l'été...» jusqu'à: «les gouvernements ont tôt fait de choisir».

1. Le touriste français connaît bien les hippies: où a-t-il l'occasion de les rencontrer?
2. Comment l'auteur définit-il l'origine du mot «hippie»? Connaissez-vous d'autres définitions de ce mot?
3. Quelles réactions provoque, en général, le hippie chez le touriste? Justifiez-les.
4. Quel est le point de vue de l'auteur sur la majorité des hippies? Pourquoi ne les prend-il pas trop au sérieux? Que vous rappelle la remarque: «ces voyageurs-là, pour être sans bagages»?
5. Qui l'auteur appelle-t-il les «véritables hippies»? Dans quelles directions s'orientent leurs tentatives? Commentez: «antique mythologie du voyage» et «idées courtes et robes longues».
6. Pourquoi ne faut-il pas traiter par le mépris le phénomène hippie? Que peut-il marquer, et en quoi est-il audacieux? (deux raisons)
7. Pour quelles raisons Josh a-t-il dû quitter les Baléares?
8. Quels voyages l'auteur distingue-t-il? Commentez leurs caractéristiques respectives.
9. En général, quels groupes d'Américains deviennent des hippies? quels sont leurs motifs?
10. En quoi l'aventure tentée est-elle: a) une nouvelle quête du Graal? b) une expression d'exotisme et de prosaïsme ?
11. Expliquez, géographiquement et idéologiquement, «le voyage à l'envers»; donnez-en les raisons.
12. Le cas de Christina: pourquoi elle et ses camarades sont-ils désabusés?
13. Donnez les raisons qu'ont beaucoup de hippies: a) d'être dégoûtés de la politique, b) de refuser la notion de temps chronologique.
14 Qu'est-ce qui est le plus important pour Max? En quoi l'organisation des grottes de Matala porte-t-elle en elle-même sa propre faiblesse?
15. En quoi l'idéal des hippies n'est-il pas neuf? Étudiez les trois façons différentes dont ils renouvellent le voyage. Pourquoi police et gouvernements les considèrent-ils comme indésirables?

2ème partie: depuis: «Qu'importe...» jusqu'à la fin.

1. Expliquez le «voyage magique» et ses dangers.
2. Pourquoi peu de hippies atteignent-ils Katmandou?
3. Comment se prépare le grand voyage?
4. Détaillez les deux itinéraires, leurs possibilités, leurs implications.
5. Expliquez le fonctionnement détaillé du réseau hippie.
6. Quel rôle immense la solidarité joue-t-elle?
7. Nommez tous les moyens par lesquels les voyageurs peuvent se procurer de l'argent.

8. Quelle est la morale de l'esthétique hippie?
9. Décrivez la vie communautaire et son organisation.
10. En quoi ces expériences sont-elles naïves? bénéfiques?
11. A quel bric-à-brac mondial le mouvement hippie fait-il appel? Qu'emprunte-t-il à chaque composant?
12. Pourquoi le mouvement hippie est-il, en définitive, un échec pour les jeunes eux-mêmes? (plusieurs raisons)
13. Quel facteur unique a déterminé les différents comportements des jeunes?
14. Expliquez la méfiance des adultes à l'égard des hippies; donnez leurs objections.
15. Malgré tout, qu'est-ce que les hippies ont réussi à accomplir?

Discussions / compositions

A. Avez-vous assisté à un festival de pop? Racontez vos expériences. Le mouvement pop est-il synonyme de mouvement hippie?

B. «On supporte mieux que les siens propres les hippies des autres.», a dit Annie Kriegel, professeur d'histoire à Nanterre. Commentez.

C. Beaucoup de jeunes gens et de jeunes filles veulent vivre dans des communautés pour rompre avec la société et réinventer leur existence. Examinez et discutez les différents aspects de la vie en communauté (celle du mariage collectif en particulier) et les buts que les participants poursuivent.

D. «Voici venus les premiers mendiants blancs de l'Asie», remarque un notable de Calcutta. Commentez, ainsi que le titre de l'article: «Hippies, parias ou prophètes?».

E. Le mouvement hippie: qu'en pensez-vous? Son influence? (voyages, mode, yoga, etc.) Ses faiblesses et ses bons côtés? A-t-il des chances de survivre?

Situation

Dialogue entre Christina (de Berkeley) et Geneviève (de Paris). Elles exposent les raisons pour lesquelles elles ont fait le «grand voyage».

ou:

Dialogue entre un groupe de hippies américains et un groupe de hippies français: leurs raisons respectives pour le «grand voyage».

2 Les «Enragés»

Vocabulaire utile

Les «enragés»[1]

«Se mutiner au nom du bonheur futur...»

L. Guilloux: romancier (1899-   )

LE REFUS

contester: protester, réagir

ébranler (*shake loose*) les bases du pouvoir

les contestataires	les «enragés»	le syndicalisme étudiant
les marxistes	les maoïstes	les trotskystes

refuser:

une manière de vivre	la robotisation du monde
l'injustice humaine	la technocratie bourgeoise
l'«Établissement»	«la société d'étouffement»

BUT, REVENDICATIONS

changer quelque chose dans les rouages (*wheels*) sociaux

changer le système d'enseignement   ébranler les institutions

démystifier la machine

rejeter les critères éthiques

instituer le dynamisme   enflammer les jeunes

instituer une ère de créateurs

ACTION

la violence, le terrorisme ≠ la non-violence, l'objection de conscience

les manifestants   une manifestation

désordres sporadiques ≠ désordres réguliers, constants

tactiques (*f*):

un tract: un manifeste révolutionnaire

un soulèvement (*upheaval*)   une émeute (*riot*)   les émeutiers

une bagarre = une échauffourée (*scuffle*)

le sabotage   les saboteurs = (*pop*) les casseurs   saboter

appeler les ouvriers au sabotage

renverser les voitures

les incendiaires (*arsonists*)   faire cramer (*pop*) = faire brûler (les voitures)

les plastiqueurs: ceux qui font exploser au plastic (= explosif au plastique)

charger avec: des boucliers (*shields*)

des casques (*helmets*)

des barres de fer

tessons (*m*) = morceaux cassés (de bouteilles)   pavés (*m*) (*paving-stones*)

lanceurs de tessons de bouteilles, de pavés

élever des barricades = dresser des barricades

---

[1] **Les Enragés:** ultra-révolutionnaires de 1793. Le mot a été repris en mai 1968 pour désigner les étudiants ultra-révolutionnaires.

l'affrontement (m) = la confrontation

les forces de l'ordre: les gardes mobiles   les flics (cops)

les motards (fam) = les motocyclistes de la police

rétablir l'ordre

bombes lacrymogènes (tear-gas)   matraques (f) (clubs)

coups de matraque

(étudiants) assommés (knocked down)   grièvement (= sérieusement) blessés

arrestations (f)

se faire arrêter = (fam) se faire coffrer

LA CRISE UNIVERSITAIRE

grève (f) = boycott (m) = boycottage (m)

monter (aller) à l'assaut des bâtiments administratifs

s'emparer de: prendre violemment par force

empêcher le déroulement des examens   examens reportés =

ajournés

abroger (= abolir) l'usage du couvre-feu (curfew)

exclusion (= expulsion) de l'université   étudiants renvoyés = (argot) foutus dehors

le retour au calme

une brève flambée

le système a vacillé

«Moi qui cherche encore quelque chose au monde...»
André Breton (1896-1966): un des fondateurs de l'école surréaliste

Exercices d'application

A. *Donnez les définitions des mots et expressions suivants:*

1. marxistes
2. maoïstes
3. trotskystes

4. l'Établissement
5. se mutiner

B. *Commentez, quand c'est possible, ces quelques inscriptions que l'on pouvait lire sur les murs de Paris pendant la Révolution estudiantine de mai 1968:*

L'homme est violent quand on l'opprime, il est doux quand il est libre.

Vivez sans temps mort, jouissez sans entraves.

J'ai quelque chose à dire mais je ne sais pas quoi.

Il y a bien plus encore à détruire qu'à bâtir.

Je suis marxiste tendance Groucho.

Nous voulons donner mauvaise conscience au monde.

Que les doyens doyennent, les flics flicaillent et que les révolutionnaires fassent la Révolution.

Il faut détruire en l'homme tout ce qui n'est pas lui-même, à commencer par Dieu, l'honneur et la Patrie.

La culture c'est comme la confiture, moins on l'a plus on l'étale.

Nous on veut nos examens.   (signé): Les Bourgeois

C. *Complétez par une suite de mots convenable:*

1. La colère des jeunes gens n'a été ____
2. Les saboteurs ont transformé les rues de Paris ____
3. ____ la robotisation du monde.
4. Les agents de police sont intervenus ____
5. ____ est une attitude fondée sur une position morale.

« Confrontation »

Bouleversé par la nouvelle que son fils est dans le coma, l'industriel Fabre-Simmons quitte précipitamment son bureau pour rentrer chez lui. En réalité, Roland n'a été que légèrement blessé, à la suite d'une échauffourée entre police et étudiants. (mai 1968)
Père et fils ont enfin la longue explication que Roland désirait depuis longtemps.

— Bon... Eh bien, mon vieux, parle-moi de toi, maintenant!

La voix de Georges Fabre-Simmons était assurée, courtoise. Un éclair s'alluma dans les yeux de Roland:

— Moi? Oh! oui, j'ai bien l'intention de vous[1] en parler... Vous m'avez embarqué dans le Droit, n'est-ce pas? Mais le Droit m'emmerde. Je ne veux rien faire de ce qui tourne

embarquer (*fam*) engager, lancer dans
emmerder (*vulg*) ennuyer

---

[1] **vous:** Roland, comme sa sœur Cécile (voir «La femme moderne» p. 134) dit «**vous**» à ses parents. Il est ironique de constater que le garçon porte, malgré lui, la marque de son milieu en utilisant ce signe de respect et de tradition.

autour de l'injustice humaine. Et je ne gâcherai certainement pas trois ou quatre années de ma vie pour vous faire plaisir! Alors, si vous voulez tout savoir, je prends mon mal en patience et j'attends d'être majeur... A la Fac, je vis une expérience nouvelle, passionnante, qui n'a rien à voir avec le Droit: *celle du Refus.* Et je refuse à peu près tout. Je ne suis pas maoïste ni même communiste. A présent, c'est archi-dépassé! Quant à votre société d'étouffement et de consommation, ce ne sont plus quelques tigres[2] qui la dirigent, mais des rats et des charognards par milliers! Je trouve ça effrayant: une bande de rats... Oui, *nous refusons tout,* pour cette bonne raison qu'on ne nous offre rien. Aucun avenir, aucun idéal, aucune mission. Et pendant ce temps, il y a des copains qui brûlent.

Georges Fabre-Simmons tressaillit. «*Des copains qui brûlent*»: Roland avait déclaré cela sur le ton de l'évidence amère. Sans doute pensait-il aux jeunes bonzes du Vietnam, aux étudiants tchécoslovaques, aux lycéens de France et de Navarre[3] qui s'allumaient comme des torches et qui n'éclairaient jamais rien. Fabre-Simmons dit simplement:

— Et toi, Roland?

Une fois de plus, le garçon changea d'attitude. Il réfléchissait, et quand il reprit la parole d'une voix unie, l'éclair de haine qui brillait jusqu'alors dans ses yeux s'éteignit:

— Moi? Depuis trois ans, je réagis. Au lycée, déjà... Notez que je n'ai encore rien inventé de génial, moi non plus. D'abord, j'ai fait comme la grande masse des types qui refusaient: j'ai contesté en douceur. Une petite chorale de hippies par-ci, une petite manifestation contre la guerre par-là, entre deux séances amoureuses dont il ne reste même pas le souvenir. J'ai fini par voir que c'était idiot. Zéro. Du vent. Pour moi les filles sont comme les idées, je ne supporte pas qu'elles se fassent tripoter de main en main. Et puis, la seule chose que j'ai apprise à vingt ans, c'est que l'on n'obtient rien par la douceur. Je sais maintenant que la vie, c'est la guerre.

Michel de Saint-Pierre (*Le Milliardaire*)

---

[2] **tigres:** au début de cet entretien, Roland rappelle à son père ce que ce dernier lui avait dit auparavant, à savoir que la société moderne était une jungle, l'essentiel était d'en devenir le tigre, et que pour devenir tigre, il fallait travailler beaucoup plus que les autres.

[3] **de France et de Navarre:** *historical expression going back to Henri IV who united France and Navarre (now the Pays Basque) = the whole country*

---

prendre son mal en patience *to grin and bear it*
la Fac = la Faculté

archi-dépassé (*litt*) = *more than passé*

charognards chacals

unie calme

tripoter (*fam*) toucher

Questions

1. Caractérisez le ton et l'attitude du père et du fils au début de ce dialogue.
2. Quels reproches Roland fait-il à son père en ce qui concerne ses études?
3. Pourquoi reste-t-il à la Fac, malgré son dégoût pour les études? (plusieurs raisons) En quels termes décrit-il son expérience actuelle?
4. De quelle façon voit-il la société que représente son père? Pourquoi le refus total?
5. Pourquoi Roland songe-t-il aux «copains qui brûlent»?
6. Quel effet cette phrase a-t-elle sur son père? Expliquez: «qui s'allumaient comme des torches et n'éclairaient jamais rien».
7. En quoi l'attitude de Roland a-t-elle changé depuis le début de l'entrevue? Quels sont les motifs de ce changement?
8. Retracez l'évolution de Roland comme contestataire. Donnez votre interprétation de «chorale de hippies».
9. Quelle est donc l'éthique du jeune homme?
10. Son père répétait à Roland: «On ne naît pas tigre dans la jungle humaine, on le devient». Commentez. Comment, en quelque sorte, Roland s'est-il souvenu des leçons de son père?

Discussion / composition

«J'avais 20 ans. Je ne laisserai personne dire que c'est le plus bel âge». Commentez cette phrase de Nizan (1905–1940), écrivain, ami de Sartre.

«Les enragés»

Ici, Roland explique à son père ce qui s'est passé sur son Campus.

Il y a deux ou trois semaines, je ne sais plus très bien, *nous* avons empêché «le déroulement partiel d'un examen de seconde année de droit», comme dit l'autre connard de[1] journaliste! Le Recteur — un de ces communistes en chambre qui vous lisent Marx et Mao dans une édition de luxe — le Recteur, il a chargé les flics de «rétablir l'ordre», vous vous rendez compte? Bilan: trois copains ont été foutus dehors, «expulsés de l'Université», si vous voyez ce que je veux dire. Nous, on n'a pas apprécié. Alors, on s'est tous mis d'accord pour saboter systématiquement les cours de Lettres et de Droit. On aime bien que les Lettres soient ici groupées avec le Droit, où les types seraient volontiers polars, conservateurs et pépères. Comme les deux Facs sont l'une à côté de l'autre, ça aide... Quoique, depuis un moment, le Pouvoir se durcit. «Retour, coûte que coûte, à l'ordre et à l'autorité.» Vous vous rendez compte? Si on *les* laisse faire, *ils* vont se prendre tout de suite pour Hitler ou pour Nabuchodonosor.[2] Heureusement, à Boisléger,[3] ça remue! Quand les gardes mobiles ont envahi notre espace vital — ils font ce qu'ils veulent, les vaches, puisque le Recteur a «banalisé»[4] le Campus — alors, nous, on a chargé sans leur laisser le temps de respirer: comme ça, en gueulant comme les derniers des Mohicans, avec nos casques, nos barres de fer et des tas de bidules qu'on leur balançait...

MICHEL DE SAINT-PIERRE (*Le Milliardaire*)

en chambre incompétents

bilan (*m*) résultat (*m*), conclusion (*f*)

polars (*fam*) polarisés
pépères (*pop*) tranquilles

les vaches équivalent de: *Pigs!*

gueuler (*pop*) crier fort, protester

bidules (*pop*) trucs, choses
balancer (*fam*) = jeter, lancer

[1] **connard:** (*vulg*) = idiot; l'autre connard de = cet idiot
[2] **Nabuchodonosor** (*Nebuchadnezzar*): roi de Babylone de 605 à 562 avant J.-C.; détruisit le royaume de Juda et sa capitale Jérusalem
[3] **Boisléger:** l'université (fictive) de Roland
[4] **«banaliser»** **le Campus:** en faire un territoire comme les autres, où la police peut intervenir

Questions

1. Quels sont les exploits successifs dont Roland se vante d'abord auprès de son père?
2. Quelles ont été les réactions du Recteur? Quelle opinion Roland a-t-il du Recteur? Pourquoi?
3. Qu'est-ce qui plaît au jeune homme dans le fait que, dans son université, les Facs de Lettres et de Droit soient groupées?
4. Expliquez les «nous», «les», «ils» de Roland et ses comparaisons. Que veut-il dire par «espace vital»?
5. Décrivez l'action des étudiants.
6. Comment l'auteur arrive-t-il à rendre le récit de Roland amusant, bien qu'il ne le soit pas?

Discussions / compositions

A. Roland parle du campus «banalisé» par ordre du Recteur. Justifiez l'intervention ou la non-intervention de la police sur le campus.

B. Les similarités ou différences de méthode et de langage dans la contestation américaine et française. L'agitation universitaire vous semble-t-elle avoir les mêmes sources en France et aux États-Unis?

C. La contestation en douceur (la non-violence) ou la contestation violente? Quelle est, à votre avis, la plus efficace?

«Le ‹but› d'un contestataire»

Le texte suivant est un extrait du Journal de Roland; Mme Fabre-Simmons l'a trouvé et le fait lire à son mari.

rouages (m) wheels

repus stuffed, satiated
aplatis écrasés, sans énergie

Nous voulons changer quelque chose de précis dans les rouages sociaux et dans les attitudes mentales. Je veux dire, contribuer à changer ce quelque chose; à transformer cette inertie où nous sommes tous plongés, cette civilisation de vendeurs repus et d'acheteurs aplatis, en une véritable centrale d'énergie humaine. Il s'agit d'installer un dynamisme perpétuel, de remodeler dans ce but les systèmes juridiques, économiques et sociaux, qui sont ahurissants à force d'être éculés! Il s'agit de refuser le choix par lequel on prétend nous coincer: technocratie bourgeoise ou socialisme d'État. Si nous en croyons Lénine, l'État, c'est la matraque — et la bourgeoisie, c'est le poison! Lénine était un vieux salopard typiquement adulte, mais il connaissait son monde. En somme, de quoi s'agit-il, comme disait l'autre militaire? Il s'agit de remplacer l'ère des ordinateurs par une ère de créateurs. Il s'agit de dompter la machine et de desserrer les freins. Nous savons bien que l'ensemble est un problème politique, et nous savons que la seule réforme digne d'être imposée doit aller dans ce sens-là...

«Nous avons la pureté, nous avons l'audace, nous avons la force — *et maintenant, nous avons le nombre.* Nous le savons, et nous savons que maniées par nos mains, les mitrailleuses vont devenir intelligentes! Pour la première fois dans l'histoire du monde, une révolution sera faite non par une classe contre une autre, non par un parti contre un autre ni par un régime contre un autre, mais par la seule jeunesse dressée contre les adultes et contre les vieux!

«Quelle sorte de société nous allons faire surgir — et par quels moyens? Nous ne le savons pas encore. Au travail! Dites-vous que nul obstacle ne nous rebutera. Dites-vous bien que nul tabou ne nous arrêtera, que nous saurons même nous montrer cruels, que nous saurons même nous montrer patients. Cela posé, je vous emmerde tous, car je vais peut-être posséder bientôt la chose la plus précieuse qui existe en ce monde: *un but!*»

MICHEL DE SAINT-PIERRE (*Le Milliardaire*)

ahurissants stupéfiants

éculés usés

coincer immobiliser, empêcher d'agir

salopard (*pop*) salaud (*bastard*)

dompter dominer

desserrer les freins (*litt*) = *to release the brakes* = *to ease off*

maniées manipulées, employées

surgir ici = naître

rebuter décourager

cela posé cela admis
je vous emmerde tous *the hell with you all!*

Les «Enragés»

Questions

1. Énumérez les différents changements que veut accomplir Roland. Quel est celui qui semble de première importance?
2. Commentez: «vendeurs repus» et «acheteurs aplatis».
3. Quel est le choix que Roland refuse? Pourquoi se considère-t-il «coincé»?
4. Expliquez et commentez l'opinion de Roland sur Lénine: «un vieux salopard typiquement adulte». Qui désigne-t-il par «l'autre militaire»?
5. Roland oppose l'ère des ordinateurs à celle des créateurs. Commentez.
6. La supériorité de la jeunesse, selon Roland. Qu'y a-t-il d'effrayant dans ses remarques?
7. En quoi la révolution des jeunes est-elle une innovation d'après lui? Quel sens donne-t-il au mot «vieux»?
8. Qu'est-ce que Roland ne voit pas encore clairement? Quel sentiment le domine?
9. Relevez les différences et similarités entre le style parlé et le style écrit de Roland.

Discussions / compositions

A. Le Refus:
   Discutez l'intransigeance de Roland, les causes de l'amertume, de l'agressivité des jeunes, dans leur lutte contre «la société d'étouffement».

B. Quelle société choisir? La société de consommation? la société d'abondance? la société socialiste (type maoïste)? Donnez les caractéristiques et faites les critiques de chacune.

C. André Malraux a dit de Mai 1968 que c'était une «crise de civilisation». Commentez.

Situation

Imaginez les réactions et les commentaires (reproches mutuels, craintes) du père et de la mère après la lecture de ce Journal.

3 La Majorité tranquille

Vocabulaire utile

Les tranquilles

VILLE DE PROVINCE

«*Le doux murmure d'une ville de province.*»

H. de Balzac

la vieille France   les clans   le statut social
les notabilités (f): les nobles, la haute bourgeoisie
les nobles   les bourgeois   les commerçants
milieu fermé: milieu exclusif, où il est difficile de pénétrer
un esprit étroit ≠ esprit large, ouvert
avoir des préjugés ≠ être dénué de préjugés
critiquer   se faire critiquer
un cancan* = un racontar (*gossip*)   cancanier, cancanière: qui fait des cancans
cancaner = faire des racontars = être mauvaise langue
les dimanches mortels   une ville morte
le jour du marché   une ville animée

JEUNES DE PROVINCE

s'ennuyer   périr (= mourir) d'ennui   végéter
s'intéresser de loin aux événements   être apolitique
heureux de vivre

organiser ses loisirs   caser ses loisirs
mettre de la vie dans les clubs

une génération saine (= normale)   absence de drogues, d'alcool

OCCUPATIONS, DISTRACTIONS

les activités scolaires   les activités extra-scolaires
organisations: éducatives, récréatives, culturelles
les sorties en groupe   l'obstacle parents pour les sorties
les banquets   les fêtes   les balades (= promenades) en auto, à bicyclette, etc.

l'école de voile   la pêche en mer

lieux de rencontre:
Les Maisons de Jeunes: où les jeunes peuvent se réunir et trouver toutes sortes de distractions

les foyers* (de jeunes travailleuses, d'étudiants) = résidences (f)

le café: l'occasion de se rencontrer
l'ambiance du café   le besoin de discuter   les apartés (*private talks*)

(prendre) une consommation = un verre = un pot
se faire des amis   se revoir

les salles de bals, les dancings
fréquenter les salles de bals
boîtes mal famées = mal fréquentées

le Conservatoire   l'Orphéon = 1) la fanfare municipale (*local band*)   2) la chorale

le folklore   le groupe théâtral
                    se déplacer = aller en déplacement (*on tour*)

échanges culturels:
                    voyager à l'étranger
                    jumeler les villes: les associer comme des sœurs jumelles et organiser
                    entre elles différents échanges

                    «L'affreux mot de provincial»

                                                            F. Mauriac

Exercices d'application

A. *Dites d'une autre façon:*

    1. Il critique tout et tout le monde.
    2. Elle a l'esprit très ouvert.
    3. Ce sont **les personnes les plus importantes de la ville.**
    4. Une génération **qui ne se drogue pas.**
    5. C'est **un café que fréquentent les voyous.**

B. *Complétez par une suite de mots convenable:*

    1. Le jour du marché ___
    2. Au lieu de cancaner ___
    3. ___ à la Maison de Jeunes.

    4. Quand on a une sale mentalité ___
    5. ___ la fanfare municipale.

«Être lycéen à Bayeux»

Bayeux, 12.000 habitants, en Normandie, a ses spécialités:
sa tapisserie, sa cathédrale, sa dentelle, ses vieilles maisons,
presque des musées, ses pavés aussi vieux, sa pluie assez   **pavé** (*m*) *cobblestone*
souvent, ses nombreux poissonniers, son théâtre fermé, pas
de piscine, la mer à 9 km, Caen à 27, les haras pas loin, les   **haras** (*m*) *stud-farm*
vaches et les pommiers... Elle a aussi tout ce qui caractérise
une ville de province où qu'elle se trouve: le marché le
samedi, les bals dans la région et les soirées dans les bonnes   **les bonnes familles** la haute
familles; les clans des notabilités, des riches commerçants,   bourgeoisie
des petits commerçants..., les clubs de tennis, de cheval, de
foot..., les cinémas, les samedis animés et les dimanches

mortels, le lycée,[1] l'école libre...

Une ville est un ensemble de clans, délimités par l'origine sociale, qui se regardent souvent en chiens de faïence, ou s'ignorent, et se partagent les activités de la cité.

Jeune, on échappe davantage à ce phénomène de ségrégation; l'écolier sans doute encore plus qu'un autre. Ses sujets d'intérêt sont plus nombreux, plus divers, et son esprit disposé à être plus ouvert. Le cercle dans lequel il vit est plus large. Les clans se constituent d'après les affinités intellectuelles, les tempéraments individuels. Il y a ceux qui s'ennuient et ceux qui ne s'ennuient pas; ceux qui de la province ne voient que les inconvénients, ceux qui n'en voient que les charmes. Au «Globe», à midi, dans la salle du fond, le juke-box déverse sans s'arrêter son flot de chansons sur des filles et des garçons devant des verres et des sandwiches. Hugues, dix-sept ans, terminale D,[2] de légères ondulations, un visage doux de fille; Isabelle, 1ère classique,[3] grande, mince, élégante, yeux bleus et maquillés — «depuis mai, on a l'autorisation au lycée»; Marie-France, dix-sept ans aussi, 1ère aussi, cheveux courts et lunettes, pas froid aux yeux, loge au foyer des jeunes travailleuses.

H. — Au lycée, il y a pas mal d'activités, des clubs, mais c'est pour les internes surtout: un ciné-club mais c'est le soir, des sorties organisées pour les pièces à Caen, des concerts pour les élèves... Il y a aussi un journal fait par les lycéens. Mais là encore il est fait surtout par les internes.

Q. (questionneuse). — Et le sport?

I. — Oui, on peut en faire le jeudi après-midi. Mais nous deux (l'autre c'est Hugues) on habite à 9 km d'ici; aussi c'est pas pratique.

On ne peut pas discuter

Q. — Et en dehors du lycée?

IHM. — Oh! Vous savez, il n'y a pas grand-chose à faire. Il n'y a pas de piscine, le théâtre est fermé...

Q. — J'ai vu des affiches qui parlaient d'un groupe théâtral...

se regarder en chiens de faïence se regarder avec hostilité

légères ondulations = cheveux légèrement ondulés

on a l'autorisation (de se maquiller)

pas froid aux yeux audacieuse

[1] Pour le vocabulaire des études voir **Vocabulaire utile**, p. 52 et p. 53.
[2] **terminale D**: classe terminale qui prépare au baccalauréat D (mathématiques appliquées et sciences naturelles)
[3] **1ère classique**: (accent sur les études littéraires et classiques: français, latin, grec) classe qui précède la terminale A

H. — Ah oui, le «Gay Savoir»; c'est assez récent, c'est la surveillante générale du lycée qui s'en occupe. Il paraît que c'est pas mal. On peut faire aussi de la danse classique.

Q. — Vous en faites?

H. — Non.

I. — Moi, mes parents ne veulent pas que je sorte le soir.

M.-F. — Dans mon foyer, on est libre jusqu'à 10 heures et le mercredi jusqu'à minuit. C'est à peu près le seul jour où il y a un peu de monde dans les rues le soir, avec le samedi. Qu'est-ce qu'on fait? Boof... Qu'est-ce que vous voulez faire? On prend un pot, on va au ciné... mais on n'a pas des films très récents. Et au «Normandie» vous ressortez avec des poux (rires).

H. et I. — Oui, c'est vrai.

Q. — Et le foyer, c'est bien?

M.-F. — Bah, ça dépend. Il y a tout le «Crédit».

H. — Le Crédit Lyonnais a une succursale ici depuis deux ans et ça a amené beaucoup de jeunes dans la région.

Q. — C'est plutôt bien, non?

M.-F. — Oh non, parce qu'on ne se fréquente pas. Les filles du «Crédit», au foyer, elles se prennent pour je ne sais quoi.[4] Je ne sais pas si c'est parce qu'elles travaillent et qu'elles gagnent de l'argent... A table on est à côté, elles ne me parlent pas.

Q. — Et vous non plus?

M.-F. — Elles sont toutes ensemble, c'est à elles de commencer. Elles n'ont pas un niveau intellectuel très élevé et ce n'est pas la même éducation. J'ai eu des camarades de troisième, dès qu'elles sont entrées au «Crédit», elles ne m'ont plus parlé.

H. — Les écoutez pas, elles critiquent tout. Mais c'est vrai qu'il y a une sale mentalité.

I. et M.-F. — Surtout les filles, les garçons n'ont pas cette mentalité.

Q. — Il y a les maisons des jeunes?

M.-F. — Oui, mais on n'y va pas parce qu'il n'y a que des voyous. Avant c'était bien, maintenant c'est la décadence.

Q. — Vous y êtes déjà allés?

I. et M.-F. — Non, mais c'est connu.

H. — Moi, j'ai voulu rentrer une fois, mais on m'a refusé

Boof pooh

pou (m) louse

«**Crédit**» = le Crédit Lyonnais (banque)
succursale branch

se fréquenter se voir, sortir ensemble

voyou (m) hoodlum

---

[4] **elles se prennent pour je ne sais quoi:** elles sont snobs.

carte carte de membre actif

parce qu'il fallait que je prenne une carte.

Q. — Qui sont ces voyous?

H. — Oh! des types de quinze, seize ans qui traînent. Ils

baby-foot football de table
   (*pinball machine*)

jouent au baby-foot, au ping-pong et c'est tout. On ne peut pas discuter. Il n'y a même plus d'animateur, juste un gardien.

M.-F. — En dehors du lycée, on voit des pions, des instituteurs... Ça ne sort pas du domaine scolaire.

mite (*f*) moth

Des mites dans la tapisserie

Q. — Et ceux de «Jeanne-d'Arc»? (C'est l'école libre.)

H. — Ce sont les nobles ou les bourgeois. On se connaît, mais on ne se voit pas. Au lycée, on a une mentalité... comment dire... moins digne.

digne honorable

M.-F. — Bayeux, c'est très bourgeois de toute façon.

I. — Caen d'ailleurs c'est pas mieux, c'est très bourgeois aussi.

Q. — Vous y allez?

H. — Oh! pas souvent. On va parfois voir des pièces, mais rarement.

M. — On va dans les magasins, à la piscine, il y en a trois. Mais autrement, il y avait une troupe très bien, elle a disparu.

Q. — Qu'est-ce que vous faites le jeudi, le dimanche?

IHM. — ...

I. — Ben, on écoute des disques, on lit.

Q. — Quoi?

I. — Les auteurs qui sont à notre programme. Moi j'aime bien aussi Camus, Sartre...

M.-F. — Troyat.

Q. — Et les journaux?

H. — De temps en temps, on lit «Ouest-France»,[5] parfois «le Monde». On s'intéresse à ce qui se passe, mais de loin.

H. — On regarde la télé mais pas souvent, il n'y a pas grand-chose; on voit des amis.

Q. — Vous avez la mer?

I. — Oui, mais on est habitué. Nos pères sont pêcheurs et parfois on part avec eux, trois, quatre jours, ça c'est bien. Et l'été, il y a les vacanciers.

Q. — Qu'est-ce qu'il y a encore ici?

---

[5] **Ouest-France:** journal de province, publié à Rennes (650.000 copies)

M. — Euh... La tapisserie.

HIMQ. — (Rires.)

M.-F. — Elle est toute mitée d'ailleurs.   *mitée mangée des mites*

H. — Ce qu'on est mauvaise langue quand même.

I. et M.-F. — Ça c'est vrai.

I. — Il y a «le Globe», on se retrouve ici tous les jours.

Q. — Vous allez à Paris parfois?

I. — Pas moi.

H. — Oui, de temps en temps. De toute façon, Paris ou la province, ça ne change pas grand-chose. A Paris, ils n'ont rien de plus. Ici on ne peut pas dire qu'on soit coupé avec   *coupé séparé, isolé (de Paris)* les journaux, la télé; ce qui change, peut-être, c'est la mode. On ne peut rien faire sans choquer. Je connais deux filles qui mettent des jupes longues; elles se font critiquer par tout le monde.

Il n'y a pas de préjugés

Au «Globe», à 18 heures, plus une table libre. A la nôtre, Jacques, dix-sept ans, Iʳᵉ, tignasse rousse et ébouriffée, cra-   *tignasse (fam) cheveux (m), chevelure (f)* vate à fleurs, en mouvement perpétuel, c'est l'artiste et le   *ébouriffée ruffled, tousled* rigolo de la bande; Véronique, seize ans et demi, même   *le rigolo le drôle, celui qui fait rire* classe, queue de cheval châtain, visage poupin, pour le carac- tère Jacques au féminin; Marie-Armelle, Marie-Antoinette, Annick, jupes, chaussettes, shetlands... Au lycée, il y a plus de filles que de garçons; Damien de «Jeanne-d'Arc», Iʳᵉ, mèche tombant légèrement sur le front, assez réservé; en   *mèche (de cheveux) tombant hair swept* surplus Alain, vingt ans, décorateur à Caen, mais très souvent à Bayeux, cheveux plus longs, manteau aussi, un peu dandy sur les bords.[6]

Q. — Vous vous amusez bien, vous, il paraît?

V. (rit). — Oh! ça, nous on ne s'ennuie pas.

J. — Le problème pour nous, vous voyez, c'est plutôt d'arriver à caser tous nos loisirs. (Rires.)   *caser placer*

V. et les autres. — Lui, de toute façon, c'est la musique.

J. — Oui... enfin, je prépare le Conservatoire, flûte et saxo. Alors, j'ai des cours plusieurs fois par semaine, je vais à Paris très souvent. Mais il y a aussi l'orphéon. (Rires.)

V. et les autres. — Ah oui, ça, l'orphéon, c'est im- portant.

[6] **un peu dandy sur les bords:** *a little bit of a dandy*

se marrer (*pop*) s'amuser, rire

V. — C'est la chorale. On a répétition une fois par semaine et après on va prendre un pot. On va chanter dans la région, on se déplace, après on a un banquet... Ça, on se marre bien.

J. — Marie-Armelle, elle, fait de la danse folklorique...

M.-A. — ... bretonne. Il y a un groupe ici. On se déplace aux alentours ; on est allé aussi en Angleterre, en Hollande...

J. — Oui, on est jumelé avec deux villes. On fait des échanges. Moi, je passe toutes mes vacances en Hollande.

M.-A. — Ce qui est bien aussi, ce sont les voyages par le Rotary-Club ; j'ai pu aller comme ça aux USA cette année.

Q. — Vous participez aux activités du lycée ; la politique ça vous intéresse ?

J. — La politique ? Oui, à l'occasion, mais pas au lycée. Pour les activités, ça concerne surtout les internes.

V. — Le jeudi après-midi, je fais du handball. Autrement, quand on a fini les cours, on a hâte de partir. On vient ici. Évidemment, on se voit tous les jours alors parfois on n'a plus rien à se dire.

Q. — Beaucoup de jeunes à partir de dix-huit ans partent ?

Tous. — Oui, c'est ça le problème. Mais ils reviennent pour les week-ends, les vacances. Et puis, il y a le Crédit Lyonnais.

Q. — Ah bon, vous vous connaissez ?

Tous. — Oui, il n'y a pas de préjugés. On sort ensemble, on est amis. C'est bien parce que ça a amené des jeunes.

Q. — Vous sortez où ?

se balader (*pop*) se promener

V. — A Caen, on va voir des pièces, des films, se balader, on va à la piscine. Le jeudi et le samedi, il y a des bals dans la région.

chez des particuliers dans des maisons privées

Q. — Des surprises-parties chez des particuliers ?

Tous. — Oui, mais c'est très fermé. Ce sont toutes les familles bourgeoises, elles se reçoivent entre elles. Bayeux est une ville très bourgeoise.

Q. — Il y a des boîtes ?

boîte à marins *sailors' hangout*

A. — A Caen ; ici, c'est pas possible à cause de la mentalité des gens. Il y en a une, mais elle est devenue tout de suite la boîte à marins.

Q. — Et la maison des jeunes, vous y allez ?

des histoires ici = des ennuis

J. — Avant, on y allait. C'était très bien ; mais ça a été très critiqué parce que c'était quelque chose de nouveau ; il y a eu des histoires avec la municipalité et le directeur est parti. Maintenant, c'est complètement tombé.

D. — Moi j'y vais, mais pour l'instant on ne fait pas grand-chose; on discute pour savoir comment on pourrait l'animer.

Q. — Le dimanche, les vacances, qu'est-ce que vous faites?

J. — Moi, tous les dimanches je vais à la pêche. L'été, il y a l'école de voile, les Parisiens qui débarquent; c'est très animé.

V. — Je fais des balades à vélo dès qu'il fait beau; on se retrouve tous à la plage. Pour avoir de l'argent de poche, je garde des enfants. Vous savez, avant, j'habitais Paris; les jeunes ne s'y amusent pas plus. A Paris, c'était différent, on s'occupait entre nous, on allait prendre un pot, sur les quais... Ici, il faut s'intégrer à la vie de Bayeux ou rester dans son coin. Mais on se fait plus facilement des amis.

Q. — Vous trouvez qu'il y a un esprit cancanier?

Tous. — Oh oui, il y a une sale mentalité. Mais c'est partout pareil. Il y a des clans. Par exemple, ceux de «Jeanne-d'Arc» on les trouve snobs. En fait, on les connaît pas tellement.

M.-A. — Pas Damien.

D. — J'ai beaucoup d'amis au lycée, mais ça n'est pas courant. En général, on reste entre nous. Je vois, je fais du cheval; là aussi il y a pas mal de snobs.

Q. — En résumé, vous vous plaisez ici?

V. — Oh oui, moi j'aime bien.

A M. — Moi, j'aimerais mieux être à Caen.

La Majorité tranquille

J. — Tenez, voilà des gens du «Crédit». Ah oui... c'est l'heure.

Ils entrent, une dizaine de garçons et filles autour de vingt ans, viennent à notre table, s'embrassent, trois fois chacun; ça dure un quart d'heure.

Ce soir-là, il y avait répétition à l'orphéon. Après, nous sommes allés prendre un pot, pas au «Globe», au «J'ai oublié le nom». Il était 11 heures et les rues étroites étaient noires et silencieuses. Un étudiant de Caen qui revient très souvent dans sa ville m'a rassurée, «demain, vous verrez, ce sera animé. C'est la sortie du foyer de jeunes filles».

Pour le samedi un problème se posait: il y avait deux bals d'école, l'un à Bayeux, l'autre à Caen; il fallait encore choisir.

ANNE GALLOIS (*Top-Réalités*)

Questions

1. Relevez, dans cette présentation de Bayeux, les traits caractéristiques d'une petite ville française, ancienne et normande.
2. Qu'est-ce qui la rend semblable à toutes les villes de province? Quelles notations vous frappent plus que les autres dans cette description?
3. Pour quelles raisons les écoliers échappent-ils à la ségrégation habituelle d'une ville? Comment se divisent les clans?
4. Où se retrouvent garçons et filles? dans quelle ambiance?
5. La première interview: faites un court portrait des lycéens qui vont y participer.
6. En quoi consistent les activités au lycée? Quelle distinction fait Hugues?
7. Et les activités en dehors du lycée? De quoi ces lycéens se plaignent-ils?
8. Quelles restrictions existent pour les sorties du soir? Que peuvent-ils faire? Quels sont les deux inconvénients du cinéma?
9. Pourquoi y a-t-il eu un afflux de jeunes dans la région?
10. Le foyer de Marie-France: qui y habite? La différence entre les garçons et les filles du «Crédit», selon Isabelle et Marie-France? Pourquoi cette dernière n'aime-t-elle pas les filles du Crédit?
11. Quelles critiques le groupe fait-il sur la maison des jeunes? Quel est le sujet de leur mécontentement en ce qui concerne la vie sociale extra-scolaire?
12. En quoi la mentalité des élèves de Jeanne d'Arc diffère-t-elle de celle des lycéens?
13. Pourquoi ces trois lycéens sont-ils peu emballés par Caen? (plusieurs raisons)
14. Comment occupent-ils leurs loisirs du jeudi et du dimanche? Que lisent-ils? Quelle opinion ont-ils de la télévision?

15. Ils sont un peu blasés sur la proximité de la mer; d'autre part, ils y trouvent des plaisirs. Expliquez.
16. Quelle plaisanterie innocente font-ils sur la célèbre tapisserie de Bayeux? Que veulent-ils dire?
17. Que pensent-ils de Paris? Pourquoi? Quel trait extrêmement caractéristique de la petite province rapportent-ils?
18. Le changement du «Globe» à 18h.: décrivez la bande de la 2ème interview (composition, âge, physique, vêtements).
19. Quelle différence essentielle perçoit-on immédiatement entre le premier et le deuxième groupe?
20. En quoi consistent les activités musicales de Jacques? Pourquoi l'«orphéon» provoque-t-il des rires? Donnez les détails.
21. A quelles activités se livre Marie-Armelle? Qu'apprend-on de nouveau sur les possibilités d'occuper ses loisirs de vacances à Bayeux?
22. Quelles sorties le 1er groupe n'avait-il pas considérées?
23. Les opinions et attitudes des membres de ce 2ème groupe sur les mêmes questions: sur quoi diffèrent-ils? sur quoi sont-ils d'accord? Quel problème pourrait être sérieux?
24. Décrivez la vie de Véronique à Bayeux; quelle conclusion tire-t-elle de la vie à Paris et la vie à Bayeux?
25. Comment sont les rues de Bayeux à 11h du soir? Quand s'animeront-elles?
26. Qu'est-ce qui rend ces jeunes gens proches les uns des autres?

Discussions / compositions

A. Brossez le tableau de la vie générale à Bayeux pour les adolescents; (importance du café, sorties en groupes, bals, etc.). Comparez avec votre vie dans vos dernières années de «high school» et votre vie actuelle.

B. Les bons et mauvais côtés du non-engagement, de la tranquillité de ces jeunes.

C. Comparez la mentalité de Roland (p. 208–p. 213), compte-tenu des différents facteurs, et celle des lycéens. Les dangers d'un certain conformisme de part et d'autre?

Situation

Roland «le contestataire» vient faire de la propagande à Bayeux pour encourager les lycéens à «contester», faire grève, se rebeller contre leurs parents, à «s'engager» (son dégoût — ses efforts pour les convaincre — les remarques des autres: Hugues, Marie-France, Isabelle, etc.).

4 Fossé entre générations

Vocabulaire utile[1]

Fossé entre générations

«Adressez-vous aux jeunes gens: ils savent tout.»

Joubert: moraliste (1754-1824)

LES ADULTES	LES JEUNES

ÉCHANGES DE COMPLIMENTS

ces petits Jean-Foutres (individus incapables)	Vous autres les vieux!
les médiocres	les «pépères» de 40 à 60 ans
jeunes fous petits casseurs	les vieilles noix
vandales barbares	ils ont du «pneu» (rubber-tire) un peu
joueurs de guitare indésirables	partout
maoïstes de bazar (phony)	super-marchands de tapis
fascistes à la nouvelle (= à la nouvelle mode)	mauvais acteurs
la honte du pays	minables (fam) = médiocres

REPROCHES MUTUELS

blasphèment contre les valeurs	manières de penser périmées (obsolete)
n'ont pas de principes	préjugés maladresse
crasseux (filthy)	jugent sur les apparences
analphabètes (illiterate)	tuent le dynamisme et le génie dans l'œuf
sans orthographe ni grammaire	vous n'avez rien fait!
sans bagage littéraire	êtres indéfiniment négatifs
êtres asociaux, irrécupérables	

DEVISE (motto)

TRAVAIL ET FAMILLE	REFUS, LIBERTÉ, JOUISSANCE

CE QU'ILS RÉPÈTENT

c'est moi qui finance!	«votre» société pourrie
c'est moi qui paye!	vous ne pourriez pas comprendre!
avec «mon» travail	papa = absence
nos enfants sont des enfants brûlés	papa m'a humilié, ridiculisé
la vie moderne est une jungle	la société est peuplée de rats
se mettre à leur portée, à quoi bon?	je ne veux plus les voir
il n'y a plus qu'à se taire!	il faut casser la baraque

L'AVENIR

tout le monde sera embrigadé	le monde ne reposera pas sur les épaules des
nous serons étiquetés (labeled)	hommes de 50 ans
que faire avec la moquerie, le mépris, la haine	que faire avec l'incompréhension des vieux?
des jeunes?	mourir étouffé

[1] Voir aussi: **Vocabulaire utile**, p. 206 et p. 207.

Perspectives

L'écart se creuse
Le fossé s'élargit
Drame grotesque et ridicule
Dialogue de sourds
* * *

«Les anciens, Monsieur, sont les anciens, et nous sommes les gens de maintenant.»

Molière

Discussion / composition

Les Dix Commandements, pour éviter la guerre en famille.
Exemple: Parents: Ne dites pas «de mon temps»; (il est bien fini, hélas!)
Jeunes: Évitez de juger vos parents. (Une famille n'est pas un tribunal.)
Trouvez les autres.

«L'heure du fils»

Nous présentons ici deux autres conversations de Roland (voir p. 208–p. 213) avec son père.

— Pauvre Papa! Ça m'a l'air d'une fameuse corvée! Pourtant, on ne peut vraiment pas vous reprocher de jouer au père trop souvent... Je viens de réfléchir un peu. Et je vais essayer de vous sortir ça clairement. Voilà. Je n'ai pas demandé à venir au monde. Un jour, je n'étais encore qu'une lueur dans votre regard, comme dirait Bernard Shaw. Vous vous êtes bien amusés ensemble, et je suis venu. Envers moi, cela vous crée des devoirs — et cela ne m'en donne aucun à votre égard. Je suis pauvre, moi: je n'ai absolument que des droits. Après m'avoir fabriqué, vous m'avez élevé. Le vivre, le couvert et la bagnole. Roland Fabre-Simmons, bachelier de philosophie, étudiant en première année de Droit, cancre et barbu, vingt ans! Je crois bien avoir eu deux conversations sérieuses avec Papa au cours de ces vingt ans. Pas trois, deux. L'une quand j'ai été recalé à mes Math

corvée ordeal, chore

sortir (*fam*) dire, exprimer

le vivre, le couvert bed and board
la bagnole (*pop*) automobile

recalé (*fam*) refusé à un examen

mandarine intellectuelle

Elém[1]: ce jour-là, Papa m'a déclaré que sans une grande école on n'arrivait à rien dans notre bonne France gauloise et mandarine. J'ai décidé le même jour que je ne ferais jamais une grande école...

— Décision courageuse! Pour «faire» une grande école, il faudrait d'abord travailler — ce dont tu n'es pas capable.

Fabre-Simmons avait interrompu son fils d'une petite voix sarcastique. Il poursuivit son attaque:

— Allons! de quoi te plains-tu, Roland?

— Je me plains... de vous... de la Fac, de la Société... de tout...

le vague à l'âme la mélancolie

— De tout, et de rien! Le vague à l'âme, c'est un luxe de ventre plein. Tu as découvert le métro trop tard. Petit bourgeois gâté...

— Gâté par qui? dit Roland.

figé paralysé, immobile

elle avait les traits tirés *her face was drawn*

meurtrie blessée

Fabre-Simmons en resta figé dix secondes. Il allait répondre — lorsque Françoise[2] se leva: elle avait les traits tirés, mais elle était belle d'une sorte de beauté meurtrie que Fabre-Simmons lui connaissait bien. Elle parla sous l'effet d'une vive tension intérieure:

— Écoutez-moi, tous les deux! Je vous laisse. Il fallait que vous ayez cette explication. J'aurais préféré un autre jour, parce que, Roland, tu as une vraie figure de papier mâché![3] Je vous laisse, et si je compte pour vous deux le moins du monde, vous allez me faire un plaisir: *je vous demande simplement d'avoir un peu de respect l'un pour l'autre!*

MICHEL DE SAINT-PIERRE (*Le Milliardaire*)

Questions

1. Qu'est-ce qui vous frappe dans le ton de Roland dès le début?
2. Pourquoi considère-t-il que ses parents n'ont que des devoirs envers lui, et lui, que des droits envers eux?
3. Dans le portrait qu'il fait de lui-même, par quels termes Roland espère-t-il faire réagir son père? Expliquez.

[1] **Math Elém** (*fam*) = Mathématiques Élémentaires (section du Baccalauréat)
[2] **Françoise**: femme de Fabre-Simmons et mère de Roland
[3] **une figure de papier mâché** = visage pâle et fatigué; (Roland avait participé la veille à une bagarre d'étudiants; son casque ayant glissé, il a été blessé à la tête par un coup de matraque)

4. Qu'est-ce qui montre — au cours de la discussion — que Roland a rarement eu l'occasion d'avoir une explication avec son père et qu'il en garde du ressentiment?

5. Étudiez le désaccord complet qui sépare le père et le fils sur le chapitre de l'éducation et leur différence de mentalité. Expliquez ce que Roland veut dire par: «la France gauloise et mandarine».

6. En somme, de quoi se plaint Roland?

7. Comment son père interprète-t-il sa réponse? Clarifiez le point de vue paternel: «luxe de ventre plein», «petit bourgeois gâté».

8. Analysez les signes et multiples raisons du bouleversement de la mère.

9. Caractérisez le ton du père et du fils au cours de cet entretien; quels traits de leur caractère s'en dégage?

Discussions / compositions

A. Voici quelques reproches que les jeunes adressent le plus souvent aux adultes:
— «Ils jugent sur l'apparence, on ne leur a jamais appris autrement.»
— «Ils ne veulent pas savoir la vérité.»
— «Ils ne veulent pas voir les choses comme elles sont.»
— «Ils sont l'image de toute une société.»
— «Ils ne prennent pas conscience qu'ils n'ont plus de droits sur leurs enfants»
Discutez. Ajoutez d'autres reproches courants aux États-Unis et commentez. Prenez la défense des adultes (???)

B. La famille peut accueillir des hommes, des femmes, des enfants, mais certainement pas des saboteurs. En vérité, ce ne sont plus les enfants qui font face aux parents, mais une nouvelle classe sociale, revendicatrice, incapable d'admettre la contradiction. La famille peut-elle résister à un climat général de protestation et de violence?

«L'heure du père»

— Et tes études, Roland? Tu travailles encore un peu, de temps en temps? L'examen est dans un mois, je crois.

Fabre-Simmons parlait posément, comme un homme sans **posément** calmement
passion qui avance dans une enquête. Son fils affecta de le
considérer avec stupeur:

ramassis *jumble*

bouquin (m) *(fam)* livre
moisi *musty*

papier-cul *(vulg) toilet-paper*
vous n'y êtes plus *you're not with it!*
mi *half* goguenard *moqueur*
s'échauffaient *devenaient rouges*

vous en remettez *(fam)* vous exagérez
coups *ici = histoires, mensonges*
canards *(fam)* journaux

en faire un plat *en faire une affaire, une histoire*

P.C. *poste de commandement*
Vachement *and how!, you bet!*

— Mes études? Vous voulez encore parler de ce ramassis de vieilles poussières, de ces milliers de pages si ridicules, fond et forme, qu'on ne peut même pas les lire sans rigoler? De ces bouquins moisis que nous traînons depuis les Romains — et pour les plus modernes, depuis Napoléon — dans ce monde actuel où vous ne trouvez plus personne pour les prendre au sérieux, et personne non plus, en dehors de nous, pour en faire du papier-cul? Mes études? Non, vraiment, vous n'y êtes plus du tout...

Mi-lyrique, mi-goguenard, le garçon hochait la tête en regardant son père, dont les oreilles s'échauffaient. Mais le ton de Fabre-Simmons demeura calme, neutre:

— Évidemment, pour vous, tenir de Rome et du génie les traditions juridiques essentielles, c'est dépassé. Je vois. Donc, tu laisses aujourd'hui tomber le masque, dans l'euphorie qui suit les grands exploits...[1]

— Hou là! Vous en remettez... Ce n'est pas nous qui racontons des coups sur la petite journée bleue d'hier! Ce sont vos canards d'adultes. Hier pour nous, ce n'était qu'une opération de routine.

— De routine, hein? répéta Fabre-Simmons d'une voix rêveuse. Et les voitures brûlées, c'était de la routine aussi?

— Oh, ça! Une manœuvre d'entraînement. Il n'y a pas de quoi en faire un plat.

— C'est toi qui as...

— Si j'ai commandé l'exercice? Bien sûr, qui voulez-vous que ce soit?

— Je ne sais pas, moi. Un autre, par exemple... Et pour vos réunions, vous avez un P.C.?

— Vachement! L'état-major se réunit au moins une fois par semaine, dans un...

[1] **l'euphorie qui suit les grands exploits:** Le père fait allusion à la bagarre avec la police à laquelle son fils a pris part.

Le garçon brisa net son discours, et hocha la tête :

— Vous avez bien failli m'avoir, Papa.

Mais Fabre-Simmons, imperturbable, avait déjà sorti un papier de sa poche :

— Ce tract-là,[2] tu le reconnais ? Avec son petit coq rouge ?[3]

Roland s'empara du manifeste imprimé en noir et rouge sur du beau papier blanc, frappé d'un volatile écarlate qui était la marque du feu :

— Oui, bien sûr, je le reconnais ! C'est notre avant-dernier...

Un léger embarras le fit bredouiller, tandis qu'il rendait le document à son père.

— Et c'est toi qui as trouvé que j'avais un grand-père américain ? Et que je vendais mon âme aux États-Unis ?

— Oui, Papa. C'est moi.

Roland frappa ses gants noirs contre sa paume ouverte[4] et, soudain, il se pencha en avant :

— Vous ne pigez donc pas ? Une bonne propagande se juge à ses effets. C'est cette vieille noix de Mao qui l'a dit !

— Est-ce que vous avez un financement de prévu pour votre Organisation, comme tu dis ?

— Bien sûr ! Il faut du fric à ces fumiers d'imprimeurs qui ne font pas de cadeaux... Mais le fric, c'est moi qui le donne !

Roland se mordit les lèvres : il eût visiblement payé cher pour que cette phrase ne lui eût pas échappé. Fabre-Simmons l'observait d'un œil qui devenait sarcastique :

— Parfait ! C'est toi qui donnes le fric... Et maintenant, ce dossier, Roland, tu le reconnais aussi ?

Le garçon acheva de perdre contenance ; il blêmit sous son hâle. D'un bond il se dressa et prit avidement le dossier rose et graisseux[5] que son père lui tendait :

— Ça, alors ! qui vous a permis...

---

brisa net interrompit brusquement

s'emparer de saisir

bredouiller to stutter

trouvé ici = imaginé de (mentionner)

piger (*pop*) comprendre

fumiers (*pop et vulg*) salauds

blêmir devenir très pâle

hâle tan

---

[2] **ce tract-là :** le tract que Fabre-Simmons a entre les mains s'adresse à ses propres ouvriers (l'usine est proche de l'université de son fils) ; le document mentionne, entre autres, que le président Fabre-Simmons est aux ordres des impérialistes américains, que les usines Fabre-Simmons équiperont les installations des prochaines fusées spatiales, porteuses de bombes atomiques, et se termine par un appel au sabotage de tous les appareils et ordinateurs au nom de l'humanité et de la Paix.

[3] **coq rouge :** signe de ralliement des révolutionnaires russes en 1917, lorsqu'ils incendiaient Pétrograd

[4] **Roland frappa ses gants noirs contre sa paume ouverte :** Roland est entièrement vêtu de noir et il tient ses gants à la main.

[5] **le dossier rose et graisseux :** il s'agit du Journal de Roland, écrit sur un cahier à couverture rose où apparaissent des traces de doigts

cabinets W.C.

pêcher (*fam*) trouver, imaginer

par-dessus le marché en plus, avec ça

je suis tranquille je suis sûr (de ce qu'elle pense), aucune inquiétude!

pourvoyeur ici: *provider, supplier*
distributeur automatique *slot machine*

cerveau tordu *twisted mind*
tourner et retourner (une pensée, une idée) = l'examiner

— Tais-toi! Quand on veut garder un document secret, on commence par ne pas l'oublier aux cabinets! Tu n'es qu'un enfant de chœur![6] Et de toute façon, où diable vas-tu pêcher que j'aie besoin de ta permission pour faire ce que je veux chez moi?

D'un seul coup la voix de Fabre-Simmons, avait explosé, trouvant des résonances éclatantes qui ne lui étaient pas familières. Puis revenant au calme, sans transition, l'industriel dit de son ton le plus neutre, en se levant à son tour:

— Ainsi, par-dessus le marché, tu voulais te suicider?

Les yeux du garçon battirent:

— Vous avez... tout lu?

— Qu'est-ce que tu t'imagines? Oui, nous avons eu le courage de lire ton papier jusqu'au bout. Ne crois pas, d'ailleurs, que les états d'âme de notre fils nous laissent indifférents, ta mère et moi...

— Oh maman, je suis tranquille... mais vous!

La réplique avait jailli des lèvres de Roland.

— Moi? répondit Fabre-Simmons d'une voix qui se chargeait d'amertume. Bien sûr, tu te figures que je ne cherche même pas à comprendre certaines révoltes... ou certains désespoirs de la jeunesse? Je n'ai jamais été jeune, moi, n'est-ce pas? Et je n'ai pas de mémoire, c'est bien connu! Je suis devenu le pourvoyeur d'argent, le distributeur automatique, sans âme et sans cœur! Tu n'es pas le seul de ton avis, d'ailleurs: à partir du moment où nous gagnons du fric, les autres pensent que nous ne sommes bons qu'à ça — et principalement ceux qui se plaignent le plus fort de n'en pas gagner. Je vais quand même te dire une bonne chose, Roland, du haut de ma tour d'argent: *primo*, on peut être jeune, Dieu merci, sans devenir un criminel ni un fou furieux; *secundo*, et de quelque manière qu'un cerveau tordu tourne et retourne la chose, le suicide est la pire lâcheté possible!

— Allons, Roland, parlons sérieusement! La situation a désormais l'avantage d'être claire. Emporté par ton goût de la provocation, tu avouais à l'instant que c'est toi qui fabriques et qui paies les tracts où je suis menacé de sabotage et insulté. C'est encore toi qui diriges le saccage de la

---

[6] **tu n'es qu'un enfant de chœur:** (enfant de chœur = *choirboy*) tu es très naïf!

Faculté de Droit où tu es enseigné aux frais du contribuable.   **contribuable** *tax-payer*
L'incendie des voitures, sois tranquille, nous en reparlerons!   **sois tranquille** sois-en sûr
Mais comme tu n'aurais plus aucune estime pour moi si je
finançais ma propre perte, à compter de ce jour, tu ne
recevras plus un sou... Que dis-je? Plus un centime... Si! je
continuerai de payer tes cours polycopiés[7] et tes bouquins
de droit, ainsi que l'aller et retour en autobus de Saint-Cloud
à Boisléger... La décision te paraîtra peut-être assez dure,
mais que veux-tu? «*Il faut bannir toute faiblesse de notre vie*»,
et c'est encore ce vieux Mao qui l'a dit!

Sans attendre la réponse de son fils, embrassant sa femme
au passage sur le coin des lèvres, Georges Fabre-Simmons
quitta la pièce et descendit au rez-de-chaussée. Il croisa dans   **croisa** passa à côté de
l'escalier Germain, le maître d'hôtel, qu'il pria de l'accom-
pagner dans le jardin.

— Germain, voyez si Monsieur Roland a laissé sa voiture
dans la rue. Amenez-la-moi ici, pas trop près du perron, en   **perron** petit escalier de
passant par l'entrée latérale.[8]   pierre (situé devant la mai-
son)

Michel de Saint-Pierre (*Le Milliardaire*)

Questions

1. Quel sujet de dissension revient entre père et fils?
2. Détaillez la charge que Roland fait de ses études. Quelle est sa critique des
   études de Droit en France?
3. De quoi père et fils s'accusent-ils réciproquement?
4. L'épisode des voitures brûlées vu par Roland et par le père. Qu'est-ce que
   Fabre-Simmons ne peut pas croire?
5. De quelle manière le père a-t-il «failli avoir» Roland?
6. Décrivez le tract qui est en la possession de Fabre-Simmons. Quels sont les
   différents motifs de l'embarras de Roland?
7. Comment justifie-t-il les mensonges qu'il a faits à son père?
8. Commentez: «Une bonne propagande se juge à ses effets». Qu'y a-t-il
   d'ironique dans la référence que fait Roland à cette «vieille noix de Mao»?
9. Comment Roland s'est-il trahi au sujet du financement de son organisation?

[7] **cours polycopiés:** French students can buy mimeographed copies of their
professors' lectures.
[8] Fabre-Simmons fait verser de l'essence sur la voiture et dans la voiture
de son fils — une Triumph — à laquelle il met lui-même le feu. Roland,
fou de colère à la vue de l'incendie, hurle que c'est «sa» bagnole qui est
en train de cramer. Le père réplique alors que, puisque Roland brûle des
autos qui ne lui appartiennent pas, il peut bien, lui, brûler la Triumph
qu'il a payée «avec son travail».

10. Qu'est-ce qui a fini par faire perdre son assurance au garçon? Décrivez sa réaction.

11. La manifestation d'autorité du père: quels sont les mots de Roland qui l'ont vraiment provoquée?

12. Pour quelles raisons Fabre-Simmons achève-t-il de surprendre son fils?

13. De quelle façon Roland réussit-il encore à blesser son père?

14. Étudiez le discours du père: a) son amertume et ses reproches b) la leçon qu'il donne à son fils. Expliquez les jeux de mots: « distributeur automatique » et « tour d'argent ».

15. Quel résumé le père fait-il des activités de Roland en tant qu'étudiant.

16. Quelle décision prend-il au sujet de l'aide financière à son fils? Justifiez les aspects de cette décision.

17. Comment bat-il son fils avec les propres arguments de celui-ci?

18. Dans ce duel entre père et fils, étudiez les changements de ton et d'attitude successifs entre les deux adversaires. Y a-t-il un certain humour dans cette scène? Expliquez.

Discussions/compositions

A. « La jeunesse sait ce qu'elle ne veut pas avant de savoir ce qu'elle veut. Or, ce qu'elle ne veut pas, c'est ce que nous voulons. » Commentez cette citation de Jean Cocteau.

B. « Je ne mérite pas tant de haine » ... « Un père est un homme perdu » dit Fabre-Simmons. a) Discutez, en tenant compte du milieu dont père et fils sont issus. b) Est-il vrai que la tendresse ne serve plus à rien et ne suffise pas?

C. « Lorsque les pères s'habituent à laisser faire les enfants, lorsque les fils ne tiennent plus compte de leurs paroles, lorsque les maîtres tremblent devant leurs élèves et préfèrent les flatter, lorsque finalement les jeunes méprisent les lois parce qu'ils ne reconnaissent plus, au-dessus d'eux, l'autorité de rien ni de personne, alors c'est là, en toute jeunesse et en toute beauté, le début de la tyrannie ». Discutez cette citation de Platon.

Situations

Jouez la même scène entre:
    1. la mère (qui vient de lire le journal) et Roland.
(ou): 2. un père et un fils de milieu différent de celui des Fabre-Simmons.
(ou): 3. un père américain et son fils contestataire.

5 Ce qui amuse les jeunes

Vocabulaire utile

Ce qui les amuse

LE RIRE

«Rire est le propre de l'homme.»

Rabelais

le comique   la gaieté   l'humour (m)   l'esprit* (m) (wit)
un rieur   un pince-sans-rire (poker-faced joker)
un plaisantin: 1) personne qui fait des plaisanteries   2) personne qui ne prend rien au sérieux
un farceur = un blagueur, un plaisantin
                    avoir de l'esprit* = avoir le sens de l'humour ≠ manquer d'humour
                    rire = (fam) rigoler, se marrer
                    rire de bon cœur   rire facilement
                    rire aux éclats = rire à gorge déployée = rire très fort

le rire

  un rire gras = un gros rire   un rire jaune = un rire forcé
amusant = (pop) rigolo, marrant, tordant
  comique   cocasse = bouffon (bouffonne) = burlesque
  inénarrable = irrésistible (screamingly funny)
  c'est désopilant (fam) = c'est à se tordre (side-splitting)

SOURCES DE RIRE

un comique = un acteur comique   un humoriste
                    faire rire
                    raconter des histoires drôles, des anecdotes amusantes
une plaisanterie = une histoire drôle = (fam) une blague
une plaisanterie fine, légère ≠ une plaisanterie lourde, de mauvais goût

les chansonniers: improvisent des chansons satiriques, des sketches (skits) sur scène (dans des cabarets)
                    mettre quelqu'un en boîte (fam) = faire
                    marcher quelqu'un (fam) = se moquer de quelqu'un

un calembour (pun)   calembours osés = calembours polissons, licencieux
exemples de calembours:
1. «De quelle couleur est un tiroir quand il n'est pas fermé?»
   — Il est tout vert. (Il est ouvert.)
2. «Pourquoi les poètes préfèrent-ils le rhum de la Martinique?»
   — Parce que c'est du rhum antique. (du romantique)

un trait piquant
   exemple: «Nos vertus ne sont le plus souvent que des vices déguisés.» La Rochefoucauld
une caricature   un jeu de mots
une perle: erreur comique et parfois inénarrable trouvée dans les copies d'élèves
   exemples: 1. «Elle aime se brasser les chevaux tous les matins.»
             2. «La France était divisée par des guerres intestinales.»
la satire   l'ironie (f)   le «dard de guêpe» (wasp's sting) de l'ironie

l'humour noir: cruel, macabre, anticonformiste
l'humour fantastique   l'humour grinçant (d'Anouilh)   l'humour tendre

la parodie
    exemple: Don Diègue: «Rodrigue as-tu du cœur?»
              Don Rodrigue: — Non, papa, je n'ai que du carreau (*diamonds*).

POURQUOI RIRE?

la santé morale   une échappatoire (*escape*)
un défoulement = un exutoire (*outlet*)   une manière de cacher son cœur

              voiler le tragique
              passer son agressivité
              atténuer les inhibitions

    «La plus perdue de toutes les journées est celle où l'on n'a pas ri.»
                                    Chamfort (moraliste du XVIIIᵉ siècle)

Exercices

A. *Trouvez quelques exemples de:* calembours, aphorismes, parodies, perles.

B. *Voici quelques «idées reçues» extraites du* Dictionnaire des Idées reçues, *de Flaubert:*

a) **Chateaubriand:** connu surtout par le beefsteack qui porte son nom.
b) **Budget:** jamais équilibré.
c) **Conversation:** la politique et la religion doivent en être exclues.
d) **Taureau:** le père du veau. Le bœuf n'est que l'oncle.

Si vous connaissez d'autres «idées reçues», dites-les, ou, au besoin, inventez-en.

C. *Les histoires et aphorismes qui suivent sont des exemples d'humour noir de différentes nationalités (anglaise, écossaise, américaine, française). Identifiez la nationalité de chacun et racontez des histoires (humour noir ou autre) à votre tour:*

1. Une jeune fille se présente à l'entrée d'un pont à péage (*toll bridge*), donne un sou au contrôleur et s'engage sur le pont.
   Le contrôleur la rappelle en criant: «Dites donc, pour traverser, c'est deux sous!»
   — Mais je n'ai pas l'intention de traverser, réplique-t-elle: je ne veux aller que jusqu'à la moitié et me jeter dans la rivière.

2. Réponse d'un célèbre humoriste à un reporter qui lui demandait:
   «Ça ne vous ennuie pas d'être grand-père?»
   — Pas du tout! Ce qui m'ennuie, c'est d'être marié à une grand'mère!

3. «Qu'est-ce qu'un joli mariage?»
   — C'est un mariage avec une femme ladie.

4. Au cours de la maladie qui allait l'emporter, recevant la note d'honoraires de son médecin, cet écrivain s'exclama:
«Je meurs vraiment au-dessus de mes moyens!»

5. A une dame qui lui demandait: «Aimez-vous les enfants?», cet auteur répondit: «Oui, bien cuits.»

6. Un naufragé (castaway), après avoir longtemps marché, finit par atteindre un village où il voit une potence (gallows) à laquelle se balance un pendu.
— Dieu soit loué! s'écrie-t-il, me voici en pays civilisé.

(Solution: p. 272)

«Qu'est-ce qui nous fait rire»

Trois jeunes lycéennes sur le pont Alexandre III.

— Tout peut faire rire. Surtout moi. Je ris pour rien. Je vois des choses drôles partout; je suis sûre que lorsque je verrai le cirque de mon enterrement, je rirai...

— *Et vous qui avez l'air triste, qu'est-ce qui vous fait rire?*

— Des films, Louis de Funès...[1]

— *Ce qui vous fait rire, ce sont ses mimiques ou ce qu'il dit?*

— Ce qu'il dit n'est pas drôle, c'est la façon de le dire.

— Moi, je suis une macabre, je n'aime que l'humour noir.

— *Parce qu'il vous délivre de l'angoisse de la mort?*

— Ah! non... non... Je ne sais pas pourquoi l'humour noir me fait rire... C'est plutôt de savoir que je choque les gens qui trouvent la mort tragique qui m'amuse...

— *Ce n'est pas tragique pour vous?*

— Non, puisque j'en ris. Quand on rit de quelque chose, on n'a plus peur.

— *Vous connaissez Beckett?*

— Non.

Une jeune fille, grande et mince, au visage très fin et très doux, vêtue d'un long manteau noir...

---

[1] **Louis de Funès:** very popular French comedian known for mimicry, unique delivery and slapstick humor

— *Qu'est-ce qui vous fait rire ?*

— Mon père.

Une jeune Africaine:

— C'est important de savoir rire mais il faut savoir de
quoi l'on rit. C'est agaçant de rire par mimétisme. C'est
pour ça que je n'aime pas aller au cinéma. Je préfère rire
seule en lisant un bouquin ou un journal.

agaçant énervant, irritant

— *Lisez-vous des journaux satiriques ?*[2]

— Oui, mais pas quand ils sont trop grossiers parce que
le rire est quelque chose de trop intime pour être vulgaire.

grossiers vulgaires

Rue Saint-Dominique, pantalon et manteau orange... Il a
l'air blasé.

— L'enlèvement des vedettes par Israël...[3] Il y a des choses
comme ça qui me font rire intérieurement. Ce n'est pas le
gros rire bête, c'est délicieux parce que ça donne un sentiment de supériorité. Mais quand on est plusieurs amis à
penser la même chose, le même petit sourire intérieur peut
devenir farce et c'est le gros rire bête entre copains. C'est
bon quand même car il y a cette complicité au départ.

vedette (*f*) *torpedo-boat*

— *L'humour, c'est une forme d'intelligence ?*

— Bien sûr, et l'ironie aussi mais il est plus facile d'être
sensibilisé à l'ironie qu'au véritable humour.

— *Qu'est-ce que l'humour ?*

— Difficile... c'est un décalage qu'on opère entre soi et
une situation.

décalage déplacement (*m*)

Une Hollandaise très maquillée:

— *What makes you laughing, generally ?*

— Je parle français (rire).

Près du métro Solférino, un garçon de vingt ans:

— Vous savez, je ne suis pas un intellectuel: ce qui me

---

[2] **journaux satiriques:** *Rivarol* (pour la droite) et surtout *Le Canard
enchaîné* hebdomadaire dont la fondation remonte à la 1ère guerre
mondiale. La gauche libérale s'y exprime. *Le Canard enchaîné* est une
véritable institution, très appréciée par la majorité des Français, même
s'ils sont d'opinions politiques opposées. Le style du journal est basé sur
une tradition d'humour, de curiosité un peu scandaleuse et parfois de
mauvais calembours.

[3] **L'enlèvement des vedettes par Israël:** *Franco-Israeli political relations
suffered a reversal during the late 1960's. One major cause was the 12 torpedo-
boats that the Israeli government had commissioned France to build in 1967.
Angered by the Six-Day War (between Israel and Egypt), De Gaulle eventually
put an embargo (1969) upon all military equipment going to the near East; at
that time, only 7 torpedo-boats had been delivered to Israel. But during the night
of Dec. 24, 1969, 70 Israelis who had been living in France for one year in order
to prepare for the coup, secretly boarded the five remaining boats anchored in
Cherbourg and drove them out of the Harbour to Haifa.*

fait rire, ce sont les choses immédiates, spontanées. Éclater de rire, c'est une détente. Je plains ceux qui ne savent pas rire franchement: ils croient que l'intelligence interdit de rire avec Laurel et Hardy. Pour moi ce sont des sots.

Une Américaine habillée en russe:

— Aux États-Unis, on ne rit que devant des situations très simples; en Angleterre, au contraire, le rire est très subtil. L'avantage des Anglais sur les Américains, c'est qu'ils savent rire d'eux-mêmes alors que les Américains ne savent pas se moquer d'eux-mêmes... C'est pourtant très important — moralement parlant — de savoir se moquer de soi. Cela s'apprend.

Bernard est un jeune journaliste de vingt-trois ans.

— *Qu'est-ce qui vous fait rire?*

— Les gens. Je les observe, je remarque leurs réactions dans des situations différentes. Voir et écouter les gens...

Je peux rire seul, de moi, surtout dans les situations dramatiques...

Je crois qu'il y a deux sortes de rires. Le rire dans une situation donnée, instinctif, presque mécanique. Le rire après une situation vécue, rire réfléchi, raisonné. C'est l'ironie et c'est l'humour. Ce rire est à l'opposé du «fou rire».

Le rire distraction est un phénomène collectif, c'est une émotion contrainte, l'humour est un rire personnel.

Le rire peut être aussi une arme contre la déception, qu'elle soit sociale ou individuelle. Une échappatoire. Les gens qui s'ennuient ne savent pas rire; leur rire est contraint, il n'est pas libre. Il exprime leur besoin d'échapper à un milieu de contraintes.

Les gens qui sont plus ouverts, par leur culture, par leur métier, par leur condition sociale, les étudiants, sont davantage accessibles à l'ironie et à l'humour.

Enveloppée dans un châle bigarré, elle chantonne en attendant que le taxiphone soit libre.

— Il y a des tas d'incidents qui ne sont pas drôles pour d'autres que moi, tout dépend du moment. Je ris très souvent toute seule quand quelque chose n'a ni queue ni tête. Et

il y a des tas de choses dans la vie qui n'ont ni queue ni tête; les gens ne semblent pas s'en apercevoir. C'est drôle, non? Ça ne vous fait pas rire tous ces gens qui ne rient pas?

Par exemple, ce matin, je vois un monsieur poursuivi par

quelqu'un qui crie: «Albert! Eh! Albert!»... Je tape sur l'épaule du monsieur qui ne se retourne pas et je lui dis d'un air sévère: «Albert, on t'appelle!» C'est un bon gag. Fallait voir la tête du type qui me regardait d'un air stupide...

Quand j'ai abordé Marc, il était souriant. Nous avons marché ensemble un moment, avenue d'Ivry; il ne voulait pas répondre à la légère.

aborder *to approach*

— Le rire est un défoulement indispensable dans la vie moderne. Il faut savoir rire. Le rire tue l'agressivité, il rapproche, il crée des liens. C'est une arme contre le tragique, contre la peur, contre soi-même aussi. Mais cela peut être, en même temps, un refus d'approfondir, un désir de «ne pas se compliquer la vie».

Au-dessus du rire, il y a le sourire, l'humour. Si tous les hommes avaient de l'humour, il n'y aurait plus de guerre, plus de violence. Pour moi, ceux qui ont de l'humour sont forcément intelligents et bons. L'humour est une vertu. Malheureusement très rare.

JACQUES BERTRAND (*Top-Réalités*)

Questions

1. Situez sur le plan de Paris à la fin du livre: le pont Alexandre III, la rue Saint-Dominique, le pont de Solférino (près duquel se trouve la station de métro Solférino), l'Avenue d'Ivry.
2. Qu'est-ce que la réponse de la première lycéenne révèle de son caractère?
3. Quel acteur comique Louis de Funès vous rappelle-t-il? Comparez-les.
4. Essayez de définir ce que c'est que l'humour noir; donnez des exemples.
5. Quelle est l'attitude de la jeune fille envers la mort? Que cache cette attitude?
6. Pourquoi l'auteur demande-t-il à cette lycéenne si elle connaît Beckett?
7. Comment trouvez-vous la réponse de la grande jeune fille. Expliquez.
8. Quelle conception la jeune Africaine a-t-elle du rire?
9. Connaissez-vous des équivalents américains ou anglais du *Canard enchaîné*? Si vous les lisez, qu'est-ce qui vous intéresse le plus?
10. Faites un commentaire sur les vêtements du garçon.
11. Donnez sa définition du rire intérieur: comment celui-ci peut-il dégénérer?
12. Qu'est-ce que l'humour pour ce garçon?
13. Que pensez-vous de l'anglais de l'interviewer? En quoi la situation est-elle une bonne application du sujet de l'interview?
14. Quelle différence y a-t-il entre les deux garçons (celui de la rue Saint-

Dominique et celui du métro Solférino)? Qu'est-ce que cette courte conversation révèle de leur caractère respectif?

15. Définissez le sens de l'humour de l'interviewer; comment imaginez-vous «une Américaine habillée en Russe»?

16. Êtes-vous d'accord avec la généralisation de cette dernière sur le rire en Angleterre et aux États-Unis? En quoi sa manière de s'habiller pourrait-elle être une mise en pratique de ses idées?

17. Qu'est-ce qui fait rire Bernard? Y voyez-vous une caractéristique française?

18. Quelles différentes sortes de rires distingue-t-il?

19. Expliquez: «le rire distraction est un phénomène collectif, c'est une émotion contrainte». Donnez des exemples.

20. Selon Bernard, quelle catégorie de gens est la plus accessible, et laquelle est la moins accessible à l'humour et à l'ironie? Pourquoi? Partagez-vous son opinion?

21. Qu'est-ce qui fait rire la jeune fille du taxiphone? Sa manière de s'habiller peut-elle être un reflet de son caractère? Donnez votre opinion de son «bon gag». Qu'auriez-vous fait à la place du Monsieur?

22. Quels sont les bienfaits du rire, selon Marc? Pourquoi l'humour est-il une vertu?

Conversations / compositions

A. Laquelle des conceptions ou définitions de l'humour de ces jeunes se rapproche le plus de la vôtre?
Qu'est-ce qui vous fait rire? Qu'est-ce qui fait rire vos parents? Est-ce différent de ce qui vous fait rire? Donnez des exemples.

B. Décrivez votre acteur (ou actrice) comique favori (cinéma, télévision): la classe devine de qui il s'agit.

C. «Le ridicule tue» dit un dicton français.
Le ridicule tue-t-il toujours? par exemple: vêtements, cheveux, maquillage des femmes (des hommes?) etc.

D. Commentez cette citation de Ionesco: «L'humoriste est un moraliste amer, un pessimiste qui supporte la désolation avec gaîté».

La plupart des jeunes français ont un jargon spécial, bien à eux, un vocabulaire familier, argotique, parfois très vulgaire; ils parlent leur langue avec une centaine de mots, toujours les mêmes. Vous relèverez (ici et dans les chapitres précédents) ces mots ou expressions et vous amuserez à en trouver l'équivalent pour les étudiants américains ou anglais.

6 Ce que veulent les jeunes français

«Sondage»

Voici un sondage qui, contrairement à beaucoup d'autres, a le pouvoir d'étonner. Il donne de la jeunesse française actuelle une image qui ressemble peu à celle que nous prodiguent le cinéma, le théâtre, le roman et même l'information. Elle ne correspond pas à l'opinion que les adultes se sont formée depuis quelques années de cette jeunesse.

La politique

QUESTION: Certains parlent d'abaisser l'âge du vote à 18 ans. Vous personnellement, êtes-vous plutôt favorable ou plutôt opposé à cette idée?

Plutôt favorable	34
Plutôt opposé	60
Sans opinion	6
	100 %

● Seuls, les jeunes qui se classent à l'extrême-gauche sont en majorité favorables à l'abaissement de l'âge du droit de vote (59 %). Par rapport aux enquêtes antérieures, la proportion de jeunes favorables au vote est en progression: en 1961, elle s'élevait seulement à 12 %.

QUESTION: Voici une liste de grands courants d'idées qui marquent le monde actuel. Parmi ceux-ci, pouvez-vous me citer celui ou ceux dont vous vous sentez le plus proche?

Maoïsme, trotskysme, anarchisme, divers gauchismes	4
Communisme	7
Socialisme	15
Démocratie chrétienne	10
Développement économique	20
Libéralisme	17
Nationalisme	8
Fédéralisme européen	9
Aucun ou sans opinion	26

● Chez les étudiants, le libéralisme vient en tête (21 %), suivi dans l'ordre par le développement économique (20 %) et, à égalité, par le socialisme et le fédéralisme européen (18 %); chez les ouvriers, c'est le développement économique qui vient en tête (17 %), suivi par le socialisme (15 %) et le communisme (12 %). Le total des résultats dépasse 100 parce que le questionnaire permettait de donner plusieurs réponses.

QUESTION: Pendant longtemps, on a distingué, en France, deux grandes tendances: la Gauche et la Droite. Estimez-vous qu'à l'heure actuelle, cette distinction a encore un sens ou qu'elle est dépassée?

La distinction entre «Gauche» et «Droite» a encore
un sens **47**
La distinction entre «Gauche» et «Droite» est dépassée **36**
Sans opinion **17**
                                                 _____
                                              100 %

● Plus le niveau culturel augmente, plus on compte de jeunes qui pensent que la distinction Droite-Gauche est dépassée: c'est le cas de 47 % des étudiants (contre 40 % pour qui la distinction a encore un sens) et de 48 % des fils de cadres supérieurs.

QUESTION: En ce qui concerne l'armée, laquelle de ces deux phrases correspond le mieux à votre opinion?

La France a besoin d'une armée pour assurer son
indépendance **63**
La France devrait supprimer son armée **30**
Sans opinion **7**
                                              _____
                                           100 %

● La seule catégorie estimant en majorité que la France devrait supprimer son armée est celle des jeunes qui se classent à l'extrême-gauche (46 % contre 40 %). Chez les garçons, le fait d'avoir accompli son service militaire introduit une différence très significative: la proportion de jeunes favorables à l'armée passe de 62 % avant le service militaire à 49 % après, tandis que l'hostilité passe de 33 % à 45 %.

La famille

QUESTION: En ce qui vous concerne, vous personnellement, de ces trois formules, laquelle a votre préférence?

Le mariage **81**
La vie à deux sans se marier **16**

Le mariage collectif comme on a pu le voir en Suède
ou au Danemark   I
Sans opinion   2
──────────
100 %

● Le mariage traditionnel est plébiscité. Les plus favorables à l'union libre se recrutent parmi les jeunes d'extrême-gauche (29 %) et les étudiants (20 %). Les plus traditionalistes sont les agriculteurs (97 %) et les jeunes filles (87 %).

───────

QUESTION : Êtes-vous favorable ou opposé à ce qu'on facilite la procédure du divorce en France ?

Favorable   68
Opposé   23
Sans opinion   9
══════════
100 %

● Sur ce point les jeunes de toutes catégories sont nettement favorables à la libéralisation des mœurs et de la législation.

───────

QUESTION : Êtes-vous favorable ou opposé à l'emploi des contraceptifs (pilules, etc.) ?

Opposé   46
Favorable   44
Sans opinion   10
──────────
100 %

● Légèrement minoritaires dans l'ensemble, les partisans de la pilule l'emportent chez les hommes (49 % contre 40 %), dans les familles d'extrême-gauche et de gauche et parmi les lycéens et plus encore les étudiants (60 % contre 34 %). Les jeunes filles sont, au contraire, nettement réservées (39 % contre 53 %), ainsi que les ouvriers et les agriculteurs.

───────

QUESTION : Souhaitez-vous avoir des enfants ?

Oui, un seul   5
Oui, deux   50
Oui, trois et plus   28
Oui, mais ne sait pas combien   10
Non   2

Ne sait pas **5**
                                    _____
                                    100 %

_____

QUESTION : A votre avis, une femme est-elle plus heureuse quand elle travaille en dehors de sa maison ou quand elle s'occupe exclusivement de sa maison ?

Une femme est plus heureuse quand elle travaille
en dehors de sa maison **46**
Une femme est plus heureuse quand elle s'occupe
exclusivement de sa maison **43**
Sans opinion **11**
                                        _____
                                        100 %

● Une faible majorité se dégage en faveur du travail des femmes. Cela tient d'abord à l'attitude des femmes elles-mêmes (55 % pour le travail contre 39 % pour la maison alors que 37 % des hommes seulement se prononcent pour le travail)· Lycéens et étudiants se prononcent massivement en faveur de l'activité professionnelle des femmes (48 % et 60 %) tandis qu'ouvriers et agriculteurs se prononcent aussi massivement pour les femmes au foyer (60 % et 68 %).

_____

QUESTION : A votre avis, est-ce très important, assez important, peu important ou pas important du tout qu'avant de se marier, un garçon...

	ait une situation	ait fait son service militaire	soit plus âgé que la jeune fille qu'il épouse
Très important . . .	70	47	18
Assez important . . .	24	28	19
Peu important	5	16	33
Pas important du tout	1	8	27
Sans opinion	—	1	3
	100 %	**100 %**	**100 %**

● On notera que les jeunes attachent beaucoup plus d'importance à ce qui assure la sécurité matérielle du futur foyer qu'à la différence d'âge sur laquelle pourrait se fonder la prééminence du mari.

_____

QUESTION : Estimez-vous normal ou pas normal, qu'avant son mariage...

	Un garçon ait des relations sexuelles	Une jeune fille ait des relations sexuelles
Normal	82	60
Pas normal	13	32
Sans opinion	5	8
	100 %	100 %

● La liberté des mœurs est considérée comme normale par une large majorité même en ce qui concerne les jeunes filles, bien que la moitié de ces dernières conservent une idée plus traditionnelle du comportement féminin (voir ventilation[1] ci-dessous).

VENTILATION	UN GARÇON AIT DES RELATIONS SEXUELLES			UNE JEUNE FILLE AIT DES RELATIONS SEXUELLES		
	Homme	Femme	Total	Homme	Femme	Total
Normal	88	77	82	73	47	60
Pas normal	8	18	13	20	45	32
Sans opinion . . .	4	5	5	7	8	8
	100 %	100 %	100 %	100 %	100 %	100 %

Les aînés

QUESTION : Diriez-vous que, dans l'ensemble, les adultes comprennent plutôt bien ou plutôt mal les jeunes aujourd'hui ?

Plutôt bien	26
Plutôt mal	67
Sans opinion	7
	100 %

● Le sentiment d'incompréhension est partagé par toutes les catégories de jeunes. Il s'atténue très légèrement avec l'âge.

———

QUESTION : Avec laquelle de ces deux phrases êtes-vous le plus d'accord ?

Un jeune ouvrier est plus proche d'un jeune étudiant que d'un ouvrier adulte parce que tous les jeunes ont les mêmes problèmes	43
Un jeune ouvrier est plus proche d'un ouvrier adulte que d'un jeune étudiant parce que tous les	

[1] **ventilation:** estimation

Perspectives

ouvriers ont les mêmes problèmes   52
Sans opinion   5
                                            _____
                                            100 %

● La solidarité avec la classe d'âge l'emporte sur la solidarité avec la classe sociale chez les 16-18 ans, les écoliers et les lycéens et chez les agriculteurs. Partout ailleurs, la solidarité sociale est plus forte, notamment chez les jeunes ouvriers (64 %).

Ventilation des résultats ci-dessus:

	Em-ployé	Ou-vrier	Agricul-teur	Écolier Lycéen	Étu-diant	Inactif	Total
Un jeune ouvrier est plus proche d'un jeune étudiant que d'un ouvrier adulte parce que tous les jeunes ont les mêmes problèmes . .	43	32	48	57	45	36	43
Un jeune ouvrier est plus proche d'un ouvrier adulte que d'un jeune étudiant parce que tous les ouvriers ont les mêmes problèmes	52	64	42	40	50	56	52
Sans opinion	5	4	10	3	5	8	5
	100	100	100	100	100	100	100

QUESTION: Estimez-vous que pour le bonheur des enfants, il vaut mieux des parents...

Plutôt trop sévères   59
ou
Plutôt pas assez sévères   26
Sans opinion   15
                                            _____
                                            100 %

● Les jeunes ne souhaitent certainement pas le relâchement[2] d'une autorité familiale somme toute plutôt sécurisante.[3] Les jeunes filles se montrent un peu plus

[2] **relâchement:** *loosening, slackening*
[3] **sécurisante:** *néologisme = qui assure la sécurité, rassurante*

favorables à l'autorité que rejette en revanche une forte minorité des jeunes d'extrême-gauche (38 %).

————————

QUESTION: Estimez-vous que vos études vous préparent (ou vous ont préparé) plutôt bien ou plutôt mal à la vie professionnelle ?

Plutôt bien 59
Plutôt mal 34
Sans opinion 7
————
100 %

● A part l'extrême-gauche, tous les jeunes se disent satisfaits de l'enseignement qu'ils ont reçu. Les lycéens et les étudiants sont les plus satisfaits, les agriculteurs et les ouvriers les plus réservés.

————————

QUESTION: Différentes raisons peuvent nous guider dans le choix d'une profession. Dans la liste suivante, quelle est, pour vous, la chose la plus importante ?

Un emploi sûr 58
Beaucoup de responsabilités 16
Une profession considérée 8
Une situation bien rémunérée 18
————
100 %

● La jeunesse paraît avide de sécurité bien plus que de responsabilité. Les jeunes agriculteurs demandent sécurité (71 %), rémunération (23 %) et considération (13 %) ; les jeunes ouvriers sécurité (63 %) et rémunération (22 %) ; les étudiants et les lycéens sont les seuls à faire une certaine place à la responsabilité (22 et 23 %).

————————

QUESTION: Craignez-vous que votre génération connaisse une troisième guerre mondiale ?

Oui 55
Non 36
Sans opinion 9
————
100 %

● Le pessimisme des jeunes est marqué. Une très nette majorité estime partout qu'un conflit mondial est probable. Le plus grand nombre pense que le détonateur peut être constitué par le conflit du Moyen-Orient et le conflit sino-soviétique.

QUESTION: Le métier qui vous plairait le plus serait un métier...

Où le travail serait intéressant	**65**
Où vous gagneriez beaucoup d'argent	**24**
Où vous auriez beaucoup de loisirs	**10**
Sans opinion	**1**
	100 %

● Les jeunes ouvriers sont les plus sensibles au salaire (33 %) et aux loisirs (13 %); les étudiants les plus sensibles à l'intérêt du travail (75 %).

QUESTION: Parmi les quatre choses suivantes quelle est celle que vous souhaiteriez à votre meilleur ami, de préférence à toutes les autres?

Faire fortune	**12**
Garder une excellente santé	**60**
Connaître un grand amour	**20**
Devenir célèbre	**7**
Ne sait pas	**1**
	100 %

● La santé est pour tous la valeur suprême. Les femmes (25 %) et les étudiants (33 %) pensent aussi au grand amour, les ouvriers rêvent plutôt à la fortune (16 %) et les lycéens à la gloire (11 %)!

QUESTION: Si une troisième guerre mondiale devait éclater quel est, d'après vous, parmi les événements suivants, celui qui risquerait le plus de la provoquer?

	Jeunes de 15 à 23 ans	Adultes (1)
Le conflit du Moyen-Orient	**20**	**36(2)**
La guerre du Vietnam	**7**	**—**
Un conflit entre la Chine et l'U.R.S.S.	**27**	**34**
Un conflit entre les États-Unis et l'U.R.S.S.	**18**	**6**
Une crise dans l'Europe de l'Est . . .	**10**	**14(2)**
Aucun ou ne sait pas	**18**	**10**
	100 %	**100 %**

(1) Sondage réalisé pour le compte du «Figaro» entre le 16 et le 22 janvier 1970.

Ce que veulent les jeunes français

(2) Lors du sondage de janvier auprès des adultes la formulation des réponses était la suivante:
— Une extension de la guerre dans tout le Moyen-Orient.
— Une révolte générale des pays de l'Est contre l'U.R.S.S.

La société d'aujourd'hui

QUESTION: Par rapport à ce qu'elle était il y a une dizaine d'années, la place des jeunes dans la société vous paraît-elle, aujourd'hui...

Plus importante	88
Moins importante	2
Sensiblement la même	8
Sans opinion	2
	100 %

● Toutes les catégories estiment que la place des jeunes s'est accrue dans la société, les étudiants étant les plus nombreux à penser ainsi (94 %).

QUESTION: A l'égard de l'Église catholique, vous sentez-vous plutôt favorable, hostile ou indifférent?

Favorable	39
Hostile	13
Indifférent	43
Sans opinion	5
	100 %

● La sympathie l'emporte sur l'indifférence chez les jeunes filles (47 % contre 37 %), les familles politiques du centre et de la droite et chez les jeunes agriculteurs et employés. L'hostilité culmine à 29 % à l'extrême-gauche et est plus marquée chez les étudiants (16 %) que chez les ouvriers (13 %).

QUESTION: On entend parler un peu partout de «hippies», c'est-à-dire de jeunes qui quittent leur famille pour mener une vie de bohème. Laquelle de ces quatre phrases correspond le mieux à votre opinion à leur égard?

Ils ont bien raison de chercher à vivre autrement que la plupart des gens aujourd'hui	13
Ils ont raison de profiter de leur jeunesse avant d'être obligés de vivre comme tout le monde .	17
Ils ont le droit de vivre comme ils veulent mais personnellement je ne le ferais pas	49
Ils donnent un mauvais exemple à la jeunesse . .	20
Aucune ou sans opinion	1
	100 %

● Dans l'ensemble, les jeunes se montrent peu tentés par l'aventure hippie, mais font preuve d'une grande tolérance. Les plus réticents sont les jeunes travailleurs: 27 % des ouvriers et 26 % des agriculteurs trouvent que c'est un mauvais exemple contre 14 % des lycéens et 11 % des étudiants.

QUESTION: Pouvez-vous dire si vous croyez en Dieu?

Croit en Dieu	65
Ne croit pas en Dieu	24
Entre les deux ou refuse de répondre	11
	100 %

● Seuls les jeunes qui se classent à l'extrême-gauche font en majorité profession d'athéisme (56 % contre 32 %). Partout ailleurs la foi est majoritaire, en particulier chez les agriculteurs (87 %), les familles politiques du centre et de la droite et les jeunes filles, mais aussi chez les jeunes ouvriers (60 % contre 27 %) et les étudiants (58 % contre 29 %).

QUESTION: Pour chacune des choses suivantes, que pensez-vous qu'il faudrait faire?

	L'homo-sexualité	La drogue
L'interdire absolument	29	84
La tolérer mais essayer de la limiter .	43	11
Ne pas s'en occuper	19	4
Sans opinion	9	1
	100 %	**100 %**

● Toutes les catégories de jeunes sans exception se prononcent à plus de 60 % pour la répression de la drogue, les moins sévères se recrutent à l'extrême-gauche (36 % de tolérants).

Paris-Match (7 mars 1970)

Ce sondage a été réalisé
spécialement pour «Paris-Match»
par la S.O.F.R.E.S.[1]
(entre le 16 et le 23 février) auprès
d'un échantillon[2] national
représentatif de 1 000 jeunes
âgés de 15 à 23 ans inclus.

A votre tour, répondez aux questions—Ressemblances et différences avec les réponses des jeunes Français.

[1] **S.O.F.R.E.S.** = Société française d'enquêtes et de sondages
[2] **échantillon:** *sampling*

«Télémaque 1970»

L'Institut Français de Polémologie (fondé en 1945 pour l'étude des guerres et des paix) a effectué une enquête très précise sur la psychologie de l'étudiant français contemporain.

120 jeunes enquêteurs ont interrogé, sous le couvert d'un anonymat absolu, 1216 étudiants, de tous âges, de toutes conditions et de toutes disciplines. Mme Louise Weiss, co-directrice de l'Institut, à la suite d'une analyse approfondie de toutes les données de l'enquête, et en conclusion, trace le portrait de l'étudiant français actuel:

Télémaque 1970[1] s'est adonné, de préférence, à la lecture des auteurs caractérisés par un sentiment commun de contestation de la société. Ces lectures correspondent à son état latent d'agressivité ou ont déterminé celui-ci. Lorsqu'il tente d'élaborer la doctrine de ses sentiments, il y parvient difficilement. Ses convictions paraissent incertaines.

Pour lui, l'Antiquité classique ne compte que fort peu. Les grands auteurs français du passé lui plaisent plutôt qu'ils ne le marquent. La latinité et le cartésianisme ne jouent plus leur rôle traditionnel. Au contraire, par l'influence sur lui des auteurs étrangers, l'étudiant français est ouvert à tous les vents de l'esprit. La France n'apparaît plus à ses yeux comme la Mère de la Culture. Il n'est plus un pionnier de l'impérialisme intellectuel latin. Une mentalité nouvelle apparaît, qui pourrait permettre, si les événements s'y prêtaient, aux jeunesses des pays occidentaux de se comprendre entre elles.

cartésianisme philosophie de Descartes

L'enquête a surpris en pleine mue, et donc en pleine souffrance, des contradictions que suppose cette mue.

mue changement (*m*), mutation (*f*)

Et pour survivre en état de mue, ne faut-il pas être doué d'agressivité? Nous arrivons au fond du problème...

---

[1] **Télémaque** (mythologie grecque): le célèbre étudiant de jadis était parti à la recherche d'Ulysse, son père, en compagnie de Mentor, son maître respecté.
Par ailleurs, *Les Aventures de Télémaque* sont un ouvrage de Fénelon (1699), inspiré du Télémaque antique et écrit pour l'éducation du duc de Bourgogne.

... Télémaque 1970 a 21 ans. Il se sent adulte et se déclare prêt à assumer ses responsabilités personnelles. Il rejette l'autorité de Mentor. Il aime sa famille, surtout celle qu'il fondera, et craint pour son emploi futur dans la société de consommation qu'il condamne en raison de cette crainte, l'assimilant à une doctrine. Ses sentiments religieux sont tièdes. Son amour de la patrie est détérioré, du moins le croit-il — à tort souvent. Son engagement politique paraît plutôt verbal. Les événements de mai-juin ont comporté pour lui une grande part d'amusement comme si, ayant passé trop directement de l'enfance à l'état adulte, il avait voulu se débarrasser de ce qui lui restait d'un besoin de jeu insatisfait à cause d'études trop fortes, commencées trop tôt. D'où, peut-être, également, son besoin de liberté, notamment de liberté sexuelle (sans conséquences). Les valeurs de raison sont moins importantes pour lui que les valeurs passionnelles. Il est ouvert aux influences culturelles et politiques étrangères. Il ne se sent plus un représentant de cet impérialisme de la culture latine qui, avant les deux grandes guerres mondiales, était considéré par les élites intellectuelles germanique et anglo-saxonne comme un facteur de guerre. Cet impérialisme étant brisé, il croit à une entente avec la jeunesse des autres pays. Mais, comme tout en se croyant déjà adulte, il se trouve cérébralement, comme le monde actuel, dans une mue profonde comportant de la confusion d'esprit, et comme l'avenir lui paraît incertain, la sécurité lui semble le premier des biens. Il souffre d'un état d'agressivité qui se cristallisera de nouveau à la moindre occasion et que la communauté ne pourra apaiser qu'en l'intégrant, lui et ses camarades, et le plus tôt possible dans la Société si, du moins, on tient à conserver celle-ci.

LOUISE WEISS

A votre tour, tracez le portrait du Télémaque américain de cette année.

Conclusion

«Où allons-nous?»

De l'interview que nous présentons ici, nous avons omis certaines questions sur la mort, la religion, la politique, qui se rattachaient moins directement aux thèmes de notre livre.

Cet entretien est d'autant plus émouvant que c'est un des derniers que François Mauriac ait accordés et qu'il est mort très peu de temps après, le 1er septembre 1970.

L'EXPRESS: Quel est le sentiment qui domine en vous aujourd'hui?

veilleur qui reste éveillé

démesuré immense, infini

au ralenti *in slow motion*

François Mauriac: L'attente. Je suis comme un veilleur de la nuit. Et ceux qui veillent savent que le temps est démesuré. Voyez-vous, il y a une différence entre la vieillesse qui est une longue période de la vie et le grand âge. La vieillesse me paraît être aujourd'hui quelque chose de normal. Elle ne diffère pas fondamentalement de la vie. Elle est l'existence au ralenti, voilà tout. Au contraire, le grand âge est un état singulier. Vous êtes coupé de la vie, séparé des autres hommes. Pour moi, il y a les murs de cette chambre, cette fenêtre, quelques personnes qui m'entourent, la télévision lorsque je ne suis pas trop fatigué le soir, et les livres. Mais je ne lis plus autant qu'autrefois. Je n'entends plus guère les rumeurs de la ville. Je suis réellement confronté avec la seule réalité. J'existe dans l'attente d'une certaine heure.

[F. Mauriac et G. Suffert s'entretiennent ici sur la mort. Puis, parlant du monde actuel, de son enfance, F. Mauriac déclare: «Je suis un homme de l'Ancien Régime, égaré dans le temps des avions à réaction.»]

— **Pourtant, toute votre vie, vous avez pris position... Contre l'Action française,[1] pour le Sillon,[1]**

[1] **L'Action française:** mouvement d'extrême-droite (fondé par Maurras en 1899); il existait avant la 2ème guerre mondiale un journal du même nom.
Le Sillon: mouvement chrétien progressif

contre Pétain[2] et pour de Gaulle pendant la guerre; contre la justice politique en 1945[3]; contre les guerres coloniales à partir de l'aventure marocaine.[4] A partir de quels éléments avez-vous pu juger si vous n'étiez qu'un homme de l'Ancien Régime?

— Sans doute par réaction contre mon milieu. C'est un mot à la mode et qui ne veut plus rien dire, mais je crois bien avoir été un contestataire. Parce que j'étais choqué par mon milieu. Ou plus exactement par la différence entre les principes qu'il proclamait et son comportement quotidien. C'était une révolte étrange, parce qu'en même temps c'est dans cette famille, dans ce milieu, dans cette terre, dans ces pins que j'ai trouvé mon enracinement poétique. Mais voilà: j'avais mauvais esprit. Ma mère me disait: «Tu trouves tout le monde bête.» Ma mère avait raison. Et moi aussi. Les gens autour de moi étaient bêtes. Il n'y avait pas beaucoup d'idées à Bordeaux à l'époque. Sans doute y en a-t-il davantage maintenant. Disons que j'ai tenté de porter des jugements sur les événements en mélangeant inextricablement les sentiments chrétiens qui m'habitaient et un sens pratique de petit bourgeois de province. J'ai toujours rompu avec prudence.

son comportement sa façon d'agir

mon enracinement *my roots*
avoir mauvais esprit critiquer tout

— Quels sont, finalement, les écrivains qui vous ont le plus marqué?

— Je ne sais pas. Il y en a eu tellement. Barrès,[5] bien sûr. Non pas l'homme qui chantait le nationalisme, mais celui qui s'interrogeait sur lui-même. Gide ensuite, et Proust enfin. Il y a un lien entre les trois. Ce sont des hommes qui ont fait surgir d'eux-mêmes un univers. Et il est bien vrai que nous sommes nous-mêmes un monde.

surgir ici = naître

[2] **Philippe Pétain** (1856-1951): Maréchal de France; devint en juin 1940 chef du Gouvernement et conclut l'Armistice. Chef de l'État français, installé à Vichy pendant l'occupation allemande; supposé représenter les intérêts français face à l'Allemagne hitlérienne
[3] **la justice politique de 1945**: allusion à l'«**épuration**» = élimination (qui fut parfois hâtive et sans discrimination) des collaborateurs, à la Libération
[4] **l'aventure marocaine:** la conquête du Maroc, commencée en 1907; le maréchal Lyautey (1854-1934) fut le premier colonisateur et administrateur du pays. Le Maroc devint indépendant en 1956.
[5] **Barrès** (1862-1923): écrivain français né à Charmes (Vosges). Il passa du culte du «moi» au culte de la terre et des morts, et au nationalisme. Il encouragea fortement Mauriac à ses débuts.

— **Tout au long de votre vie vous avez vu se dégrader la littérature en France. Jusqu'à ce point actuel où elle n'existe probablement plus. Est-ce que vous avez ressenti le phénomène au fur et à mesure?**

au fur et à mesure petit à petit

— Oui. Il était impossible de ne pas comprendre ce qui se passait. La littérature a été colonisée par la philosophie. Je vais vous dire quelque chose de tout simple: lorsqu'on ne veut plus parler le langage des honnêtes gens il n'y a plus de littérature. Il y a des idées, des systèmes qui s'entrechoquent à travers des mots et des passions. Lorsqu'un écrivain de génie réussit à se saisir du tout et à en faire un chant, cela peut devenir admirable. C'est l'épopée de Malraux et au fond celle de sa génération. Avec lui la littérature a jeté ses derniers feux. Mais ensuite? Ensuite, rien n'était plus possible. Voyez Camus. Il n'a réussi à être ni un véritable romancier ni un philosophe. Il se tient entre deux eaux. Et il ne pouvait probablement pas faire autrement.

les honnêtes gens decent people

entre deux eaux entre deux états

Ce qui me frappe aujourd'hui, c'est que j'ai l'impression que les jeunes gens n'ont plus guère envie de comprendre leur propre vie. Ils plongent dans la morosité, puis acceptent goulûment ce que n'importe qui leur crie. Autrefois nous étions plus lents, moins angoissés peut-être, mais à travers la littérature nous essayions de déchiffrer ce que pourraient être nos vies. Je ne suis pas désespéré. Il y a des cycles. Du tohu-bohu actuel, il finira bien par sortir quelque chose. Mais je ne le verrai pas.

goulûment avidement

tohu-bohu confusion (f), chaos (m)

— **Toute votre vie, vous avez été plus proche de la gauche que de la droite. Croyez-vous que la gauche française ait encore un avenir?**

— C'est une question difficile, sur laquelle je m'interroge souvent. Je ne suis pas un homme politique. Il ne faut pas me demander d'expliquer. Je vais vous dire simplement ce que je sens et ce que je crois.

Sur un plan tactique — ce n'est pas un mot que j'aime — je crois que la gauche est un peu bête. Plus le gaullisme s'ouvre, plus elle se ferme. Plus les gaullistes de la majorité tendent leurs mains, plus les chapelles de la gauche affinent les divergences qui les séparent les unes des autres. Or les Français se perdent dans ces discussions byzantines.

chapelles (f) cliques (f)
affiner to sharpen

byzantines complexes et inutiles

Qu'est-ce qu'ils veulent en réalité, ces Français mysté-

262

rieux? Être heureux. Voilà la vérité, éclatante, que beaucoup ne comprennent pas. La vieille idée de Saint-Just[6] sur le bonheur et qui était fausse lorsqu'il l'a lancée, est devenue vraie aux alentours de 1936. Quel bonheur? me direz-vous. Un bonheur tout simple. Celui que leur a livré le cinéma: le bonheur des riches. Ils veulent des loisirs, des autos qui aillent vite, même s'ils doivent se tuer avec elles, de l'amour, même si cela doit être une caricature.

Ce qui est fascinant, c'est que cette passion du bonheur est née en France au moment même où l'ombre immense de Hitler bouchait déjà l'horizon. Qu'importe. Ils avaient découvert ce qu'ils croient être une manière de vivre. Ils l'ont payé. Hitler les a dévorés. Croyez-vous pour autant qu'ils aient abandonné cette idée du bonheur? Pas du tout. Ils l'ont mise sous cloche[7] en réalité. De 1942 à 1945, ils ont réussi à garder intacte leur petite fleur — je ne parle pas de ceux qui se sont battus ou de ceux qui sont morts, je parle des autres. Ils ont même, par un véritable tour de passe-passe, greffé leur espoir de la Libération à cette idée du bonheur que leur avait révélée le Front populaire.[8] Lorsque la guerre a été terminée, ils ont ôté la cloche qui couvrait la petite fleur et ils en ont respiré le parfum. La droite a compris tout ce qu'elle pouvait tirer de ce goût pour le mieux-vivre. Elle est donc devenue acceptable. Et la gauche a perdu son lyrisme.

bouchait obstruait, fermait

tour de passe-passe trick (magician's)

tirer = tirer profit (de)

— Si ce que vous dites est vrai, la France, comme nation spirituelle, est en train de mourir?

— Je n'en sais rien. Je ne suis pas prophète. Pour moi, ce bonheur-là n'est pas le bonheur. Est-ce que la France peut devenir la Suisse? C'est la vraie question que je me pose dès maintenant. Au fond de moi, je n'y crois pas. Parce que ce pays est plein de risques souterrains. Aucune des passions qui l'habitent depuis un millénaire n'est vraiment morte. Si j'étais le chef de l'État, je ne me fierais pas à cette apparence. Les Français ont compris que leurs rêves de gloire étaient

[6] **Saint-Just** (Louis-Antoine-Léon) 1767-1794: homme politique et révolutionnaire français. Peu au courant des réalités économiques de son époque, il rêve, comme Robespierre, d'une démocratie de petits propriétaires, paysans et artisans: cet idéal est en contradiction avec l'évolution capitaliste de l'économie mais il l'amène à vouloir satisfaire les aspirations populaires.
[7] **mettre sous cloche:** (litt) = to put (a plant) under a bell-glass = to protect
[8] **Le Front Populaire:** union des forces de gauche (communistes et socialistes) qui arriva au pouvoir en 1936, sous la direction de Léon Blum

terminés. Leur flotte, leur empire, leur prédominance mondiale, tout cela a été englouti et ils le savent. Mais ils ne se résignent pas à n'être plus qu'un objet quelconque dans l'histoire du monde. C'est dans leur tête, obscurément, qu'ils cherchent quelle doit être la taille de leur pays. Pour le moment, ils flottent dans des habits que l'Histoire a découpés trop grands pour eux.

Est-ce qu'ils trouveront ce qu'ils cherchent; franchement, je n'en sais rien. Ce qui est sûr, c'est que ce qui est acquis est acquis et qu'ils ne s'en débarrasseront pas facilement. La trace de leur grandeur les poursuit au-delà des frontières; dans tous le musées du monde, les Français qui se sont mis à voyager découvrent la splendeur de leur peinture. Dans toutes les bibliothèques du monde, la grandeur de leur littérature. Entre leur résignation à un bonheur quotidien et la nostalgie de leur dignité passée, ils cherchent une route. C'est le problème de votre génération.

— Il y a dans tout ce que vous dites une espèce de tristesse. Est-ce que vous croyez que cette civilisation est profondément malade?

— Là encore, je ne peux pas vous répondre. Tout ce que je peux vous dire, c'est que la planète dans laquelle habiteront vos enfants n'est plus celle que j'ai connue et aimée. C'est un autre monde. Je pense que les hommes s'y habitueront. Moi pas.

Je vais vous donner un seul exemple: la mer. Pour moi et pour les hommes qui m'ont précédé, il existait un lieu de pureté. Les rivages de l'Océan. C'était le domaine où le ciel et l'eau se mélangeaient, où l'homme découvrait l'immensité, la sauvagerie, le sel. Aujourd'hui, la mer est souillée. Sur les rochers que Chateaubriand et Hugo regardaient, il y a du mazout. Je crois que c'est un événement sans précédent dans l'histoire du monde. Et tout est à cette image; à côté de chez moi, en Seine-et-Oise, on va faire une ville de 50 000 habitants. Et c'est tout proche de Roissy.[9] Les gros avions chasseront les oiseaux du jardin où je me suis promené.

Je sais bien que ce monde doit changer. Je ne me révolte pas. Je constate simplement qu'il n'y a plus de rossignols dans mon jardin...

[9] **Roissy:** au nord-est de Paris; site du nouvel aéroport géant de Paris-Nord

---

englouti *swallowed up*
quelconque *ordinary*

à cette image *comme cela*

rossignol *(m) nightingale*

— Il y a pourtant encore des rossignols à Paris...

— Vous êtes fou? Il n'y a plus de rossignols. Vous confondez avec les merles. Vous ne savez plus ce que c'est que le chant d'un rossignol. Dans mon enfance, durant certaines nuits d'été, il nous fallait fermer les volets, les fenêtres et les rideaux pour pouvoir dormir. Il y avait des rossignols qui chantaient tout près de la maison pendant les heures de la nuit. Je sais que je vous parle d'un autre monde; mais il a été le mien. Et je suis incapable d'exister dans un univers qui a détruit la nature.[10]

merle (m) *blackbird*

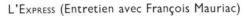

L'Express (Entretien avec François Mauriac)

Discussions/compositions

A. Plusieurs des thèmes de ce livre apparaissent dans cette interview. Retrouvez-les. Comparez le point de vue de F. Mauriac et le vôtre.

B. Allons-nous vraiment vers un monde d'hommes seuls et de femmes seules, d'enfants élevés en troupeaux? vers cet univers absurde dont quelques penseurs pessimistes croient voir les prémices? C'est la question angoissée que nombre d'entre nous se posent. Essayez, à votre tour, de répondre à cette question: «Où allons-nous?»

C. Dans cinquante ans quelle sera la raison d'être de l'homme moyen? De quoi vivra-t-on après nous?

---

[10] Georges Suffert pose ensuite à François Mauriac la question suivante: «Qu'est-ce qui vous donne encore de l'espoir?» L'entretien se termine alors par une assez longue discussion sur l'Église et la religion. Ce qui empêche François Mauriac de désespérer, ce sont les hommes, c'est sa foi: «Il y a en moi toute l'espérance du monde, parce que j'ai la foi.»

Pour les jours de pluie

les jours où la classe est réfractaire ou endormie

Jeux

1. MISE EN TRAIN:

Chacun doit raconter un fait curieux ou une anecdote amusante et tous les élèves y prennent part.

2. CARICATURES:

Le professeur apporte diverses caricatures; chaque élève en reçoit une et la décrit ou l'explique à la classe (qui ne la voit pas, bien sûr).
Ce jeu oblige même les plus timides à parler individuellement.

3. ALLONGEZ LA PHRASE:

On part d'un élément de phrase très court; chaque élève ajoutera un mot de façon à rendre la phrase aussi longue que possible:
EXEMPLE:

A le monde
B entier
C est

D rempli
E d'argent
F et de ...

etc.
Celui qui finit la phrase a un gage (*forfeit*).

4. LE TÉLÉPHONE:

Demande de renseignements:
EXEMPLES: demander l'heure des trains pour Marseille, retenir une chambre dans un hôtel, prendre un rendez-vous chez le médecin, etc.
Le professeur (ou un élève) peut être le «Bureau de Renseignements»; plusieurs élèves posent des questions.

CONSEIL: il faut que les questions soient posées rapidement. Pour compliquer le jeu, il peut y avoir plusieurs groupes d'élèves représentant chacun un «Bureau général de Renseignements». L'avantage de ce jeu est qu'il met les élèves dans des situations où ils pourraient se trouver en France et en même temps leur apprend certaines expressions utiles employées pour donner un coup de téléphone.

5. ROMAN POLICIER COLLECTIF:

Un élève le commence par une phrase ou deux; chaque étudiant ajoute une phrase à cette histoire en essayant de créer «suspense» et mystère.

6. JEU DES 21 QUESTIONS:

Un étudiant pense à quelqu'un (ou quelque chose) et précise à la classe s'il s'agit d'un animal, végétal ou minéral.
La classe a droit à 21 questions pour trouver la personne ou l'objet.

7. LA CLASSE-INTERVIEW:

L'interview du professeur; le professeur répond brièvement à toutes les questions que lui posent les élèves (renseignements pratiques, problèmes de civilisation ou autres sujets).
Interview d'un (une) étudiant (—e) qui joue un rôle (acteur de cinéma, éminent professeur de psychologie, etc.).

8. BRAIN TEASER («casse-tête» «taquine-cerveau»?)

EXEMPLE: Un homme habite au 18ème étage d'un grand ensemble.
Il peut prendre l'ascenseur pour monter à son appartement mais il ne peut absolument pas le prendre pour en descendre (l'ascenseur fonctionne normalement). Pourquoi ne peut-il pas descendre par l'ascenseur? (voir réponse p. 272)
L'avantage de ce jeu est qu'il fait poser beaucoup de questions et participer toute la classe.
Connaissez-vous d'autres «brain teasers»?

9. JEU DES AUTEURS ENTERRÉS:

Cinq auteurs littéraires français, avec leur orthographe exacte, sont enterrés dans les phrases ci-dessous. A vous de les exhumer.

EXEMPLE: Dans la phrase: «Il était **bossu et** petit» on trouve: **Bossuet.**

   a) Ses yeux émus se tournent vers moi.
   b) Si vous n'aimez pas les bas de nylon, cherchez à en trouver laine et coton.
   c) Le taureau chargea le matador et d'un seul coup de corne il le tua.
   d) Et je me révoltai refusant l'injustice.
   e) «Oui, je suis volontaire»! Et courageusement, le soldat au tombeau marcha isolément.

(voir réponses p. 272)

10. BOTTICELLI:

a) un élève (A) pense à un personnage (historique, auteur, peintre, homme politique, ou autre) et donne la **première lettre** du nom de ce personnage:

EXEMPLE: il pense à **Daudet** et donne la 1ère lettre: **D**

b) Pour avoir droit à **trois questions directes** (=réponses par «oui» ou «non») posées à A, les élèves doivent poser des questions dans le **but de coincer** (*stump*) A.

EXEMPLE: un des élèves (à A): «Êtes-vous un peintre du 19e siècle?». A répond: «Non, je ne suis pas **Degas** (ou **Daumier**); ce qui compte, c'est que A réponde par:

   1) un nom qui commence par D
   2) que ce soit un peintre du 19e siècle.

c) Quand A ne peut pas répondre à une de ces questions, la classe a droit à 3 questions directes (ex.: Êtes-vous vivant? homme? femme? etc.).

Lorsque A a répondu aux trois questions directes on reprend les autres questions, pour avoir droit, de nouveau, à 3 questions directes, et éventuellement trouver: **Daudet.**

Solutions

SOLUTION DE NOTRE QUIZ: (p. 61)

Sciences

1. b   2. a   3. b   4. a   5. a   6. c   7. a   8. c   9. a   10. c.

Histoire et Géographie

1. c   2. a   3. c   4. a   5. c   6. b   7. a   8. b   9. a   10. a.

Littérature

1. c   2. c   3. a   4. a   5. c   6. c   7. a   8. c   9. a   10. c.

LA DICTÉE DE MÉRIMÉE

Pour parler sans ambiguïté, ce dîner à Sainte-Adresse, près du Havre, malgré les effluves embaumés de la mer, malgré les vins de très bons crus, les cuisseaux de veaux et les cuissots de chevreuil prodigués par l'amphitryon, fut un vrai guêpier.

Quelles que soient, quelque exiguës qu'aient pu paraître, à côté de la somme due, les arrhes qu'étaient censés avoir données la douairière et le marguillier, il était infâme d'en vouloir, pour cela, à ces fusiliers jumeaux et mal bâtis, et de leur infliger une raclée, alors qu'ils ne songeaient qu'à prendre des rafraîchissements avec leurs coreligionnaires. Quoi qu'il en soit, c'est bien à tort que la douairière, par un contresens exorbitant, s'est laissé entraîner à prendre un râteau et qu'elle s'est crue obligée de frapper l'exigeant marguillier sur son omoplate vieillie.

Deux alvéoles furent brisés, une dysenterie se déclara et l'imbécillité du malheureux s'accrut.

— Par saint Hippolyte, quelle hémorragie! s'écria ce bélître. A cet événement, saisissant son goupillon, ridicule excédent de bagage, il la poursuit dans l'église tout entière.

Solutions de la p. 111, exercice C

a) soutien-gorge
b) aliments pour chiens
c) briquet
d) produit contre la mauvaise haleine
e) vêtements pour enfants
f) déodorant

g) fauteuil de relaxation
h) crème à raser
i) réfrigérateur
j) pyjamas ou sous-vêtements masculins

Solutions de la p. 111, exercice D

1. stylobille
2. briquet
3. cravates
4. shampooing
5. chaussettes

6. déodorant
7. slips pour hommes
8. voiture
9. champagne
10. cigarettes françaises (tabac brun)

Solution de la p. 239, exercice C

1. histoire écossaise
2. américaine (il s'agit de Groucho Marx)
3. française (Maurice Donnay)

4. anglaise (Oscar Wilde)
5. française (Jarry)
6. histoire anglaise

SOLUTION DES JEUX: p. 269

No. 8: «Brain-teaser»: Parce que c'est un nain.

No. 9: «Les auteurs enterrés»:

    a) Ses yeux **émus se t**ournent vers moi (Musset)

    b) Si vous n'aimez pas les bas de nylon, cherchez à en trou**ver laine** et coton. (Verlaine)

    c) Le taureau chargea le matador et d'un seul coup de **corne il le** tua. (Corneille)

    d) Et je me ré**voltai re**fusant l'injustice (Voltaire)

    e) «Oui, je suis volontaire»! Et courageusement, le soldat au tom**beau marcha is**olément. (Beaumarchais)

Perspectives

Vocabulary

In this vocabulary list, the following items have been omitted:

1. common articles, pronouns, numerals, most prepositions and conjunctions, the feminine of regularly formed adjectives;
2. the most obvious cognates;
3. expressions translated in the footnotes (however, a translation is provided for those footnotes explained in French);
4. all the words included in the *Français Fondamental*, 1er *degré*, and some of the easiest words to be found in the *Français Fondamental* 2ème *degré*.

Each word has been translated to suit the context of our particular selections. The following abbreviations have been used:

m masculine
f feminine
pl plural
pp past participle
fam familiar
pop popular

sl slang
pej pejorative
vulg vulgar
theat theater
elec electricity

A

abaisser to lower
abandonner (s') à to give oneself to, to surrender
abâtardissement *m* degeneracy
abattu (*pp de* **abattre**) dejected, dispirited, downcast
abord *m* approach, access; *pl* approaches, surroundings, outskirts
aborder to approach; to embark upon
aboutir to lead, to come to, to result in
abri *m* shelter; **à l'** ___ sheltered
abroger to abrogate, repeal
abus *m* abuse, misuse, immoderate use
abuser (de) to take unfair advantage (of), to deceive, to delude
abusif, –ive excessive
accès *m* fit, attack
accorder to give, to grant
accoutumance *f* addiction
accoutumé usual
accrocher to catch on, to grab
accroissement *m* growth, increase
accroître (s') to grow, to increase
accueillir to greet, to welcome, to receive, to take in

achever (s') to end, to finish
acier *m* steel
additionneuse *f* adding-machine
admettre (*pp* **admis**) to admit, to let in, to accept
admissible eligible
adonner (s') à to devote oneself; to become addicted to
affaibli weakened
affairer (s') to be busy, to fuss, to bustle about
affamé famished, starving
affectif, –ive emotional
affiche *f* poster, bill
afficher to post up, to display
afflux *m* influx, rush
affoler to madden, to drive crazy
affreux, –euse horrible, frightful, hideous, dreadful
affrontement *m* confrontation
affronter (s') to confront, to face, to brave
agacer to irritate, to annoy
agenouiller (s') to kneel down
agneau *m* lamb
agrémenté de adorned with
aide: crier à l' ___ to cry for help
aïeul *m* (*pl* **aïeux**) grandfather

aïeule *f* grandmother

aigle *m* eagle

aîné elder, senior, eldest

aisance *f* ease, comfort, freedom, pleasure

alentours *m pl* neighborhood, vicinity

aliéné alienated, lunatic

allègre cheerful, lively

alliance *f* wedding-ring

allonger to lengthen, to extend

allure *f* speed, gait

alors que whereas

alpinisme *m* mountain-climbing

alvéole *m* alveolus, cell, small cavity

amant *m* lover

ambiance *f* atmosphere

âme *f* soul, spirit

aménagement *m* equipment; fitting up

aménager to fit up, to plan

amer, –ère bitter

amertume *f* bitterness

amorcer to start, to embark upon

amourette *f* crush, passing fancy

ancêtre *m* ancestor, grandfather

andouille *f* chitterlings

anéantir to annihilate, to destroy

angoisse *f* anguish

angoisser to anguish, to distress

annuler to cancel

ânonner to drone, to mumble, to read in a stumbling way

antan *m* yesteryear

antique old, antiquated

apeuré scared, frightened

apport *m* contribution

apprivoiser to tame

approfondir to go deeply into

appui *m* support, backing

appuyer (s') sur to lean against, to rest on; to depend on

argenté silvered, silvery; wealthy

arracher (s') à to tear oneself away from

arriver à to succeed in, to manage to

arroser to water, to sprinkle

ascension *f* climb

assurance *f* insurance

attabler (s') to sit down at the table

attaquer to attack, to go to work on, to start

atteinte *f* blow, shock

attendrir to make tender, to soften, to move, to touch

attente *f* wait, waiting; expectation

atténuer to attenuate, to reduce

atterrir to land

attirer to draw, to attract, to entice, to lure, to allure

attrait *m* attractiveness, charm, liking

aube *f* dawn; beginning

autogestion *f* self-administration

autoroute *f* express highway, parkway

autrichien, –enne Austrian

avaler to swallow

avance (d'): argent d' ____ money set aside

aveu *m* avowal, confession

aveuglement *m* blinding, blindness

aviron *m* oar; scull; rowing

B

bachelier (*f* **bachelière**) student who has received the Baccalauréat degree

bagarre *f* scuffle

bagnole *f fam* car

baguette *f* stick, baton

baigner to bathe

baignoire *f* bathtub

bal *m* ball, dance

balade *f fam* stroll, excursion, ride

balance *f* scale; Libra

balancer to sway; **s'en** ____ *pop*: **je m'en balance** I don't give a darn

balayer to sweep; ____ **du regard** to give a sweeping look

balbutier to stammer, to mumble

bande *f* gang, party

banlieue *f* suburb, outskirts

baraque *f* hut, shack; *pop* joint

barboter to dabble, to splash

barbu bearded

bariolé many-colored; gaudy

barrière *f* gate

bas *m* lower part, bottom; stocking; ____ **-fonds** underworld; lower depths

base *f* base-line, bottom, basis, root

bassesse *f* baseness, lowness
bateau à voile sailboat
battre (yeux) to flutter
bavardage *m* gossip, chatter
bécasse *f* woodcock
bélier *m* ram; Aries
bélître *m* knave, scoundrel
béni blessed, blissful
benjamin *m* junior; youngest child
berceau *m* cradle
béton armé reinforced concrete
bibelot *m* knick-knack
bien *m* good, welfare; property, wealth
bien (*adv*): **tant _____ que mal** so-so; _____
-être *m* comfort, well-being, welfare
bienfait *m* good turn, benefit
bienveillant benevolent, kind
bigarré variegated, motley
billet *m* bill, ticket, banknote
bitume *m* asphalt, tar
blagueur joker, leg-puller
blême pale, wan
blêmir to grow pale, to turn livid
boîte à gants *f* glove compartment
bondé crowded, packed, jammed
bossu *m* hunchback
boucher to overcrowd, to obstruct
bouder to sulk, to pout
bouffée *f* puff
bouffer *pop* to eat
bouleversement *m* overthrow, bewilderment
bouleverser to upset, to disrupt, to throw into confusion
bouquin *m fam* book, old book
bourriche *f* hamper, hamperful
bousculade *f* jostling
bout *m* end, tip, extremity; **venir à _____ de** to overcome, to cope with, to achieve, to manage
bouton *m* **de manchette** cuff-link
brandir to brandish, to wave
bravoure *f* courage, bravery
brèche *f* breach, gap, hole
bref *adv* in other words, in short
brillant bright, shining
briquet *m* cigarette lighter
brisé broken, tired out
britannique British

brochette *f* meat cooked on a spit or skewer
brosser un tableau de to give an outline, to draw a picture of
brouillé on bad terms, estranged
bûcheron *m* wood-cutter, lumberjack
bulletin trimestriel *m* report-card
but *m* mark, aim, target, goal, objective, purpose
butoir *m* buffer-stop
butte *f*: **être en _____ à** to be exposed to
buvard *m* blotting-paper

C

cadet, *f* **cadette** younger, junior, youngest
cadran *m* face, dial
cadre *m* frame, setting; **les cadres** high-grade employees
cafard *m* **avoir le _____** to have the blues
cafouillage *m* (*pop*) floundering, bungling
cageot *m* crate
cahier de textes assignment note-book
caïd *m* Kaid (Arab chief)
caille *f* quail
calculateur, –trice scheming, calculating
caleçon *m* drawers, shorts
calembour *m* pun
canapé *m* couch, sofa
cancan *m* gossip
cancanner to gossip
cancre *m* dunce
canicule *f* dog days
caprice *m* fancy, whim
capricieux, –euse moody, temperamental
caractère de chien beastly temper
caricature *f* cartoon
carnage *m* slaughter
caser (ses loisirs) to place, to organize
casier *m* rack
casque *m* helmet
casseur *m* breaker, smasher
cause *f*: **mettre en _____** to accuse, to indict
céder to give up, to transfer, to hand over, to yield
célibataire *m* bachelor; *f* spinster; _____
endurci confirmed bachelor

censé supposed
centrale f generating station
chahut m pop shindy, rumpus
chair f flesh
champignon m mushroom
chapelier m hat-maker, hatter
charcuterie f pork butcher's shop, pork meat, cold cuts
chargé loaded, entrusted, burdened
charger to entrust
charnel, –elle carnal, sensual
chasse f hunting, hunt; ____ sous-marine underwater fishing, spear fishing
chatouilleux, –euse touchy
chauve-souris f bat
chef-d'œuvre m masterpiece
chef de famille m head of a family
chemisier m tailored blouse
chevelu long-haired
chevreuil m venison (roe)
chiffonner to rumple; to provoke, to irritate
chirurgie f surgery ____ esthétique plastic surgery
chômeur m unemployed worker
chorale f choral group
chuchoter to whisper
clan m gang
claque f slap, smack
claquer (porte) to bang, to slam
clochette f small bell
clos closed
cocasse pop funny, droll
cochon pop pig, swine
coffrer pop to lock up, to put in jail
colère f anger; faire des ____ s to have temper tantrums
colombe f dove
coloris m color
compatir à to sympathize with
compatissant sympathetic, compassionate, tender
complice m accomplice
comporter to comprise; se ____ to behave
comportement m behavior
compte m account, reckoning; tenir ____ de to take into consideration; ____ -rendu report, account
concerné concerned, involved

concours m competition, competitive examination
conducteur m driver
conduite f behavior
confiant trusting, confident
confier to entrust
confiture f jam
confondre to confuse; se ____ to blend
congé m leave, holiday; jour de ____ day off
congelé frozen
conjoints m pl husband and wife
connaissance f knowledge, learning; acquaintance
conseil m advice, council; meeting of the board
considération f consideration; avoir de la ____ pour to be considerate
conserves f pl canned food
consommateur (f consommatrice) consumer
consommation f consumption, drink
constater to state, to verify
contenir (se) to refrain, to control oneself, to hold back
conter to tell, to relate
contestataire protester, radical
contraindre (pp contraint) to force, to coerce
contre-pied m opposite course, contrary
contresens m opposite direction, wrong way; misconception, misinterpretation
convaincu convinced; convicted
convenable proper, appropriate
convenir (pp convenu) to suit, to be convenient; to fit
convoitise f lust, covetousness
copain m pop pal, buddy
copie f copy; paper (student's)
coquille Saint-Jacques f scallop
cordon bleu m first-rate cook
coriace tough
corps enseignant teaching profession
cortège m procession
cossu well-off, rich
à côté de compared with
coté esteemed, respected
cotisation f premium, contribution
cotiser to subscribe, to contribute

coup *m* blow; **faire les 400** ___ **s** to lead a wild, disorderly life; ___ **de foudre** thunderbolt, love at first sight; ___ **de fusil** fleecing, overcharging (restaurant); **tenir le** ___ to hold out **prendre un** ___ **de vieux** to age suddenly; **à** ___ **sûr** for sure

cour *f* court

courant *m* ___ **d'air** draft; **au** ___ aware, familiar with

courroucé angered, incensed

coûter to cost; **coûte que coûte** at any cost

coûteux expensive

coutume *f* custom, habit

craie *f* chalk

cramer (*pop*) to burn

cran *m* notch, pluck; **avoir du** ___ to be plucky, to have guts

craquement *m* cracking, creaking

craquer to crack, to split

crèche *f* day-nursery

creuser (**se**) to grow hollow, to open up

crier to cry, to shout

croisé *m* crusader

croiser to meet, to cross

croisière *f* cruise

croix de guerre *f* Military Cross

croulant *fam pej* old fossil

croûte *f fam* daub (poor picture)

cru crude, uncooked, raw

cru *m* wine region, vineyard; **grands** ___ **s** vintage wines

cuillerée *f* spoonful

cuisse *f* thigh, leg

cuissot *m* quarter, haunch (venison)

cuit cooked; **bien** ___ well done

cuite *f fam* intoxication; **prendre une** ___ to get drunk

cuivre *m* copper, brass

D

davantage more

débarquer to land, to arrive; to unload

se débarrasser de to get rid of

débattre to discuss

déborder to overflow, to run over

débouché *m* opening, outlet, market

déboucher to uncork, to lead into, to emerge

déception *f* disappointment

décharge *f* relief, discharge

se décharger de to discharge, to go off, to get rid of

déchiffrer to decipher

déchirement *m* tearing, rending

se déclarer to declare oneself; to break out

décontracté relaxed

décor *m* scenery, setting

décontracté relaxed

décroissant decreasing, diminishing

déculotter to take off (s.o.'s) trousers

déçu (*pp* of **décevoir**) disappointed

décupler to increase, to multiply tenfold

défaillance *f* weakness, fainting, swoon, shortcoming

déferler to unfurl

défigurer to deface

se dégager to get out of, to escape; to be revealed

délabré ruined, dilapidated

délaisser to forsake, to desert, to abandon

délier (**la langue**) to loosen

délit *m* misdemeanor, offense; **en flagrant** ___ in the very act, red-handed

délivrer to free

démarche *f* walk, step, gait

démesuré huge, beyond measure

démettre (**se**) to resign, to give up

démuni deprived, dispossessed

dénaturer to distort, to misrepresent

dénicher to find, to unearth

dénommer to name, to denominate

dentelle *f* lace, lacework

dentier *m* denture, set of false teeth

dénué (**de**) deprived, devoid of

dépasser to pass, to go beyond, to exceed, to overtake

dépensier, –ière extravagant, thriftless

dépeuplé dépopulated, deserted, forsaken, abandoned

déprimé depressed

dérèglement *m* disorder, irregularity, dissoluteness

dérisoire ridiculous, absurd, ludicrous

déroulement *m* unfolding, development

dérouler (se) to take place, to develop, to unfold

dès from, as early as

désabusé blasé, disillusioned

désaccord *m* disagreement, dissension

désagrément *m* source of annoyance, trouble

désemparé in distress, at a loss, helpless

désespérer to despair; **c'est à ____** it's hopeless

déshérités *m pl* the underprivileged

désigner to designate, to elect, to choose

désinvolte free, easy, off-hand, detached

désopilant *fam* side-splitting, killing

désormais henceforth, hereafter, from now on

dessein *m* design; **à ____** on purpose

desservi served with transportation; **bien ____** with good transportation

destin *m* fate, destiny

détacher (se) to stand out; to come undone, to detach oneself

détendu relaxed

détente *f* relaxation

détourner (se) to turn away

détrôner to dethrone; to depose, to oust

déverser to pour off, to pour out

deviner to guess

dévouement *m* devotion, self-sacrifice

dévouer (se) to devote oneself, to dedicate, to sacrifice oneself

dévoyé delinquent

diable *m* devil; **diable!** well! by Jove!

différé: en ____ (T.V.) taped

diffuser to broadcast

digne worthy

disperser to scatter

disponible available

disposition *f*: **avoir de bonnes ____ s to** be easy to live with

dissipé restless; unruly; dissipated

distraction *f* entertainment, amusement, recreation

distraire (se) to entertain, to amuse oneself

distribution *f* cast *theat*

divan *m* couch, sofa

domicile *m*: **____ fixe** permanent residence; **vente à ____** door to door selling

dompter to tame, to subdue, to master

dortoir *m* dormitory

dorure *f* gilt

doté (de) endowed with

douairière *f* dowager

douanier *m* customs officer

doublé (film) dubbed

doué (de) gifted, endowed with

douloureux, – euse painful; sorrowful, sad

doyen *m* dean

drapier *m* clothier, draper, cloth-manufacturer

dresser to draw up (list)

dresser (se) to rise, to come face to face

droit *m* law

dur hard, tough, difficult; harsh

durcir (se) to get tough, to grow hard

dureté *f* hardness, harshness

E

ébranler to shake

écarlate scarlet

écart *m* difference; divergence; **à l' ____** apart, aside, out of the way

écarter to ward off, to turn aside, to turn down

écarter (s') to deviate; to make way for, to move away

échafaudage *m* building up

échafauder to erect, to build up

échauffourée *f* scuffle, clash, brawl

échec *m* failure

éclat *m* flash, gleam, radiance; **rire aux ____ s** to roar with laughter

éclater to break out; **faire ____** to raise, to stir up, to bring about

économique *f* money matters, finances

économique economical, cheap, inexpensive

écossais Scottish

écoulement *m* flow, discharge

écourter to shorten

écrouler (s') to collapse

édifier to build, to erect

éducation *f* breeding

effacé retired, retiring

effectuer to accomplish

effluve *m* scent

effroyable frightful, horrible

égal even–tempered

égalité equality; **à** ＿＿ equal on points

égard *m* regard; **à l'** ＿＿ **de** with regard to

égarer to misplace, to lose; to lead astray, to mislead

égarer (**s'**) to wander

égayer to cheer up, to brighten up, to enliven

élan *m* dash, burst of emotion, animation, ardor

élargir (**s'**) to get wider, to extend

élevé raised, reared; **bien** ＿＿ well bred; **mal** ＿＿ ill bred

embarquer to board; *fam:* ＿＿ **dans** to launch into

embarquer (**s'**) *fam* to embark in, to launch out into

embaumé balmy, fragrant

emblée (**d'**) right away

embouchure *f* mouth (river)

embouteillage *m* bottle-neck, traffic jam

embrigader to brigade, to enrol

émetteur, (*f* **émettrice**) issuing, trans-

emmerder *sl* to pester

emmerdeuse *f sl* damn nuisance

empêcher (**s'**): **je ne peux pas m'** ＿＿ **de me demander** I can't help wondering

emplir to fill

emporté fiery, quick-tempered

emportement anger, fury

emporter to take away, to remove; **l'** ＿＿ **sur** to prevail over, to get the better of

empresser (**s'**) to be attentive, to fuss around, to bustle

emprunter to borrow

ému (*pp* of **émouvoir**) moved, affected

encastrer to fit in, to embed

encombrement *m* traffic-jam

encombrer (**s'**) (**de**) to hamper oneself with

énerver (**s'**) to become excited, to become irritable or nervous

enfler (**s'**) to swell up

enfoncer to drive in; **s'** ＿＿ to plunge, to disappear

enfuir (**s'**) to run away, to escape

engager to engage, to hire; **s'** ＿＿ to enter, to engage oneself

engendrer to give birth

engouement *m* infatuation

engrais *m* manure; ＿＿ **chimique** fertilizer

ennuyé annoyed, bored

ennuyeux tiresome, boring

enquête *f* inquiry, investigation

enraciner (**s'**) to become rooted, fixed, settled

enregistreuse *f* dictating machine

ensemble *m* whole; **dans l'** ＿＿ on the whole

ensoleillé sunny

entendre to hear, to understand; ＿＿ **parler de** to hear of; **bien s'** ＿＿ to get along

entêté stubborn

entrain *m* spirit, liveliness, zest, life

entraîner to carry away; to bring about; **s'** ＿＿ **à** to train (for)

entrave *f* impediment, obstacle

entrecôte *f* rib-steak

entrechoquer (**s'**) to clash

entretien *m* upkeep; conversation

envahissement *m* invasion

envers *m* other aspect, reverse

environs *m pl* surroundings

envisager to consider

envolée *f* flight, soaring

épargnant *m* thrifty person; **petit** ＿＿ one who saves money (for his old age)

épargner to save, to economize; to spare

épouvanter to terrify, to scare, to frighten

époux *m* husband; *pl* husband and wife

épreuve *f* trial, test; **mettre à l'** ＿＿ to put to the test

épris fond of, in love

éprouver to feel; to test, to put to the test

épuiser to exhaust

équilibré balanced

équipe *f* team

équitation *f* horseback riding

errant *m* wanderer, vagrant, roamer

escale *f* port of call; stop

espèce *f* sort, kind

espérance *f* hope

esprit *m* spirit; mind; sense; wit; **avoir de l'** ＿＿ to be witty; **avoir mauvais** ＿＿ to be nasty, critical

estimer to think

établissement *m* institution, establishment

étaler to spread, to spread out; to display, to show off

état *m* state; status, condition; ____ **d'esprit** frame of mind, mood

étiqueter to label

étouffer to suffocate, to stifle, to choke, to smother

étroitesse *f* narrowness

euphorisant euphoric

éveillé keen, alert

éviter to avoid, to shun

excédent *m* excess, surplus

exhumer to unearth

exigu, –uë scanty, tiny

expédier to send off

exprès on purpose, intentionally

F

fâcher (se) to get angry, to lose one's temper

facultatif, –ive optional, elective

faculté *f* department, school

faillir + *inf* to almost do something

faire (se) à to get used to

fantaisie *f* fancy, whim, caprice; imagination

fantôme *m* ghost

farceur *m* humorist, practical joker

farcir to stuff, to fill with

farouche shy, timid

faufiler (se) to dodge; to slip in

fausseté *f* falsehood; duplicity; falseness

fée *f* fairy; ____ **du logis** the perfect housewife

feindre (*pp* **feint**) to pretend

femme *f*: ____ **d'intérieur** housewife

fer *m* iron **fil de** ____ wire

férié holiday; **jour** ____ official holiday

ferme firmly; fast; **discuter** ____ to have heated discussions

fessée *f* spanking

festin *m* feast, banquet

festoyer to feast, to regale

feu *m* fire, flame; **pouvant aller au** ____ heat-proof

feuilleter to leaf through

fiançailles *f pl* engagement

fier (se) à to rely (on), to trust

figé stiff, nailed to the spot

figurer (sur) to be, to appear on

fil *m* thread; wire; **donner du** ____ **à retordre** to give no end of trouble

filer le parfait amour to be madly in love with each other

fin *f* aim, purpose

fin fine, subtle

flairer to smell; to detect

flanqué (de) flanked with

flatteur, –euse flattering; gratifying; pleasing

fléau *m* plague

fleur de l'âge *f* prime of life

flic *m fam* cop

flot *m* flood

flotte *f* fleet, navy

flottement *m* wavering, hesitation

foi *f* faith

fond *m* bottom; foundation; matter; background; **salle du** ____ back room

fonder to found; to base; to start (**famille**); **se** ____ **sur** to be based upon; to build upon

foot *m abrev* football

force *f* force **la** ____ **des choses** force of circumstances **les** ____ **s de l'ordre** the police force; **à** ____ **de** by dint of

forcer to break open

fossé *m* gap

fou, folle mad, crazy; tremendous; **c'est** ____ it's fantastic

fou *m* madman; ____ **furieux** raving mad

foudroyant terrific

foudroyer to strike dead, to kill

fougue *f* fire, spirit

four *m fam* failure, flop

foutre *pop* to do; **foutu dehors** *sl* kicked out

foyer *m* home

fracas *m* crash; din

frais *m pl* cost, expenses; **faire les** ____ **de** to bear the cost of

franchement frankly; really

franchise *f* frankness, openness
frappé iced, very cold; stamped
frayeur *f* fear
frémir to quiver
fric *m pop* dough (money)
frissonner to quiver, to shiver
froid cold; **n'avoir pas** ____ **aux yeux** to be plucky, to be determined
front *m* forehead
fur: au ____ **et à mesure** gradually as; simultaneously and proportionately; as one goes along
fusée *f* rocket
fusil *m* gun, rifle; **coup de** ____ *fam* fleecing (restaurant)
fusilier *m* soldier armed with a rifle

gorge *f* throat; **rire à** ____ **déployée** to roar with laughter
gosse *m* or *f fam* kid
goulu greedy, gluttonous
goupillon *m* aspergillum, holy-water sprinkler
grade *m* rank
gratte-ciel *m* skyscraper
greffer to graft
grimace *f* grimace; **faire des** ____ **s** to make faces
grincer to grate, to creak, to gnash
grivois broad, licentious, spicy
guêpier *m* hornets' nest, scrape
guetter to watch for, to lie in wait for
gueuler *pop* to bawl
guirlande *f* wreath

G

gâcher to waste
gager to wager, to bet
gagne-petit *m fam* person with a very small income
gaillard merry; bold; free; broad
gamme *f* gamut, range
garde *f* guard; care; watch, protection
garde mobile *m* gendarme, policeman
gardien *m* watchman, keeper
gaspiller to squander
gâter to spoil, to pamper
gauchiste leftist
gaulois gallic
geler to freeze
gémeaux *m pl* Gemini
gémir to whine; to complain, to lament
gencive *f* gum
gêne *f* difficulty, inconvenience; financial need
gêné embarrassed; hard up, short of money
généraliste *m* general practician
générique *m* credits (movies)
geste *m* gesture; **faire un** ____ **de la main** make a gesture with one's hand
gibier *m* game
gifle *f* slap
gigot *m* leg of lamb
glisser to glide; to slide
goguenard scoffing, mocking

H

habillement *m* clothing
habillé clad
haleine *f* breath
hantise *f* obsession
hargne *f* ill-temper, churlishness
hasard *m* chance, luck; **à tout** ____ on the off chance
hâte *f* haste; **avoir** ____ **de** to be anxious, to be eager to
hâter (**se**) to hurry up
hausser to raise; ____ **les épaules** to shrug (the shoulders)
haut *m* height; **avoir des** ____ **s et des bas** to have ups and downs
heurter (**se**) (**à**) to clash, to collide
histoire *f* story; trouble; *pl. fam.* fuss
hocher to shake; **hocher la tête** to nod, to shake one's head
homard *m* lobster
honoraires *m pl* fees
honte *f* shame, disgrace
horloger *m* watchmaker, clockmaker
hors out of, outside of; ____ **-bord** *m* outboard (motor-boat)
hors-la-loi *m* outlaw
hospice *m* home, home for the aged; poorhouse; institution
humeur *f* mood

I

idée reçue f cliché
ignorer to be unaware
immeuble m building; real estate, realty, landed property
impératrice f empress
imprévu unforeseen, unexpected
imprimer to print
impuissance f powerlessness
indulgence f leniency
inédit unpublished
inénarrable untellable, too funny for words
infâme vile
ingrat ungrateful; **âge** ____ awkward age
injuste unfair
innommable unnameable; vile; repulsive
inquiéter (**s'**) to worry; to be concerned about
insalubre unhealthy
inscrire (**s'**) to register, to enroll
insolite unaccustomed, unusual
installé settled
instant moment; **à l'** ____ just now
insupportable unbearable, insufferable
insurger (**s'**) (**contre**) to revolt, to rebel (against)
intègre upright, honest; incorruptible
interdire (*pp* **interdit**) to forbid, to prohibit; to bewilder, to dumbfound
intérieur interior; **femme d'** ____ housewife
interprétation f interpretation, rendering, acting
intervalle m interval; **dans l'** ____ in the meantime
irrécupérable irretrievable; irrecoverable
isolation f insulation
ivresse f rapture, ecstasy; intoxication

J

jadis formerly, of old
jaillir to gush, to shoot forth
jambon m ham
jean-foutre m (*pop* and *vulg*) idiot, coward, spineless fellow

jeunesse f youth, young people
joindre (*pp* **joint**) to join, to link; to combine; to enclose
joint m joint, junction, join
jouer to play; to come into play
jouir to enjoy; to possess
jouissance f enjoyment, delight; use; possession
jour m day; **au** ____ **dit** at the appointed day; **vivre au** ____ **le** ____ to live from hand to mouth; **mettre à** ____ to bring up to date
juger to judge; ____ **bon de** to think it right or wise to
jurer to swear
jusques *arch* down to
juste just, fair

L

lâche cowardly
laisser to let, to allow; ____ **tomber** to drop
lancer to throw; to fire; to advance
langue f language; tongue; ____ **s anciennes** the classics
larme f tear
lasser (**se**) (**de**) to tire (of), to grow weary (of)
lessive f wash, washing
libre free; **écoles** ____ **s** parochial schools
lien m tie, bond
lier to bind
lieu m place; ____ **x saints** holy places; **avoir** ____ to take place
ligne f line; **garder sa** ____ to preserve one's figure
limaille f filings
linge m linen; laundry
lisière f border, skirt
livrer to deliver; to wage; **livrés à eux-mêmes** left to themselves
locataire m or f tenant
logis m house, dwelling
loisir m leisure, spare time; ____ **s** spare time activities
lot m lot, portion, share

louer to rent, to hire; to praise
lueur *f* gleam
lune de miel *f* honeymoon
lutter to struggle; to clash

M

mage *m* magus, seer, wizard
main *f* hand; **lever la** ____ **sur** to hit
maire *m* mayor
mal *adv* badly, wrong; **pas** ____ **de** a good many, a large number
malchance *f* bad luck
malfamé ill-famed
malgré despite
malsain unhealthy
mandat *m* money-order
manège *m* treadmill, merry-go-round; ring
maniement *m* handling
manifeste obvious
manquer to lack, to want, to fail; to cut (a class)
maquette *f* model
maquiller (**se**) to make up, to put on make-up; **maquillé** made-up
marcher to walk, to work, to run
marge *f* margin; border, fringe
marguillier *m* churchwarden
marmaille *f fam* kids
marque *f* mark; **de** ____ choice, of high quality
marqué pronounced
marquer to mark, to stamp, to brand; to indicate
marre *pop*: **en avoir** ____ to be fed up
marrer (**se**) *pop* to double up (with laughter)
maternel, –elle maternal; **école maternelle** *f* kindergarten
matière *f* matter, subject, topic
maudire (*pp* **maudit**) to curse, to imprecate
mazout *m* fuel oil
mèche *f* wick (candle); wisp, lock (hair)
méconnu misunderstood; unrecognized
médusé *fam* flabbergasted, petrified
méfier (**se**) (**de**) to distrust

mêler (**se**) (**de**) to mingle, to interfere, to meddle
membre *m* member; limb
même same; self; very; **être à** ____ **de** to be able to
menacer to threaten
ménage *m* housekeeping; couple; **faire bon** ____ to get on together happily
ménager to save, to spare; to adjust; to manage
ménagère *f* housewife
mendier to beg
mener to lead; ____ **quelqu'un par le bout du nez** to lead someone by the nose
menu very small, tiny, minute
mépris *m* scorn, contempt
merde *pop*, *vulg* shit; to hell with it
mésentente *f* misunderstanding, disagreement, discord
mesquin mean, shabby; small-minded
météorologie *f* weather-bureau
metteur en scène *m* director; producer
meubler to furnish; to stock
meurtrier *m* murderer
microsillon *m* long-playing record
milliard *m* billion
mimétisme *m* mimicry
minable *fam* shabby, seedy, mediocre
mise *f* placing, putting; ____ **en pratique** application; ____ **en scène** staging; ____ **en train** starting; warming up
misérable *m* wretch, unfortunate
mitrailleuse *f* machine-gun
mode *m* method; ____ **de vie** life style
modeler to shape
mœurs *f pl* manners, customs, ways
mollir to soften
mondain worldly, mundane; **vie** ____ **e** social life
mondial world-wide; **guerre** ____ **e** world war
monter to set up (tent); to put on, to stage
mordre to bite; to catch
morose morose, moody, sullen
mortel, –elle deadly
moue *f* pout, grimace
mouette *f* sea gull
mousse *f* foam
moyen *m* means

moyenne *f* average
mue *f* moulting; change
mutiner (se) to mutiny, to revolt

N

nain *m* dwarf
naissance *f* birth
narine *f* nostril
naturel, –elle natural; enfant _____ illegitimate child
navet *m* turnip; *fam* bad film
néanmoins nevertheless
nécessiteux, –euse needy, destitute
nettement definitely
netteté *f* clarity
niais silly; dumb
nid *m* nest
nier to deny
niveau *m* level; standard
noce *f* wedding; voyage de _____ honeymoon trip
nocif, –ive noxious
noix *f* nut; walnut
notamment especially, particularly
note *f* grade; bill
noter to mark; to jot down
nourrir to feed, to nourish; to nurture, to foster
noyau *m* stone (fruit); nucleus
nuageux cloudy, overcast
nuire (à) to harm, to hurt

O

obligatoire required
obligeance *f* obligingness; avoir l' _____ de to be so kind as to
observer to observe; faire _____ quelque chose à quelqu'un to point out something to someone
occuper (s') (de) to busy oneself with
odorant odorous, fragrant
odorat *m* smell (sense)
œil *m* eye; jeter un coup d' _____ to glance at
œuf *m* egg; tuer dans l' _____ to nip in the bud

œuvre *f* work
oisif, –ive idle
ombrageux, –euse touchy, suspicious
omoplate *f* shoulder blade
onde *f* wave
ondulé wavy
opérer to operate; to work
or now; but
ordinateur *m* computer
ordure *f* garbage, refuse
orgueil *m* pride, arrogance
orthographe *f* spelling
os *m* bone
osé bold, daring
oseille *f* sorrel
outre besides
ouvreuse *f* usherette *theat*

P

pacificateur, –trice pacifying
page *f* page; à la _____ up to date, in the know, "with it"
paille *f* straw; se mettre sur la _____ to accept poverty
paisible peaceful
palier *m* landing
pâlir to grow pale; (*transitive verb*) to make pale
palme *f* palm; palm-branch
panne *f* breakdown, mishap
papillon *m* butterfly
papotage *m* chatter, chit-chat
papoter to tittle-tattle, to chatter
paquebot *m* passenger-liner
paraître (*pp* paru) to appear; to seem, to look; to be published
parcelle *f* fragment
parfois sometimes, at times, occasionally
part *f*: à _____ aside; except for
parti *m* choice; match (marriage); prendre _____ to take sides
particulier *m* private individual
partir to part, to leave; à _____ de from, starting with
parvenir (*pp*: parvenu) to reach; to succeed
passade *f* infatuation, passing fancy

passation *f* transfer; ____ **de pouvoirs** transfer of power

passe *f* pass, passing; **en ____ de devenir** about to become

passé past, gone; vanished; faded

pâte *f* paste; dough, batter; macaroni

patin *m* skate; ____ **à roulettes** roller-skate; ____ **sur glace** ice-skate

patiner to skate

patrie *f* mother country, homeland

pays *m* country; **Pays-Bas** Netherlands, Low Countries

peine *f* pain; grief; trouble, difficulty; **en valoir la ____** to be worthwhile; **à ____** hardly

pèlerinage *m* pilgrimage

pelouse *f* lawn

pencher (se) to stoop over, to bend down, to lean down

pendu *m* hanged (person)

pénible painful, laborious; wearisome

pension *f* boarding-house; boarding-school; alimony

pente *f* slope; bent

pépère *m fam* old man

percer to pierce; to drill; to hurt

percevoir (*pp* **perçu**) to perceive, to notice; to sense

perforateur *m* drill

perle *f* pearl; bead

permission *f* permission; leave

perspicace shrewd

peu *adv* little, few; **pour ____ que** + *subj.* so long as

pile *f* cell, battery (*elec.*)

pilule *f* pill

pion *m pej* proctor

piqûre *f* injection, shot

pire worse

pis: le ____ worst; **tant ____** never mind; so much the worse

piscine *f* swimming-pool

place *f* job

plaisanterie *f* joke

planète *f* planet; ____ **souveraine** ruling planet

plastic *m* plastic explosive

plébisciter to vote by a plebiscite; to measure the popularity

pleuvoir (*pp* **plu**) ____ **à torrents** to pour

plier to fold

plisser to crease; to crumple

plongée *f* dive; ____ **sous-marine** skin-diving

pneumatique pneumatic; **bateau ____** inflatable boat

poilu hairy

poissonnier *m* fishmonger

polisson, –onne naughty; licentious

polisson *m* scamp, rascal, naughty child

pompier *m* fireman

portée *f* bearing; scope; **se mettre à la ____ de** to come down to someone's level

portemanteau *m* coat-stand; coat-hanger

posément quietly, calmly, sedately

possédant *m*: ____ (**mâle**) possessor

poste *m* position, job, post

pot *m* pot; ____ **de terre** earthen pot; ____ **de fer** iron pot; **prendre un ____** to have a drink

pouffer de rire to burst out laughing

pourchasser to chase, to hound

poursuivre (*pp* **poursuivi**) to prosecute

pousser to push; to drive; to grow; ____ **un soupir** to heave a sigh

préau *m* covered part of the playground

préjugé *m* prejudice

prémices *f pl* beginnings

première *f* opening night *theat*

prendre (*pp* **pris**) to take; ____ **pour** to mistake for

présenter (se) to appear; to occur; to arise

pressentiment *m* foreboding, hunch

pressentir (*pp* **pressenti**) to know beforehand, to have a foreboding

prêtre *m* priest; **grand ____** high priest

preuve *f* proof; testimony; test; **faire ____ de** to show

prévention *f* prejudice

prévoir (*pp* **prévu**) to foresee; to anticipate

primo first, in the first place

prise *f* capture, prize; **en ____** in contact

proche close; **parent ____** close relative

prodiguer to be prodigal of, to lavish

profit *m* profit; **à son ____** to his advantage; **tirer ____ de** to benefit by

profiter de to take advantage of

proie _f_ prey

projection _f_ projection (film, slides)

prononcer (**se**) (**pour**) to declare in favor of

propos _m_ talk, remark; **à** _____ by the way

propre peculiar; own; clean

proviseur _m_ headmaster

provisoire temporary

public _m_ public; **le grand** _____ the general public

puéril childish

puissance _f_ power

Q

quartier _m_ district; **bas-** _____ **s** poor neighborhood, slums

quasi almost, nearly

que (+ _subj_) whether

quelconque mediocre, commonplace

quémander to beg, to solicit

querelle _f_ quarrel

queue _f_: _____ **de cheval** pony-tail hair-do

quoi what, which; _____ **qu'il en soit** however it may be

R

raccrocher (**se**) to hang on to

raclée _f fam_ licking, thrashing

radieux, –euse radiant, beaming

rageusement angrily, furiously

rajeunissement _m_ rejuvenation, restoring to youth

rancune _f_ rancor

rancunier spiteful, rancorous

randonnée _f_ run, outing; circuit

rangée _f_ row, file

rapport _m_ correlation

rapporter to quote

rapporter (**se**) (**à**) to relate, to refer to

rapprocher to bring together

raté _m_ failure, flop

râteau _m_ rake

rater to miss

rattacher (**se**) to relate

ravir to ravish; to delight; to carry off

rayon _m_ ray; department (store)

rebut _m_ refuse, rubbish; outcast; **jeter au** _____ to discard

rebuter to rebuff; to disgust, to shock

recalé _fam_ flunked

recaser (**se**) to find another job

recenser to take a census of

récepteur _m_ receiver; receiving set or station

reconnaissance _f_ gratitude; acknowledgment, avowal

reconnaître (_pp_ **reconnu**) to recognize; to admit

recopier to copy over

recourir (**à**) (_pp_ **recouru**) to resort to, to have recourse to

recouvrir (_pp_ **recouvert**) to cover again; to overlay, to cover

recteur _m_ dean

recueil _m_ collection

recueillir to gather, to collect, to assemble

reculer to move back, to back

recru worn out, exhausted

recrue _f_ recruit

recyclage _m_ recycling

redouter to fear

réduire (_pp_ **réduit**) to reduce, to lessen, to diminish; to subjugate

reflet _m_ reflection

refouler to push back

réfractaire refractory; stubborn, intractable, rebellious

refréner to restrain, to hold back

regagner to regain; to go back to; to reach

regard _m_ look; **adresser un** _____ **à** to look at, to give a look

régie _f_ administration

régime _m_ diet

régisseur _m_ stage manager _theat_

règle _f_ rule; ruler; (**fait**) **dans les** _____ **s** according to the rules; _____ **d'or** golden rule

régulier, –ière regular; punctual, exact

rejet _m_ rejection

relâche _m_ closing _theat_

relâchement _m_ slackening

relais _m_ relay, shift

relayer to relieve, to take the place of

relever to pick up

remettre (_pp_ **remis**) to hand in

remporter to carry back, to take back; to get, to obtain; to win

rendez-vous *m* date

rendre (se) to go

renfermé uncommunicative; closed-in

renfrogné sullen, surly; scowling

renier to deny; to disown, to disavow

rentier *m* person living on private or unearned income

rentrée *f* reopening (schools); return

renverser to turn upside down; to over-throw; to spill

renvoyer (à) to refer to

répartir (*pp* **réparti**) to divide, to distri-bute, to portion out

repasser to iron, to press

répercuter to reverberate, to echo, to resound

reporter to postpone, to put off

reposant restful

représentation *f* performance, show *theat*

reprise *f* revival; **à plusieurs** ____ s on several occasions, several times over

réseau *m* network; system

respirer to breathe; to inhale; to radiate

resplendissant resplendent, bright, glitter-ing

ressentir (*pp* **ressenti**) to feel

ressortir (de) to stand out

rétablir to restore

retenir (*pp* **retenu**) to reserve; to remember

retenue *f* detention

rétif, –ive stubborn; balky

retirer (se) (de) to withdraw; to recede

retraite *f* retirement; pension

rétrécir narrow; restricted; to shrink

revanche *f* return; revenge; **en** ____ in return; on the other hand

revendicateur (*f* **revendicatrice**) claimant

rêveur, –euse dreaming, dreamy, pensive

rigoler *fam* to laugh, to joke

rigolo *fam* funny, killing, comical

rigueur *f* rigor, severity, harshness; **de** ____ required

risquer to hazard, to venture to; to be likely to

rivage *m* shore

rivé à glued to (as to T.V.)

rognon *m* kidney

roman policier *m* detective novel

rompre to break; to break away

rompu (*pp* of **rompre**) broken; dead tired

rond (*m*): ____ **de carotte** carrot slice

rouge à lèvres *m* lipstick

rouler to drive

roulotte *f* caravan; trailer

routière *f* road-racer

rubrique *f* heading, head, title; column (newspaper)

rude rough, harsh; formidable

ruée *f* rush, surge, flinging

ruer (se) (vers) to rush to, to hurl oneself

rupture *f* breaking off

S

saboter to commit acts of sabotage

sac *m* bag, sack; ____ **de couchage** sleeping bag

saccager to ravage, to ransack, to despoil

sage nice; good, well-behaved

sain healthy, wholesome

salle *f* room; ____ **d'eau** bathroom; ____ **de séjour** living-room

sanglot *m* sob

sans-gêne *m* off-handedness

saouler (se) *pop* to get drunk

saute *f* jump; ____ **s d'humeur** sudden changes of mood

sauter to jump; ____ **aux yeux** to be obvious

sauvage uncivilized; shy, timid, antisocial

sauvagerie *f* wilderness

savoir *m* knowledge; **à** ____ namely

savoureux, –euse savory, tasty

scène *f* stage; scene; quarrel, row

sciences humaines social sciences

scorpion *m* Scorpio

séance *f* sitting; performance

sécher to dry; *fam* ____ **une classe** to cut a class

séchoir *m* dryer

secouer to shake

secousse *f* shock

séduire (*pp* **séduit**) to seduce; to charm, to win over, to captivate

selon according to

séminaire *m* seminar; seminary

sens *m* sense; feeling; judgment; **à mon ____** in my opinion

sensé sensible

sensibilité *f* sensitiveness

sensiblement perceptibly, noticeably; **____ la même** almost the same

serrer to press; to squeeze

service *m* office

seuil *m* threshold

siège *m* seat

signaler to signal; to point out

signe *m* sign, gesture; **faire ____ à** to nod, to wave

ski *m* ski; **____ nautique** water-skiing

soluble dissolvable

sombrer to sink; to collapse

somme *f* sum; total; **en ____** in short; **____ toute** on the whole

sommelier *m* wine steward

sommer to summon, to call upon

sommet *m* top, summit; summit conference

songe *m* dream

songer to think

sortie *f* exit; going out, coming out

sottise *f* foolishness, stupidity; stupid action; silly things

souci *m* care, worry

souhaiter to wish (something to someone); to wish for

souiller to soil, to sully, to blemish, to dirty

soulager to relieve

souligner to underline, to underscore; to emphasize

soupçonneux, –euse suspicious, doubtful

sous-jacent underlying

sous-vêtement *m* underwear

souscrire (*pp* **souscrit**) to subscribe; to endorse

soutenir (*pp* **soutenu**) to support; to maintain

souterrain underground, subterranean

soutien *m* support **____ de famille** breadwinner; **____-gorge** brassiere, bra

soyeux, –euse silky

spécialiser (**se**) to major

spirituel, –elle witty

station *f* station; resort; **____ balnéaire** seaside resort

stop *m* (*short for* **auto-stop**) hitchhiking

stupéfiant *m* narcotic

stylo *m* pen; **____ à bille, ____ bille** ball-point pen

subir to undergo, to submit to; to take (exam)

subodorer to scent; to suspect

subordonné subordinate; inferior

substance *f* substance **en ____** more or less

subtil subtle, shrewd

subventionner to subsidize

suivre (*pp* **suivi**) to follow; to attend (courses)

supporter to bear, to stand

surgir to rise

surnom *m* nickname

surprendre (*pp* **surpris**) to surprise; to catch; **se laisser ____** to be caught unaware

surveillant *m* study-hall teacher; inspector; watcher

survie *f* maintaining life; surviving

T

tâche *f* task, job

taille *f* size

tandis que while, whereas

tant as much, so much; **en ____ que** as a

tapage *m* noise, uproar, racket

taper to tap, stamp; **____ des pieds** to stamp one's feet

tapisserie *f* tapestry

tarte *f* pie

tas *m* pile; **des ____** (**de**) lots, heaps

taudis *m* hovel, slum

taureau *m* bull; Taurus

témoigner to testify; to show; to be a sign of

témoin *m* witness

tendu tense, uptight

tenir (*pp* **tenu**) (**à**) to be fond of; to be anxious to; to depend on; **ne pas ____ en place** to be restless

tenter to attempt

termitière *f* termitary; termite-hill

terrain *m* ground; **____ de jeu** playground; **____s vagues** lots, wastelands

tête f head; **faire la** ___ to frown at, to sulk; **la** ___ **haute** proudly; **tenir** ___ **à** to stand up to; **venir en** ___ to come first

têtu stubborn, obstinate

théâtre m playhouse; scene; setting, place of action

tiède tepid, lukewarm; indifferent

tirer to draw; to shoot; to derive

tiroir m drawer

titre m title; stock, bond, share; **à juste** ___ justly, deservedly; **à** ___ **de** by right of, in virtue of

tohu-bohu m hubbub, confusion

tombeau m tomb, grave

ton m tone; fashion

tordre to twist

tort m wrong; **à** ___ wrongly; **causer** ___ **à** to hurt, to harm

toucher to receive, to cash; ___ **au point sensible** to touch on a sensitive matter

tour m turn; ___ **à** ___ by turns

tourbillon m whirlwind; whirl, bustle

tourmenter (se) to worry

tournée f tour

tourner to shoot (film); ___ **le dos** to turn one's back

tourne-disque m record-player

toxicomane m drug-addict

tracasserie f pestering; worry

tract m leaflet

trafiquant m dope-peddler

trahir to betray

train m pace; train; manner; ___ **de vie** life style; **se mettre en** ___ to start, to get started

traîner to drag; to trail

trait m trait; ___ **pour** ___ exactly; ___ **d'esprit** witticism; ___ **piquant** sharp remark

traitement m salary, pay, stipend; treatment

trancher (sur) to stand out clearly

tranquillisant m tranquiliser

transmettre (*pp* **transmis**) to hand down

transpiration f perspiration

traversée f passage, crossing

trébucher to stumble

tressaillir to start, to give a start; to jump

tromper to deceive, to fool, to betray; **être facilement trompé** to be easily taken advantage of

troupe f company

troupeau m flock, herd

truc m *fam* gimmick; thing

type m *fam* guy

U

union f: ___ **libre** free love

unique only; **fils** ___ only son; **fille** ___ only daughter

V

vacances f *pl* vacation; **grandes** ___ summer vacation

vacancier m vacationer

vachement *pop* tremendously, terrifically

vaisselle f plates, dishes; **faire la** ___ to do the dishes

vantard boastful

vanter (se) to boast, to brag

vanter to advocate, to boost

veau m veal

vedette f patrol-boat; leading lady, leading-man, star

veiller to stay up; to watch over, to look after

vengeur, –eresse avenging, vengeful

venir to come; ___ **au monde** to be born

ventilation f tabulation; estimation

ventre m belly, stomach

vérité f truth; ___ **première** dogma; axiom

vérole f smallpox; *pop* pox (syphilis)

vernissage m opening (art show), private viewing

verseau m Aquarius

vertige m: **avoir le** ___ to feel dizzy

vétuste decrepit, decayed; old; worn-out

veuf (f **veuve**) widower, widow

vide m emptiness

vieillir to age, to grow old; to become obsolete

vierge f virgin; Virgo

vif, – vive bright; intense
violer to rape
virevolter to spin around
vitre *f* window-pane
vogue *f* style, fashion; **en** ____ popular, fashionable
voie *f* way, road; **en** ____ **de** on the way to; about to
voile *f*: **école de** ____ sailing school
voire even, and even

voisinage *m* neighborhood; vicinity proximity
vol *m* flight
volaille *f* poultry, fowl
volant *m* flounce
volonté *f* will; will power
vomir to vomit, to throw up, to spew up
vouer to vow
vouloir (*pp* **voulu**): **en** ____ **à quelqu' un** to bear a grudge against someone

Permissions and Acknowledgments

We wish to thank the authors, publishers, and holders of copyright for their permission to use the reading materials in this book.

«L'entretien Daninos,» «Gastronomie,» «Hippies,» by permission of *L'Express*. (EJ)

Nathalie Saurraute, «Les Vieux,» from *Tropismes*, by permission of Les Editions de Minuit. (F)

«La Jeunesse française d'aujourd'hui,» *Paris Match*, March 7, 1970, by permission of *Paris Match*. (FJ)

Jean Prasteau, «Que reste-t-il de la famille?» © *Le Figaro-Paris*, by permission of Agence de Presse Pierre Quet. (EJ)

Jamet, «Confession d'un enfant du siècle,» from *Drogue: une jeunesse perdue*, by permission of Agence de Presse Pierre Quet. (CJ)

Henry Kubnik, excerpt from *Les Délices des grands ensembles*, © Librairie Hachette, by permission of Agence Hachette de Cession de Droits. (BJ)

Pierre Daninos, «Stop» from *Daninoscope*, by permission of Les Presses de la Cité. (AE)

Eugène Ionesco, «Amour conjugal,» from *Journal en miettes*, by permission of Mercure de France. (BJ)

Georges Perec, «Les cinéphiles,» *Les Choses*, Jean Louis Curtis, «Mariage,» *Un jeune couple*, © René Julliard, by permission of René Julliard. (DJ)

Pierre Daninos, «Comment élever les enfants,» «M. Publiman,» «Les Borchettes,» *Tout Sonia; Ludovic morateur*, by permission of Librairie Plon. (EB)

Michel de Saint-Pierre, extracts from *Le Milliardaire*, © Editions Bernard Grasset, by permission of Editions Bernard Grasset. (AHF)

Simone de Beauvoir, extracts from La Vieillesse, © Editions Gallimard, by permission of Editions Gallimard. (BJ)

Philippe Alexandre, «L'An I de l'orientation spontanée,» © *Le Figaro-Paris*, by permission of Agence de Presse Pierre Quet. (BJ)

Simone de Beauvoir, extract from *Memoires d'une jeune fille rangée*, Michel Butor, extract from *Degrés*, © Editions Gallimard, by permission of Editions Gallimard. (ABH)

Jean Dutourd, «Pères,» from *Le Déjeuner du Lundi*, Editions Robert Laffont, by permission of Editions Robert Laffont. (J)

Françoise Giroud, «L'age ingrat»; «Entretien avec Francois Mauriac,» *L'Express*, by permission of *L'Express*. (J)

Anne Gallois, «Des astres et des hommes»; «Être lycéen à Bayeux,» «Notre Quiz 69,» «Qu'est-ce qui nous fait rire,» © TOP-Réalités Jeunesse, by permission of TOP. (J)

Gustave Flaubert, «Un jeune homme de 1840,» from *Souvenirs et pensées intimes*, by permission of Société des Gens de lettres de France (J)

«Le Canard sauvage et les enfants du Bon Dieu,» from *L'Express*, August 24–30, 1970, by permission of *L'Express*. (J)